自己語りと記憶の比較都市史

Comparative Urban History of Ego-document and Memory

渡辺浩一
ヴァネッサ・ハーディング
Koichi Watanabe and Vanessa Harding

勉誠出版

自己語りと記憶の比較都市史◉目次

第二部　記　憶

凡例

一、**年号表記**

年号は、西暦優先とした。それぞれの地域暦の月日の記載を伴う場合には西暦がずれる可能性があることをご了解いただきたい。

二、**訳注**

翻訳原稿の場合、読みやすさを考慮して、訳注は本文中に［　］で括って挿入した。

三、**外国語引用文献の表記**

①英語・中国語で表記されている場合は、日本史研究者にもおおむね理解できると判断し、そのまま記した。

②フランス語・イタリア語・トルコ語・アラビア語の場合は、原表記を記したあとに丸括弧（　）で括って日本語訳を記した。

③ハングルの場合は、日本語訳のみを記した。

◉序章I◉

自己語りと記憶の比較都市史

渡辺浩一

「個人」という言葉が、共同体から解放された自立した存在、それゆえに近代民主主義の担い手となりうる、といった「輝かしい」意味を失ってから久しい。現代の社会学や政治哲学では「自己実現の個人主義」に対する否定的な見方が多いと聞く。そうしたなかで、人間社会を少しでもましな（理想的な、ではなく）方向で持続させることを求めるのならば、自己が社会との関係のなかでどのようにありうるのかを考えてみることは必要である(1)。ここでは歴史研究としてそれを行いたい。

例えば日本近世史研究では、人は近代的な意味での「個人」としては存在しておらず、人は、家の当主、当主の妻、当主の子……としてしか存在していなかったと考えられてきた。さらに、村や町《ちょう》を始めとするあらゆる社会集団が「個人」ではなく家を単位に構成されているとの大前提があった。公的な役職には家の当主が就任することが原則とみられてきた。しかし、今世紀に入ってから、家や集団から離れて人そのものを見ようという研究動向が始まっている。その一つの表れが『〈江戸〉の人と身分』全六巻(2)の刊行である。家や共同体に埋没した人という固定観念が相対化されつつあるとともに、人を当時の社会との関係のなかで位置づける方向性を持つ。一方、西欧近世史研究では、個人が家族や集団にいかに支えられてきたかという研究動向が存在すると聞く。この点は本書掲載のスウィート論文に冒頭で詳述されている。これは上述の「個人」に対する否定的な見方と通底しているようにも見えるが、近代的個人への発展史ではなく、ここでも日本近世史研究と同様に個人を当時の社会のなかに位置づけようとしている。

こうして、両者の研究動向が交錯する可能性が出てきた。もっとも、問題は単純ではない。西欧のエゴ・ドキュメント（自己語りの文書）研究[3]のなかでは、個人がいかに同時代の社会意識を克服するかという課題設定が存在するようであるが、そうした課題設定自体、近代的個人をゴールに置いているように見える。逆に、近世日本では、社会や国家が家を単位として構成されていたことは間違いない。前述の二〇一〇年の専門書のタイトルが「個人」ではなく「人」であるのもそれが理由であろう。しかし、そうした違いを乗り越えて、同じ課題意識の共有を試みる時期が到来していることは間違いない[4]。

一方、現代社会における急激な電子情報化は、人間と情報の関係についての考察がなされることを要請した。人間社会の一部は文書を不可欠とするようになってから長い時間を過ごし、そのはてに私たちは手で文字を書くことなしに文書を作成し、瞬時に伝達し、膨大に蓄積し、どこからでも使用することができるようになってしまった。こうした事態は人間の意識や社会関係にどのような影響を及ぼすのであろうか。記憶の一形態でもある文書の実践[5]が過去にどのように行われてきたのかを研究することはこの課題への歴史的なアプローチとなる。

本書は、以上の研究状況をとらえて刊行される。エゴ・ドキュメント研究が関心を持つ「自らについて表現すること」は内容・形態ともに多様であるが、ここでは過去から未来への時間軸のなかに自らを位置づけることを取りあげたい。これは過去の研究動向との関連では、記憶論が関わることとなる。(6) 記憶論では歴史叙述や文書保管（アーカイブズ）も論点であった。日本語圏の日本近世史研究では記憶という概念は用いられることは少なく、由緒(7)もしくは歴史意識(8)の問題といった方が受け止められやすいかもしれない。いずれにせよ、記憶ないし歴史意識という問題領域は、人と社会の関係性の問題と、情報形態の変化の問題が交錯するところに存在している。

こうした課題を検討する対象としては都市をその一つとして挙げることができる。その理由は、第一に、都市社会は産業化以前であっても人が家や集団から一定程度離れて活動可能な場所であるため、人と家・集団との関係を考える上で最適の場所であるからである。第二に、情報の発信と集積という意味でも都市は社会のなかの特異点であるからである。

したがって、本書の課題は、人と集団の関係性について、自己語りと記憶の問題を方法とし、近世都市を対象として分析し多地域間の比較を試みることである。

以下、各論文を紹介する。

ヴァネッサ・ハーディング「序章Ⅱ　歴史・記憶・自叙伝——近世都市の東と西」は、Vanessa Harding and Kōichi Watanabe ed., *Memory, History, and Autobiography in Early Modern Towns in East and West*, Cambridge Scholars Publishing, 2015の序章を日本語訳したものである。この英語図書には本書の臼井論文と秋葉論文が収録されていないため言及されていない。しかし、本書のもとになったシンポジウム当日のコメントとしては聴いており、またイギリス側の総括として興味深い内容を含んでいるので、異例ながら敢えて掲載した。研究史を概観したのちに課題を提示し各論文を位置づけるという日本の通例のスタイルとは異なって、本書の論点に沿って各論文の内容を素材にしながら独自のストーリーを構成する。江戸ッ子が最も自意識が高いとの結論は、西欧近代的個人とは別の個人を見いだしていることになろう。本書の意図を端的に示している。

第一部　自己語り

第一章「巨大都市江戸における居住者と自己認識」（岩淵令治）は、まず、巨大都市江戸の定住者における都市民意識の発信として文人・都市中間層による江戸の年代記を分析する。次に、長期滞在者の例として和歌山藩家老の江戸屋敷に勤務する武士が江戸と対比される和歌山の自文化意識を顕然化させるという。江戸の描写が図らずも自己を語っているのである。最後に、来住者の例として、農村の家から離脱して江戸で生きようとする三兄弟の意識を分析する。そこでは家を相対化できなかったと評価される。このように、長期滞在者・来住者との共存があって初めて都市民意識が生まれるとした。

第二章「フランスにおける都市民意識、都市体験、アイデンティティ――アンシャン・レジームから革命まで」（フランソワ＝ジョゼフ・ルッジウ）は、今後のテーマ開拓のための素材提供である。フランス近世では個人的叙述が都市に特徴的な現象であることを確認したのち、その叙述内容を分析し、自らの都市空間や社会関係について述べることはあまりないことを指摘する。また、革命により自己実現の枠組みが共同体から国家に変化することによって、半ば逆説的に私的領域や個人的意思の顕現が展望されるという。

第三章「一八～一九世紀のソウル知識人の自己と社会認識――朴斉家と沈魯崇の場合」（金炫栄）は、二人の知識人を分析する。いずれも当時から知識人として著名な人物であったが、その性格は対照的であった。一人は知識人同士の交流のなかで官僚制や身分制を相対化する自己形成を行った。もう一人は自己を深く見つめるタイプであり、彼の自己表現の読者は家族内にとどまることとなった。また、朝鮮では、次の世代が前の世代の著述を編集するという慣習があるらしいことは記憶論の素材としても興味深い。

第四章「中国明清時代における個人の記録」（臼井佐知子）は、個人文集、年代記・伝記、日記、書簡などを紹介する。自己の省察が書かれることが少ないという特徴は日本と共通する。こうした紹介されている多様な内容を書くという実践それ自体を主体的な自己表現と本書全体としてはとらえたい。また、個人の著作物をその子などが編纂し出版するという慣行の指摘は朝鮮と共通し、金論文の理解を助ける。

この第一部では、近世都市における自己語りが、西欧でも東アジアでも確認されることが了解される。そして、定住者の場合や知識人ではない場合は既存の社会と適合的に自己語りがなされ、来住者や知識人の場合は差異化や葛藤をもって自己語りがなされることが明らかとなっている。知識世界や出身共同体のような、居住する都市の社会関係以外に自己の根拠が存在するか否かによって自己語りの質が変ってくると概括できようか。こうした「自己語り」を、過去から未来への時間軸へ、すなわち記憶の問題と接合させてみたい。

第二部　記憶

第五章「近世日本地方都市の記憶にみる自己・家・社会集団」（渡辺浩一）は、三つの地方都市を事例に、記憶の展開パターンを提示する。第一には、都市の歴史叙述の書き手に注目することにより共同体の繁栄を通じて自己を実現するあり方を提示する。第二には、住民運動としての記憶が顕現する事例のなかで、共同体を離れて自己を実現する主体が共同体と同じ記憶を共有しさらには改変していくあり方がある。第三には一七世紀の人と家の記憶が、一九世紀初頭の政府の歴史調査を契機に都市の記憶の根拠になる可能性を持つ例である。

第六章「**イングランド地方中核都市における自己の構築と都市民意識の構築――一六六〇年から一八〇〇年まで**」（ローズマリー・スウィート）は、記憶すなわちアイデンティティをめぐる個人と集団の相互関係を、いくつかの都市を事例に挙げて分析する。歴史叙述を具体的な素材として論じていることもあり、認識目標を渡辺論文と共有していることが理解される。この問題に関するかつての近代主義的解釈に対して、個人と集団のアイデンティティに明確な差がなかったことを強調し、都市の年代記を、個人による筆写の連なりのはて個人によっても保管されることをもって「自己語りを行う文書」としても機能したと位置づける。

第七章「**都市民的文脈における記憶・歴史・個人――近世ロンドンの場合**」（ヴァネッサ・ハーディング）は、ロンドンの歴史叙述について概観したのち、ロンドン地誌の改訂に使用しうる歴史叙述など様々な材料を収集するコレクターがロンドンの歴史叙述の積み重なりのなかに自己を位置づけていると指摘する。さらに彼の私的な著述として著名人や知人の死亡記事を丹念に記録した事例を分析する。そこから、記憶形成の前提として、公的情報と私的情報の関係性、都市アイデンティティにつながる情報の編成がどのようになっているのかを探る。このように、本論文は、歴史叙述と保管の関係に力点がある前二論文とは異なって、歴史叙述と材料収集の関係に目を向け、記憶論の論点を広げている。

第八章「**オスマン社会における都市の記憶と自己語り史料――一八世紀末〜一九世紀初頭のイスタンブルとサラエヴォ**」（秋葉淳）は、個人的な熱意による自分のための備忘録から、後世への記憶保存を意図した年代記への展開を示す。そこでは、街区の死亡・誕生・結婚の記録から、街区にとどまらない死亡録に変化することに象徴的に示されているように、叙述者の関心が街区のみから街区も含めた都市全体へ変化することを指摘する。これは人と集団の関係性を追求するうえで示唆的であり、死亡録という同質の記録を取り上げていることもあいまって、記憶のための情報編成論としてハーディング論文と論点を共有することに成功している。そのうえで一八世紀における年代記著述者の階層的広がりを展望する。

第九章「集合記憶の構築と自己——ヴェネツィアにおける近世の都市民意識の誕生」（ドリット・ライネス）は、ヴェネツィアにおける歴史叙述の展開を一一世紀から一八世紀まで概観したものである。公的な年代記における神話の創造から始まり、特定家系の役割を強調する貴族の年代記の登場と両者の緊張関係を指摘する。さらには日記から編集された叙述も登場するが、帝国化したヴェネツィアの公的歴史編纂も強力であり、個性が前面に出るような歴史叙述は生み出されなかったとする。本論文では、集合的忘却も含めた記憶形成における共和国と貴族による構造的な操作性が余すところなく示されている。

この五本の論文は、近世都市の記憶を観察した結果、いずれも個人と集団のアイデンティティに差異がないことを示している。それにとどまらず、共同体としての記憶の構築性と、個人もしくは家としての記憶の構築性が、基本的には相互依存関係にあるなかで、記憶のあり方をめぐる共同体内部の葛藤ももたらす場合もある、ということもわかる。こうしてみると、全体としては、同時代の都市定住者としての自己語りの特徴が、そのまま記憶にも反映される局面が確認されると同時に、自己語りと記憶が幾重にも往復・交差しつつ、個もしくは集団としての自己認識が社会との関係で生成・変容していく様相を読み取ることができるのではないだろうか。

終章「都市民の語りと記憶――個と社会のあり方」（三浦徹）は比較史の側面での総括である。九つの論文を種別・流通、著者、内容、目的という四つの座標軸で整理したのち、アラビア語圏の年代記を分析し、著者の階層的拡大、いくつかの系統の動機、語りの形式の変化、記憶の操作性について述べる。さらに、中国の社会学者による社会類型論を手掛かりに、本書での分析事例に対象を限定して、西欧と日本は団体型、中国と朝鮮は差序型、イスラームはムスリムとしての対等性を前提とした契約型という三類型の社会的原理のレベルから、各地域の自己語りと記憶の相違を理解することが可能であると整理する。

こうして我々は、自己語りを時間軸に置くと記憶になる、という課題設定の妥当性を確認するとともに、それが比較史的「対話」研究[9]のなかの一つのフィールドとしても方法的に有効であることが了解されるのである。

注

（1）宇野重規『〈私〉時代のデモクラシー』（岩波新書、二〇一〇年）。

（2）『〈江戸〉の人と身分』全六巻（吉川弘文館、二〇一〇年）。編者は以下の通り。宇佐美英機・藪田貫・白川部達夫・山本英二・堀新・深谷克己・柳谷慶子・若尾政希・菊池勇夫・大橋幸泰。なお、編者の一人である藪田貫が「自己語り」という表現を用いて女性が手紙を書く実践を評価している（藪田「商家と女性」『〈江戸〉の人と身分』四巻、一七頁）ことは、後述のエゴ・ドキュメント研究との関係で興味深い。藪田自身はこの表現をフェミニズム批評から導入している。一方、本書執筆者の一人であるスウィート氏から準備段階で教示された話のなかに、西欧の個人を社会関係のなかで捉え直す研究は一つにはジェンダー研究から始まっているという話もあった。こうしてみると、分野を超えたグローバルな研究動向の多様なチャンネルを背景として、歴史学では日欧で別々に同方向の研究が生み出されていたということになろうか。

（3）「第三回海外招聘研究会〈私的な書き物〉へのアプローチ」における朴晋熯・フランソワ＝ジョゼフ・ルッジウの報告と質疑記録、及び全体討論要旨を参照（『「九―一九世紀文書資料の多元的複眼的比較研究」二〇一二年度年次報告書』人間文化研究機構、二〇一三年）。本書のもととなったシンポジウムの準備を開始した二〇一二年の段階では、エゴ・ドキュメント研究に関する日本語で読むことができる文献はほとんど存在しなかった。本書岩淵論文に示されている翻訳のほかには、わずかに、長谷川貴彦「物語の復権／主体の復権――ポスト言語論的転回の歴史学」（『思想』一〇三六、二〇一〇年）がこの新動向の方法論的意義を解説してくれていた。ここ二三年は急速に情報が増えた。近現代史の分野では、槇原茂編著『個人の語りがひらく歴史』（ミネルヴァ書房、二〇一四年）、槇原茂・長田浩彰・寺田由美・長井伸仁「フォーラム市民の自分史――前世紀転換期から戦間期におけるエゴ・ドキュメント」（『西洋史学』二五二、二〇一三年）があり、日本語の専門書や論文が次々と出されているようである。今年に入ってからは、長谷川貴彦「エゴ・ドキュメント論――欧米の歴史学における新潮流」（『歴史評論』七七七、二〇一五年）、同「エゴ・ドキュメントについて」（『岩波講座日本歴史月報』一九、二〇一五年）がある。これらの情報を総合すると、エゴ・ドキュメントとは、人間が自己について何かを語る史料の意味であり、具体的には日記・書簡・自叙伝などのほか、例えば会計帳簿の欄外の書き込みまで含むものである。これが注目される背景には「主体」の復権の問題があり、そのなかで「自己」の構築性への着目があるという。なお、エゴ・ドキュメントという表現は用いていないが、高津秀之「ヨーロッパ近世都市における「個人」の発展」（清水光明編『「近世化」論と日本』勉誠出版、二〇一五年）は関連する研究と思われる。岩淵・渡辺論文の冒頭に記されているように、こうした西欧の研究動向に対応する研究動向が日本の日本近世史研究にも既にある。

（4）鄭昞旭・板垣竜太編『日記が語る近代――韓国・日本・ドイツの共同研究』（同志社コリア研究センター、二〇一四年）は、主たる研究対象は近代の日記ではあるが、課題意識を本書と共有していることが「はじめに」を読むとわかる。さらに、2・4章は、ドイツにおける近世エゴ・ドキュメント研究であり、オスマン帝国地域への言及もある。時代としても本書と部分的に重なる。ただ、本書は記憶論との関連で自己語りを扱っていることもあり、日記以外の素材も分析されているという点が同書と異なる。

（5）渡辺浩一『日本近世都市の文書と記憶』（勉誠出版、二〇一四年）。
（6）ピエール・ノラ編、谷川稔監訳『記憶の場――フランス国民意識の文化＝社会史』全三巻（岩波書店、二〇〇二～二〇〇三年）。近代史では阿部安成ほか編『記憶のかたち――コメモレイションの文化史』（柏書房、一九九九年）、近世史では渡辺浩一『まちの記憶――播州三木町の歴史叙述』（清文堂出版、二〇〇四年）、中世史では金子拓『記憶の歴史学――史料に見る戦国』（講談社、二〇一一年）。
（7）山本英二「日本中近世史における由緒論の総括と展望」（『歴史学研究』八四七、二〇〇八年）が研究成果を総括した。代表的には、久留島浩・吉田伸之編『近世の社会集団――由緒と言説』（山川出版社、一九九五年）、井上攻『由緒書と近世の村社会』（大河書房、二〇〇三年）がある。比較史としては、歴史学研究会編『由緒の比較史』（青木書店、二〇一〇年）があり、「由緒」という語を用いて中世から近代にかけての世界各地域の類似の事象を比較しようとする貴重な試みである。ただ、「まえがき」にも「あとがき」にも記憶論に関する言及がなく、なぜ「記憶の比較史」ではないのかが理解できなかった。さらに言えば、時代と分析事象の幅が広すぎるため比較の有効性が減じている。比較は、時期と対象と方法と目的の設定を極力絞り込む必要がある。
（8）白井哲哉『日本近世地誌編纂史研究』（思文閣出版、二〇〇四年）、岩橋清美『近世日本の歴史意識と情報空間』（名著出版、二〇一〇年）。日本近代史では羽賀祥二『史蹟論――一九世紀日本の地域社会と歴史意識』（名古屋大学出版会、一九九八年）。なお、近代の比較史としては、若尾祐司・羽賀祥二編『記録と記憶の比較文化史――史誌・記念碑・郷土』（名古屋大学出版会、二〇〇五年）。ここでは、日本近世に関する論考も含まれ、それが西欧近代と比較される。この点は本書と比較のスタンスが著しく異なる。若尾・羽賀編著では近代化・国民化とその相対化がテーマとなっているために、同時代である日本近世・近代と西欧近代を比較する。これは妥当な設定である。これに対して、本書は近代化を課題としているわけではなく、近世という共通の時代の社会の同質性と差異性を考えようとしている。近世の共通性とは社会の組織化と文書化の趨勢と個人的には理解している（国文学研究資料館編『中近世アーカイブズの多国間比較』岩田書院、二〇〇九年）、臼井佐知子・H・ジャン・エルキン・岡崎敦・金炫栄・渡辺浩一共編『契約と紛争の比較史料学――中近世における社会秩序と文書』（吉川弘文館、二〇一四年）。
（9）比較史的「対話」研究とは、今回初めて用いる造語である。地球上の二つ以上の地域において何らかの共通性を持つと考えられる現象にある同質性と差異性を明らかにするという比較史を超えて、母語と史料状況と研究史的背景を異にする研究者同士が対等の立場で対話しながらそれぞれの研究を深めていくという研究のあり方を意味する。

◉序章II◉

歴史・記憶・自叙伝

――近世都市の東と西

ヴァネッサ・ハーディング
（菅原未宇訳）

何世紀にもわたり、そして大抵の社会において、都市は文筆活動、歴史研究や歴史叙述、過去の意識的な記憶行為の中心地であり続けてきた。この営為に、都市自体は、単に主題としてだけではなく条件を設定する環境として、時には何が記述され得るのかを規制するものとしても関与することになる。都市は、個人に対して自らのことを明確に物語り、アイデンティティを構築する自由を与えたとこれまでは考えられてきたが、そこで発せられる個人の声というものはしばしば都市特有のアクセントを持つことになるのである。新しい媒体である印刷物と並行して手書きの伝統も引き続き広く通用していた東洋西洋近世社会は、個人が自己成型において記憶や伝統の材料をどのように用いることができたか、また逆に、個人がどのように都市民の歴史もしくは集合的な歴史叙述に自らを書き込むことができたのかについての事例を豊富に提供する。本書に収められている各論文は、ルネサンス期のヴェネツィアから一九世紀の江戸（東京）に及び、首都から地方都市までその焦点は様々であるが、いずれもこうした類の共生的な発達に関する個別事例を明らかにすると同時に、記憶の構築についてのより大きな問いを解明することを意図している。

この論文集の重要な関心は、個人と集団の間の関係にあり、またそのトピックについて東洋と西洋が有する非常に異なる研究史であった。西洋文化に身を置く歴史家たちは個人の創出と「個人主義」の「台頭」についてずっと以前から研究を重ねてきている一方、東洋社会の歴史家たちはこれまで家族や集団に研究の焦点を合わせる傾向があり、近世の個人のアイデンティティについてもっぱら集団の一員と見做しがちであった。しかし、本書の各論文が示すように事は単純に二分できるものではない。すなわち、東洋の歴史家たちは集団を背景にすることでより完全に実現された個人、意識的な自己の出現についてより多くの注意を払っているし、西洋の歴史家たちは個人の形成過程における家族や集団のアイデンティティの重要性を再び強調している。洋の東西を問わず、都市はこのような個人と集団との関係とその展開を探求するための最良の舞台を提供するのである。

全七篇の論文は、それぞれ焦点を合わせている世界がかけ離れているように見えるかもしれない。しかしいずれも同じ関心を念頭に書かれ、同じ問題を扱うものである。全ての論文はそれぞれのトピックもしくは焦点についての研究史の議論をある程度行う。新しい知見を生み出す比較の可能性というものが本書の元となったシンポジウムを計画する際の主眼であった。従って、この論文集が日英両語で出版されるということ、そして各論文がそれぞれの研究対象とする文化の中で書かれたということは重要なことである。結果として、読者はあまり馴染みのない研究方法や研究史と熟知する研究方法や研究史とを比較することができるだろう。もちろん概念と現象いずれの議論においても翻訳が課題となるが、研究対象となる社会の間の社会的、政治的、経済的、文化的相違にもかかわらず、著しい差異だけではなく共通の特徴や一致点を見出すことは可能だと我々は確信している。

この論文集が扱う地理的な範囲は広いが、地球上を包括するものではない。すなわちイングランドと日本を扱う論文が二篇ずつ、そしてフランス、イタリア、韓国・朝鮮を扱う論文が一篇ずつである。もちろん我々は、それ以外の国や歴史学の伝統について、同等の価値や関心を持って比較することができないなどと言うつもりはなく、むしろこの論文集がそうした比較を促すことを望んでいる。暦の上の時間が離れている研究の並置を可能にするため、ここでは「近世」を暦の年代としてではなく発展の一段階として最も広い意味に取る。近世社会が共有すると考えられるのは、（拡大中であったとしても）相対的に小規模な、しかしそれとは不釣り合いに文化的社会的影響力を有した都市領域である。現代以前はほとんどいかなる国においても都市に住む人々は少数であったが、ルッジウが示す通り、近世の一人称を用いる書き手は主に都市の住民によって占められていた。

岩淵、ルッジウ、金の論文から構成され、「自己語り」という見出しがつけられた本論文集の第一部は、叙述（それが古典的な意味での自伝にせよ、より広義の「個人の叙述」というジャンルの一つであったにせよ）を通じた個人の自己実現とその彼の出身の都市環境との関係を明らかにしようとする。それに対して、渡辺、スウィート、ハーディング、ライネスの論文で構成され「記憶」と題された第二部は、都市を都市自らについての語りにおける能動的な主体として提示する。なお、自己語りと記憶に着目する点から、また我々全ての寄稿者の学問的背景により、「歴史」が全ての所収論文の根本を成している。

一　自己語り

本書の第一部を通じての重要な主題は、都市の経験が自己意識を刺激し助長し、現れてくる自己を形作るあり方である。個人が自らをどのように見做そうと——内部者あるいは部外者、ことによると放浪者と捉えようと——都市は個人の自己形成に関与することになる。第一部所収の論文は、直接に書き手の生きられた都市的経験を通じて、また都市に関する叙述の表現形式を通じて、都市が自己についての叙述にいかに影響を与えたのかを明らかにする。後者はより自伝的な叙述に論題と模範を提供し、表向きはほかの誰かについて書いているように見せつつ、書き手が自分自身について表現し述べることを可能とする。実質的な面において、都市は教育あるいは読み書きの訓練、専門職の雇用、教養を持った仲間を提供する。より観念的な面においては、都市は数多くのイベント、経験、興味を引くもの、独特な人物や性質を有し、それらから個人は自身についての語りを形作るであろう。しかしながら一方で、都市の個人は完全に独立した存在ではない。つまり、彼は家族の一員そして階級ないし階層の一員であり続け、個人の歴史だけでなく歴史的文脈の中に自らが存在することを自覚しているのである。

ここで論じられる自伝的な、一人称を用いた、もしくはその他の「個人的な」書き物のほとんどは、選択や整理の過程を通じて意識的に構築される。あるものは教訓あるいは説教を意図し、読者とりわけ後世の読者に貴重で道徳的な真理を伝えようとする。またあるものは、擬人化された対話者との対話を通じて自己を構築する。子孫に向けた自伝である『自著実紀』と、明確に兄弟とのやり取りを意図した長大な「交換日記」と言える『一日百省集』を書いた李氏朝鮮の沈魯崇は、これら両方を示す好例である。家族がいずれの対話においても重要な存在となっている。

もっと一般的な都市に関する叙述においても、通常は特定の読者が想定される。岩淵によって論じられた、江戸の解説または入門書である原田の『江戸自慢』の例では、洗練された江戸の人々や環境の中で田舎者あるいは無知と見られないようにと願う御上りの武士が読者として想定される。表面上は自らを消し去っているが、実のところ筆者の原田は訪問者の武士と都市との対話の媒介者として、相互関係で形作られる三角形の頂点に自らを位置させる。江戸は筆者が言及するに値すると考える事柄によって定義づけられ、彼による都市の肖像は彼自身の好み、選択、実践が反映されることになる。そして、ルッジウの論文が示すように、外部から都市について書くのではないその都市出身の書き手でさえ、解説また沈黙を通じて自らを見せるのである。

『江戸自慢』は編集や書き写しの連続の結果、現在の形態になっているが、それでもなお筆者の声は力強く伝わってくる。彼は決して公正中立なガイドではない。彼は武士としての自らのアイデンティティが江戸との出会いによって形作られたということを自覚している。つまり彼の身分がゆえに人々は彼に対して礼儀正しく親切だったのであり、同じことが彼の読者には起こるだろうことが暗示される。そして彼の読者には関係ないだろう庶民の問題については語る必要がないのである。

『江戸自慢』の筆者は、彼の読者を彼自身と同じように和歌山に馴染みがあり、江戸を彼らに説明する最良の方法は、気候、社会的習わしや儀式、言葉、そして中でもとりわけ食べ物の点で江戸と和歌山を比較することだと当たり前のように考える。例えば花を生ける様式についても彼の個人的な好みが表われるが、食べ物こそが彼の好き嫌いが最もはっきり明らかになる主題である。彼の好みは彼の故郷の食べ物によって形作られてきており、江戸の食文化のある面について賞賛したとしても、総じて彼は、そして彼が思うに江戸を訪れる者もまた、珍しいものよりも馴染みのものを好むのである。しかし、岩淵が指摘するように変化の可能性もある。すなわち江戸にしばらく滞在すると、『江戸自慢』の筆者は江戸の食べ物をもっと好むようになり始め、都市の環境が彼自身を変えたことを認めるのである。とはいえ、食べ物とアイデンティティとの密接な結びつき、そして特定の種類の食べ物を食べることが肉体的にも精神的にも個人を構成するありようは依然重要である。

食べ物についての同じような関心は、朴斉家のソウルについての著作にも――この事例では都市の豊かさについてのよくある修辞の中ではあるが――見られる。彼の『城市全図詩』は市場や、多種多様な穀物、香辛料、野菜、果物、肉や魚を初めとする売り物について語る。ひょっとすると朴斉家は、都市の喧騒の中の参加者としてよりも傍観者あるいは観察者として自らを位置づけているのかもしれないが、食物市場や食べ物を売る通りの露店についての記述は常に消費者のイメージを想起させ、読者に心だけでなく身体を持っていることを思い出させるものである。沈魯崇もまた、彼の『南遷日錄』の事例において、失ったものと彼が追放された都市への思慕が繰り返される中、ソウルで手に入る様々な食べ物について言及している。彼は機張でソウルの食事を再現しようとさえしている。食べ物は、彼にとって彼がかつてそうであった都市居住者を表象するのである。

アンシャン・レジーム期のフランスにおいても、食べ物と食事の地域的な差異は確かにあったに違いないが、異なる都市を訪れ論じる者たちと並べた場合、特定の都市に住む者たちにとって、それは当たり前のこととして見過ごされてしまったように思われる。同じく都市の内部者による自伝的叙述では目立たないものに都市の景観がある。そうした叙述に年代記的な事件や時系列的言及が豊富に見られるのとは対照的に、地誌的な詳しい説明が欠けていることにルッジウは注目する。訪問者であれば建物や特徴的な目印、道筋、名所に注意を払ったであろうが、そこに住んでいる者にとってそれらは論評されることなく見逃されてしまったのである。今日の歴史家たちは、近世の都市的環境が持つ身体性とそれが都市に住む者たちの生活や認識をどのように形作った可能性があるかについて非常に強い関心を持っている。しかし当の住民自身にとってそれは日常的に意識するレベル以下のことだったのである。ルッジウが述べる通り、彼が調査した一八世紀の都市住民による個人的叙述は「書き手の空間的な実践についての正確な記述に欠ける」。都市の住民の視点からすると、都市というものは地理よりも歴史によって作られていたのである。多くの都市を形作り定義する市壁や塁壁といった明白な事象でさえ、当該都市の住民によって語られる人生の物語の中では何の役割も果たさない。都市を物質的な対象として見るためには都市の部外者、あるいは『城市全図詩』における朴斉家が都市の棟や瓦を「うねる波の中に棲んでいる鯉」と表現したように、意識的に都市から隔たった観察者が必要なのである。

都市性と自伝によって生み出されるアイデンティティとの間の相互作用に関する重要な主題は、自己実現の場としての都市認識である。裕福な農家出身の八平の息子たちの事例で岩淵が論じたように、場合によってはこうした都市に対する認識は明示される。年長の三兄弟はいずれも家族の束縛と苦闘し、江戸に出（家族の目から見れば「出奔し」）、そして帰ってくることになった。期待と義務の重荷がもっとも重くのしかかっていた長男の平六は、家長としての彼の将来を放棄しようとし、しかし果たせなかった。それどころか彼は、父親や他の兄弟と協力して長弟（次男）の柳助に圧力を加えた。それにもかかわらず、柳助は江戸に定住し、そこで彼の学問的な野心を達成することに成功した。柳助は、故郷を出、江戸に定住しようとした次弟（三男）の半治の企てを支援したが、半治は結局故郷に帰り、家長の座を継ぐことになった。兄弟の間で交わされた手紙は彼らの希望と束縛の相反について明確に物語っている。すなわち、平六は家族からの離反に必然的に伴うであろう立場の喪失を受け入れる覚悟ができていると述べ、柳助は半治に対し、自らの才能を実現したいと望むのであれば「いかに困難であろうと江戸に留まるように」勧め、柳助自身、たとえ彼の学術的な職業がわずかな経済的な見返りしか彼にもたらさなくても江戸に留まる事を選択した。三兄弟のいずれにとっても江戸は、故郷での生活では閉ざされることになる、欲望を掻き立てられるような可能性や機会を提供したのである。渡辺も第二部所収の論文において、祥助が果たした故郷と首都とを仲介する役割についての議論の中で同様の主張を行っている。

金炫栄の論文で論じられる二人の人物はいずれも人生の半ばや後期において主要な自伝的作品を執筆した。それらの作品は李朝の大都市における彼らの経験がもたらした影響の痕跡をある程度示すものである。詩人で政府役人であった朴斉家は青年時代にソウル在住の恩恵を、とりわけ白塔派という知識人のサークルに所属する機会をソウルにいることで享受していた。大都市の文化は国際的感覚を獲得する足掛かりとなった、というのもソウルでの人付き合いを通じ、彼は直接的にせよ間接的にせよ中国や日本の文化へのアクセスを得たからである。またソウルは、妾腹の子であるという生まれのせいで彼のキャリアや社会的野望に課せられた制約から、ある程度彼を自由にした。すなわちソウルにおいては、出自を最重要の事柄とは考えない様々な人々と彼は交わることが可能であった。彼の後半生の田舎への隠退の望みは、都市への嫌悪によるものではなく、都市においてすら出自から完全に自由になることができなかったという事実によるものであった。国王の寵愛と彼自身の能力にもかかわらず高官への道は彼には閉ざされていた。それゆえ、彼は代わりに田舎へと慎ましく隠退し執筆と知的生活を追求することを望んだのであった。しかし、彼はより広い世界との交際を隠退とともに携えていった。例えば彼の息子によって彼自身の回顧録から編集された『縞紵集』に詳述される彼と中国の知識人との関わりは、ソウル生活の間に彼が行っていた付き合いにまで遡ることができるのである。

朴斉家よりも半世代若い沈魯崇は、朴斉家とは異なる教養人のサークルに入ったのだが、同じように大都市の環境に形作られ、多くを負っていた。政府でのキャリアにおいて彼はより成功を収め、朴斉家が経験したような幻滅や挫折には遭わなかった。政変がキャリア半ばでの機張への五年間の配流をもたらしたが、それは日誌の形式での主要な自伝的作品の執筆を促すことにもなった。配流中の彼の作品の一つは『山海筆戯』と名付けられるが、前述の通り明らかに彼は、洗練され教養のある都市生活が――そこで馴染みのあった食べ物も含めて――無いことを寂しく思い切望していた。

朴斉家も沈魯崇もともに高い教養を有した知識人のサークルに所属し、そこでは数多くのジャンルで書くことが期待され賞賛された。二人とも驚くべき質と量の作品を残したが、執筆を通じて社会の中に自らを位置づけようとする彼らの欲望は非常に注目に値する。朴斉家は、ひょっとすると出自という事実がゆえに友人を「血縁関係のない兄弟」と呼び自由意思による友情をとりわけ高く評価したと考えられる。彼の自伝である『小伝』は、家族に関する動機のためではなく、中国の知識人サークルに自らを紹介するために書かれた。彼は結婚し息子を一人儲け、息子は確かに彼の書いたもののいくつかを収集し編集したのではあるが、彼が最も自らを結びつけたのは知的な関心を共有するコミュニティだったのである。沈魯崇の場合、彼はより伝統にのっとり、家族や家族の歴史に自らを結びつけた。彼は子孫に向けて注意深く執筆を行いながら、自伝について「それを通じ次の世代が先祖について学ぶことができるより良い情報源」と自讃した。彼は自らについての年代記あるいは年表と言える『自著紀年』を執筆したが、それは少なくとも部分的には、弟の死が文字を介したやり取りの相手と彼の伝記を将来書くと期待された者の両方を彼から奪うことになったためであった。その後、彼はより完全な自伝である『自著実紀』を執筆した。いずれの場合も自伝は基本的に内面性とは関係がない。むしろそれは選ばれた読者向けの交信と自己紹介に類する行いなのである。

都市性とアイデンティティの明確な表現との間の関連は、ルッジウ論文の第二節で強調される。その論文で彼は自伝的叙述における都市民的な野心の表現と、都市民的意識の形成について考察している。官職への欲望が率直に見て取れる李朝の政府役人とは異なり、ルッジウが分析したアンシャン・レジーム期フランスの都市民は露骨には野心を認めない。その点で彼らは、都市の役職が追求されるものというより受け入れるべき義務であるという都市の伝統、加えてそれを補完する、指名された者が野心を否認し役職を受諾する前に難色を行動で示すことが期待されるという伝統に従っている。しかし近世都市の文化が高位の都市役職を尊び、その就任者に対して敬意と名誉を与えたことは明らかで、そうした地位を市民が熱望したとしても意外なことではない。彼らは、高位の都市役職を男性のキャリアの頂点に位置付ける一連の価値観と役職をめぐる奉職や謙遜といった言説の両方を内面化していたのである。そのため明確に語られ得なかったとしても、役職任命が内輪では安堵と喜びで迎えられることの中に野心を見て取ることはできる。しかしひとたび就任すれば、名誉と地位に対する満足を楽しむことが可能となった。例えば、アルドネ公ジャン・バティストは、役職就任が「私の自尊心と内なる野心を満たした」と率直に書き記した。都市の役職を獲得することが彼の自己意識を強化し満足させたのである。また、第二部でスウィートは、近世イングランドにおいて個人の年代記の作成あるいは維持の開始が多くの場合都市民的な野心の達成と同時に起こっていたことを明らかにしている。

ルッジウの記述にあるように、役職に接近する際のこうした自制と本心の隠蔽の伝統のいくつかが「政治的・社会的地平の俄な拡大」をもたらしたフランス革命によって消滅したという点は特筆すべきことである。男たちは以前よりも率直に野心を認め、それを追求するようになった。そして都市の政治は激しく競合的かつ党派的になった。個人的な課題ではなく政治的課題を追い求めて役職に就こうとすることが当たり前になった。ピエール・フィリップ・カンディにとってのキャリアと富の見込みは拡大し、ユースタシュ・ユアは彼の故郷であるマントの街の選出公職に就くという野望（結局果たせなかったのであるが）の追求のため彼がめぐらした策略を認めたのであった。

第一部の各論文は、都市の男性の意識と彼の叙述からどのようにその意識を明らかにしうるかについて、それぞれ異なる方法で論じる。すでに述べたように、個人に対する都市の影響を明らかにするのに必ず一人称で書かれたものや明示的な自伝が必要なわけではない。また、書き手がその影響について完全に自覚を示していなければいけないわけでもない。それぞれに大きく異なる文脈の中から明らかにされる、家族もしくは階層、集団といった集合的アイデンティティと個人の間の緊張は重要な問題と言える。

二　記憶

想起および記念両方の形を取る個人の記憶は、彼または彼女の個人の歴史や自伝がそれをもとに構築される重要な材料である。記憶なしではいかなる確固としたアイデンティティも存在しない。また、都市や自治体組織はアイデンティティをしっかりと固定するため、個人と同じくらい記憶や歴史を必要とする。スウィートが述べるように、「これら［都市］の年代記・年代誌は、ある意味では都市民の集合的自己による「エゴ・ドキュメント」と見ることもできる」し、ライネスは「支配者のある種の集合的な事績録」によるドージェの姿を通じて、都市の歴史を物語ろうとするヴェネツィア人の試みを示す。しかし、都市が自らについて書いたわけではない。すなわち都市の歴史には行為者と記録者という両方の意味で創造者が存在し、その役割はしばしば重なり合うことになる。第二部では都市の記憶と、その記憶を形作りまたその記憶の中に自らを刻み込みさえすることにどのように個人が寄与するかについての考察に移る。各論文は個人と集団の間、またいくつかの事例では家族集団と市民的集団との間の相互作用に焦点を当てる。

洋の東西を問わず、都市の歴史もしくは伝記を書く長い伝統が存在する。その動機については、そのことによって忘れてはならないことを覚えておけるだろうといった地味で実用的な面がよく言われるが、より大きな問題もまた作用していたのである。都市の歴史家は自分たちの都市を祝い、より大きな年月の流れの中で、あるいは不十分な歴史記録を埋めるための詳細情報または記録の創造につながり得る動機としてよく知られる他の都市群との対抗関係の中で、我が都市の正当な位置を確保したいという欲求に触発されていたであろう。もしくは徳川時代の日本の城下町の場合のように、情報や統制を確保する手段として部外者が歴史を書きあるいは書かせたのかもしれない。物語る内容の支配をめぐる競争は自然なことである。ドージェを通じて語られる公式の都市民的ヴェネツィアの歴史は内部者の手で改変されたものだが、他の形態による都市の歴史の別版に対して、支配的な語りとして優位性を主張することに成功した。

都市の歴史を書くことは決して完結したプロジェクトではなかった。時間の経過は記録されるべき新しい出来事を追加したし、歴史への新しいアプローチが形式および内容の見直しを促す可能性もあった。新しい政治的環境がそれまでの古い物語の訂正を迫る場合もあった。島嶼部の共和国から領土を有する帝国へと進化するにつれてヴェネツィアは自らの歴史に対する感覚を変化させ、新たな現実と接続するため物語る内容を過去に遡って作り直さなければならなかった。ハーディングとスウィートが示す通り、イングランドでは一五世紀から一六世紀にかけて手稿の都市年代記が形式と記述範囲の両面で発達を遂げ、多くの者の手によって書かれ更新されていった。それらは、テューダ朝治下の過去の再構築という国家の歴史を叙述するより大掛かりなプロジェクトと、年代記、編年史、地方地誌や州史の印刷出版の爆発的増加に影響を受けていた。都市の法律と慣習の集成の例では、都市民の新たな世代が彼らの前任者の仕事を継続する気になったのであろう。そのことで、それらの集成に具現化された都市民の記憶が生き続け意義を持ち続けることを確かなものとしたのである。

しかし最善の努力にもかかわらず、後世の人々が彼らの書いたものの価値を認める、ないし保管するあるいは適切にそれを理解するかどうかさえ誰にも保証することができなかった。播州三木では、一七世紀に行われた都市民的記憶を創出するための深い意図に基づいた歴史資料の集成にもかかわらず、わずか一世紀後にはそのほとんどが忘れられていたし、過去の成果を主張するために新たな努力が必要となったのである。

都市の歴史には作者がおり、その多くは作者であると主張することに躊躇はなかった。トマス・ダメットとヘンリ・マンシップはグレート・ヤーマスについての彼らの著作に、ナサニエル・ベーコンもイプスウィッチについての彼の著作に自らの名前を付した。本自体の内容は将来の世代にとって模範として役立つものであったが、著者の行動もまた同様であった。すなわち自らの努力が持つ功績を強調することで、彼らは都市の歴史を書く行為が模倣の価値のあることだと示そうとしたのである。印刷技術は著者であることの主張に特別な意味を与えた。なぜなら印刷物のより広範な流通は、都市エリートの限られたサークルを超えた認知をもたらしたからである。しかしそれはまた同時に、挑戦や批判に対して著者を広く晒すことでもあった。一六世紀後半のイングランドの年代記の編纂者であり摘要者であるジョン・ストウは、別の年代記出版者であるリチャード・グラフトンと長期にわたる論争を演じた。そこでは相手の評判や信頼性、批判的な洞察力についてお互いに非難し合ったのである。

著者の役割は、著者自身の関心に従って歴史を修正したり帳尻を合わせたりする機会を与えることになった。播州三木の都市民の歴史の二つの連続した版の著者である十河与次右衛門が、財政的問題のため他の家族に実際には譲っていたにもかかわらず、彼の家族は代々町の倉庫の鍵を守ってきたし暗にこれからも守っていくと書いた時、彼は自分の家族に有利になるよう嘘をついたのであった。ジョン・ストウは『ロンドン概観』（一五九八年出版）に彼自身の多くを注ぎ込み、しばしば一人称で語り、彼自身の人生における出来事にそれとなく言及した。

彼はまた、他者の記念建造物に落書きをした者を称えることを明確に拒否した。とはいえストウは、「私自身が二度レディング市長となった時期に行った業務」を後世のために確実に記録するべく執筆したレディングのジョン・ワッツのように、自分が書いた歴史ドラマの俳優として自らを登場させることはなかった。

ヴェネツィアの書き手はこの種の自己宣伝をためらっていたように思われる。ライネスによれば、「驚かれるかもしれないが、書き手は自らの叙述にほとんどいかなる個人的な証拠も残すことはなかったのである。彼らは時には様々な状況に厳しく論評を行ったが、彼ら自身の話はしなかった」。その代わり、個人は都市に組み込まれていた。結果として、都市の歴史を語ることで年代記作者は自らを語ったのである。ライネスが明らかにするように、ヴェネツィアの神話は単に起源についての神話ではなく、結束、調和、全員一致についての神話なのであった。都市民的なものへの代替物は、個人ではなく家族であった。その結果、都市の歴史についての公式の語りは、家族を中心に据えた歴史によって補完されまた対照を成すことになった。

回顧録や自伝を含む個人的な使用と関心のために書かれた歴史が後の時代に、より公的な語りに採用されることもあった。ストウの『ロンドン概観』を改訂、更新したイングランドの歴史家のジョン・ストライプは、印刷されたストウのいくつかの版だけでなく、ヘンリ・メイチンの個人的な手稿である「クロナクル」も確実に読んでいた。榎本弥左衛門の覚書は自身と彼の子孫のために書かれ、彼自身の病気についてなど個人的な関心に基づいた話題を論じており、彼はそれが広範に流通するとは予測できなかったであろう。そしてそれは一世紀余りの間、世に知られないままであったが、一九世紀に「再発見」され、川越について語りの中の重要な構成要素として公的な地位を与えられたのである。

このことが示唆するように都市の歴史の書き手は様々な情報源に頼った。最も重要なものは言うまでもなく都市の公文書であり、都市役人はそれにアクセスできたが、ほかの人間には閉ざされていたであろう。都市の記憶はそれについて書かれた記録に具現化され、その記録には創設の特許状や特権についての記録や都市制定法、法廷手続の記録、会計簿、会議の議事録、都市外の世界との通信や対話が含まれたであろう。当然のことながら、こうした歴史的記録を読むことができる能力と、必要に応じて記録を取得できる権限が不可欠であった。都市の書記は公文書と都市政府との間を仲介していた。公文書の形態と内容に非常に精通していた書記は、グレート・ヤーマス、イプスウィッチ、そして後にはノリッジの市書記が行ったように、しばしば公文書の内容を嚙み砕いて歴史的語りを行う存在となった。ロンドン市における「備忘係」の称号は書記というより高位の法律関係の役人であることを示すが、それは都市の特権の防衛において過去の回顧と先例が重要であったことを示すものであった。

あらゆる組織は彼らの「秘密」について多かれ少なかれ保護を行う。ヴェネツィアでは中世の都市文書は膨大でよく整理されたが、次第に秘密主義で官僚的に政府がなっていったことで都市記録へのアクセスについて厳しい制限が生じた。もちろん都市国家であるヴェネツィアの記録は、他国や他の政体との関係についての大量の記録、外交官の機密報告書を初めとする取扱に注意を要する外交文書をしばしば含んでいたが、語りを思想的に統制したいという欲求が、部外者に対して公文書へのアクセスを閉ざす重要な動機であった。ライネスが述べる通り「この決定は確実にヴェネツィアの歴史を正確に叙述することを願う年代記作者を限定することになった」。近江八幡の町には、将軍の徳川家康からの手紙あるいは朱印状を非公開にしておきたいさらなる動機が存在した。なぜならその手紙は、土地税からの免除という町が主張していた重要な特権について具体的に言及してはいなかったからである。渡辺が述べるように、その記録が町の主張を実証するものではないという事実を曖昧にしておくことが重要だったのである。

都市の歴史の他の情報源は、愛書家のリチャード・スミスによって収集され、その後ストライプによって『ロンドン概観』の出版の際活用されることになるような民間の個人に由来するものであった。すでに述べたように、一七世紀川越の商人であった榎本弥左衛門の覚書は私的な文書であり、一九世紀になって初めて町の公的な歴史叙述に組み込まれることになった。

記憶が具体的な形をとる場合の実際の形態は、物または人工物、実践、文章、そして文章であるとすればいかなるジャンルもしくは形式なのかについて、様々であり得た。本書における我々の主たる関心は文章であるが、文章自体物質的な存在であり、象徴的な物体としての地位を獲得することもあった。

当然のことながら公文書や証書類は、「中に四重の箱を収めた特製の箱の中で」核となる記録を保管した近江八幡についての渡辺の記述に例示されているように、宝庫の中で長い間保管されていた。同様に播州三木の記録は「宝蔵」で保管された。イングランドの都市では、公文書は鍵のかかった金庫に保管され、その鍵は多くの場合都市役人に与えられ、そして鍵の保持者は名誉と責任とを負うことになった。しかし歴史書もまた、たとえその編集に用いた元の資料と比べて二次的なものだったとしても、同様の取り扱いを受けることもあった。例えば、播州三木では一八世紀に書かれた都市の歴史が公文書に追加され、一九世紀の川越では一七世紀の手稿である榎本弥左衛門の覚書が桐箱に収められ、その価値を賞し保管を要請する文章に守られ、その結果、覚書は一次資料あるいは聖遺物とさえ言えるような地位に引き上げられることになった。「この書を虫害から防ぎ将来の散逸から防ぐためにこの特別な箱は作られた。長くこの文書が失われんことを」。

記憶の材料には書かれた文章だけでなく視覚的なイメージや人工物も含まれる。スウィートが指摘する通り、近世イングランドにおける都市民の肖像画とそれが都市民の記憶に果たした役割についてはロバート・ティトラによって検討されてきた。榎本弥左衛門は自らの肖像画を描かせた。そして肖像画は日本の商家による先祖崇拝の実践に一役買っていた。一方、金が取り上げた人物たちは、視覚的な肖像よりも文章で書かれた肖像をより真実に近い表現として好んだが、それでもなお、個人を記憶する際の身体的イメージあるいは画像化の重要性を認めてもいた。ヴェネツィアにおける家族の歴史は、紋章を使った表象を非常にうまく利用した。紋章は、ヴェネツィアの支配階級のアイデンティティにとって中核を成していた何世代にもわたる家系や高貴な血統についての明確な言及であり、ひょっとすると彼らが個人に比べて家族を高く位置づけることの兆候を示していると言えるのかもしれない。それが支配者のものであれ彼らを象徴化した紋章のものであれ、権力のイメージに対する尊重は洋の東西を問わず重要な役割を演じた。

イングランドでは、都市の印章と紋章が都市自治体のアイデンティティを具現化していたが、都市の記憶は記念建造物あるいは建物によっても表現されたであろう。市庁舎やそのほかの都市的建物は富や権力、堅実性、持続性を表現し、過去を記念し未来を予測するものであった。そうした記念建造物には歴史的な情報が文字通り刻み込まれていたかもしれないし、播州三木の記念碑の事例ではその可能性があったと渡辺が考えるように、たとえ後世の人々にとっては文字を読むことが不可能だったとしても、そこに表現された権威の感覚は残っていった可能性がある。物質的な記念建造物の意味は、それらが儀礼的活動の中心的場、あるいは都市の巡回または巡礼における舞台を提供した際に強化された。近江八幡の町は江戸浅草東漸寺と密接な関係を確立し、寺に参ってそこにある家康の神聖な肖像画を参拝し、寺のための資金調達を行うことで、町の特権の付与者である将軍家康の追悼を推進した。都市役人に権威を授け都市の人々の前に彼を公式に披露する都市民的儀式は、都市の富の源泉である「海との結婚」と呼ばれる壮大なヴェネツィアの祝祭からイングランドの地方都市のもっと地味な市長就任行列に至るまで、ヨーロッパの都市にとって非常に重要なことであった。これらの儀式において歴史に関する舞台や野外ショー、歴史への言及は一般的であり、時には都市の通りで文字通り歴史が再上演され、過去の記憶が甦らされ強められた。これらの過去を記念する行動自体が後の時代に記念されていくと（例えば、都市の年代記において王の入市式が顕著に取り上げられ、ジョン・ストウが中世ロンドンの夏至祭の巡回行列についての我々の主要な情報源になっているように）、歴史と記憶による循環が完成することとなった。

結語

この論文集で論じられた中で最も自意識が強い都市的アイデンティティは、江戸の永住者によって共有される特質である「江戸ッ子」のアイデンティティかもしれない。江戸での生まれと育ちが不可欠であったが、それだけでは十分ではなかった。すなわち道徳的、文化的価値観もまた必要であった。江戸についての読み書きの活動は、江戸のエリートの間で「江戸ッ子」アイデンティティを構築し理解し合うことを助けた。「江戸ッ子」アイデンティティは自伝を通じて主張され得たし、他者、とりわけそれを有していない部外者によって言及される可能性があった。「江戸ッ子」は全く固有で翻訳不可能ではあるが、それにもかかわらず自己、家族、集団、都市民的アイデンティティの合成物を象徴するものである。同様の合成物は広く近世都市に住む男性を特徴づけ、（行為者と記録者という二つの意味で）都市の歴史の創造者である彼を構成していたのである。

第一部　自己語り

第一章　巨大都市江戸における居住者と自己認識

岩淵令治

はじめに

エゴ・ドキュメント（自分史史料）とは、一人称で書かれた資料で、日記、書翰、自叙伝、回想録などを指す。エゴ・ドキュメントの言葉を意識的に使った研究は、オランダの歴史研究者のものが嚆矢といわれている。そして、歴史学の研究方法をめぐる議論を背景としながら、ヨーロッパを中心に進展してきた。(1) 日本近世史を専門とする筆者には、その動向をまとめる能力はないが、大きく共通するのは、無名の個人から社会を見るという視角を持つことと、無名の個人の内面を検討すること、となろうか。その展開は各国の歴史学の状況によって多様である。日本においては、無名の人々の声を聞き取って歴史を描くというオーラルヒストリーの方法論とも関連しながら、主に西洋近現代史研究者がエゴ・ドキュメントの語を使って研究をすすめつつある。また、アジアにおいては、たとえば台湾で、日記を用いた植民地時代の生活史や社会史研究が一つのテーマとなっている。[2]

筆者がヨーロッパのエゴ・ドキュメント研究に直接接したのは、フランスのフランソワ・ルッジウ氏の研究グループ「個人の視点から見たヨーロッパの過去：新たなる歴史学のための史料」のシンポジウム「Les Usages des Écrits du For Privé Afrique, Amérique, Asie, Europe（The Uses of First Person Writings）」（二〇一一年）で報告の機会を得たときである。「自分を書く」という行為の成立は、西欧においては近代の「自我」の発見、確立で説明されてきた。日本で紹介された、フランスの歴史家ダニエル・ロシュの名著や、[3]シチズンシップとの関係を論じた近年の日本の西洋史研究グループの成果も[4]同様の方向性と思われる。ヨーロッパにおいては自然な問いであろうが、実際にエゴ・ドキュメントが産み出される要因は、ヨーロッパ近代の自我の確立に限らない。筆者はこのシンポジウム報告で、一九世紀の都市住民の中から、利根川・荒川の合流点にあった関宿河岸に居住し、江戸で支店を持っていた商人喜多村家のエゴ・ドキュメントをとりあげた。そして、日本のエゴ・ドキュメントの成立の要因を「家」の確立に求め、「家」永続の知識として作成される点に最大の特徴があると述べた。[5]そして、江戸時代のエゴ・ドキュメントの主な特徴を、①公的な内容（仕事）のほか私的内容も含むものも多い、②地誌や年代記が作成されることもある、③しかし書き手は家の当主であることが多い、④そのために書き手は家の中心として、また永続する家の一代として自己を認識してエゴ・ドキュメントを作成する、⑤とくに学者の日記には家を離れた意識の芽生えがあらわれることがあるが数は少ない、とした。また筆者は、江戸勤番武士の日記から彼らの生活の実像を検討し、その記述が「家」や同僚への先例としての報告という意味をもったことを指摘した。[6]本書収録の渡辺浩一論文も指摘するように、私を書くという行為は、家や集団に帰属することと矛盾しないのである。シンポジウムでは、他の報告から、夢の語りの形式をとるイスラム圏内の事例など、エゴ・ドキュメントの作成のきっかけや語りの形態が多様であることが明らかとなった。筆者は、こうしたことが、ヨーロッパの研究者とも共有できる段階になりつつあるのではないかと考えている。(7)

さらに、エゴ・ドキュメントを研究するということは、目的ではなく、いわば手段であって、さまざまな方法や目的がありうる。すでに、日本近世史研究では、ヨーロッパのエゴ・ドキュメント研究との交流とは別の文脈で、江戸時代のエゴ・ドキュメントを用いた研究が行われてきた。具体的には、人々の日常生活、ライフサイクルのほか、頂点思想家ではない人々（「近世人」）の考え方、政治情報の入手と記録、知識人の女性たちが書いた旅日記約一八〇冊にもとづく女性の自立のあり方などが検討されてきている。(8)また、日本近代史においては、日記を書くという行為とその結果が検討され、国民教育装置としての性格が明らかにされている。(9)

こうしたエゴ・ドキュメントの研究状況もふまえた上で、この小文では、都市定住者の刊行された著作、長期滞在者向けに共有された未刊行の著作、来住者のエゴ・ドキュメントの検討から、それぞれの立場に留意しながら、巨大都市江戸に居住した人間の自己認識を見ていきたい。なお、短期滞在者については、多数の旅行記が存在するが、今回は都市における居住を重視したため、検討対象から外すこととする。(10)

一　定住者――「都市民意識」の成立と発信

江戸は、江戸時代になってから本格的に創られた後発都市である。巨大化をはじめ、先行する京都・大坂と並んで三都（当初は「三ヶ津」）と呼ばれるようになるのは、一七世紀末のことであった。(11)

やがて一八世紀後半には、文学作品において「江戸ッ子」という言葉が出現する。先行して「江戸者」という呼称もあるが、これは出身国名を付けた呼称として普遍性を持つ。また、どちらかといえば他者からの表象である。この点で、「江戸ッ子」は特有の言葉である。「江戸ッ子」を研究した西山松之助は、一七七一年（明和八）の川柳を最初に、約五〇例を確認している。[12] 共通する「江戸ッ子」の条件は、（一）徳川将軍と同じの都で生まれたこと、（二）お金の使い方がケチではないこと、（三）高級な育ちであること、（四）江戸で生まれ育ったこと、（五）「いき」と「はり」を持っていることであった。さらに西山は、「江戸ッ子」には二つの階層があるとする。札差や勘定所御用達などの上層町人が本来の「江戸ッ子」で、やがて一八世紀末以降、下層民が自分たち「江戸ッ子」を名乗るようになるとする。また、西山は「江戸ッ子」の心性として、歌舞伎の登場人物などから、共同体や家から自由な近代的「個人」を想定している。こうした、文学作品上の呼称や登場人物と、実際の階層や心性を対応させることは極めて実証が困難であろう。ただし、江戸に定住していると認識している人々がこうした文学作品に触れることで、心性をトレース、ないし増幅していった可能性は高い。本稿では、さしあたり、「江戸ッ子」という呼称と、これを意識する人々があらわれてきたと理解しておく。

さらに、竹内誠は、「御江戸」という表現から一八世紀後半に「大江戸」という言葉が出現したことに注目し、「江戸ッ子」という表象が出現した契機として、周縁部で都市化がすすんだ結果江戸が拡大し、中心部と周縁部の意識が生まれたこと、また地方からの流入人口が増大し、他国出身者の混住が一層進み、住民がさらに多様化したことをあげている。また、江戸内部における「山の手」と「下町」、さらに独自の地域意識が「深川」にみられたとしている。[13]

このように、江戸居住者の中で、一八世紀後半以降に「江戸ッ子」という呼称が成立するような都市民意識の成立があったとみてよいだろう。また、他国の者からもこうした枠でとらえられることとなる。[14]

一方、一八世紀末には、全国的に「歴史」や「由緒」が注目され、江戸に関する著作も作成されるようになる。[15]ここでは、江戸中心部の古町名主斎藤家[16]が作成した江戸にかかわる出版物に注目したい。まず、もっとも中核になるのが『江戸名所図会』（前半一〇冊が一八三四年〈天保五〉、後半一〇冊が一八三六年〈天保七〉刊）である。京都の『都名所図会』（一七八〇年〈安永九〉刊）を意識して作成された豊富な図入りの名所案内で、斎藤家当主が寛政年間から三代（月岑とその父・祖父）にわたって調査・執筆し、出版した。凡例によれば、その目的は「江戸の繁栄を他国の人へ知らしめようとする」ことにあった。著名な作家曲亭馬琴は、京都の知人に宛てた手紙で、遠くで江戸を知るには便利だが、江戸の住民にとっては江戸の記述はとくに珍しいものではない、と批評している。[17]正確な作成動機は不明だが、[18]斎藤家は学者や作家が本業ではなく、多額の原稿料や板権を得たわけではないので[19]営利目的でもない。「江戸ッ子」を自認したかは不明だが、都市行政に関わった斎藤家が、江戸定住者であることを意識して、他国の者に対して「江戸の繁栄」を発信したことは確実であろう。

月岑は、さらに江戸の年中行事を示した『東都歳事記』（一八三八年〈天保九〉刊）、江戸の年代記『武江年表』（一八五〇年〈嘉永三〉刊）を刊行する。前者についてはすでに京都について一七四六年（延享三）に『日次入年中重宝記』が、後者については多種多様な年代記が刊行されていたが、[20]江戸に焦点を絞って詳述した刊本は初めての試みであった。鈴木章生は、内容から、三つの著作を空間・時間・歴史と評価している。[21]月岑自身、最後の『武江年表』の序文で、

〝まず斎藤家代々で『江戸名所図会』を自由に見て回る時の手引き（「縦覧の栞」）として作り、次に私が導引として『東都歳事記』を刊行した。さらにこの『武江年表』を作り、地方の男女（「村漢野嬢」）に江戸の繁栄

の概要（「東武繁華の梗概」）を知らせる一つの助けとした。〃

と三つの著作の関係を示している。さらに、渡辺浩一は、月岑は古町名主としての過去の町の法令の体系化・編纂事業を行っており、都市の記憶にかかわる業務と、歴史や地誌の著述とが、連続した実践であったとしている。(22)

三つの著書において、武家に関する記述がなされていない点は注目される。千葉正樹は、『江戸名所図会』では、江戸城や武家を背景にして江戸という都市の中心性を出しつつも、武家をとりあげないという傾向を指摘している。同様に、『東都歳時記』も幕府行事を外して町人の行事をとりあげる。(23)また、『武江年表』の凡例（「提要」）では〃もとから『公辺』の事は知るべきではなく、たまたま聞いたことも差し障りが多いので記さなかった〃とし、同様に著名人の生没についても〃『貴人・公子』については差し障ることが多いので大半は記さなかった〃、としている。幕府や将軍家について本格的に触れないのは、出版の統制の問題が大きいであろうが、それ以外の武家に関する記述も少ない。外的要因によるものか、内在的な意図によるものか現時点では評価を留保したいが、少なくとも結果として町人のみの都市像が発信されたわけである。

さらに、月岑の執筆意図について、従来本格的に検討されてこなかった『武江年表』を素材に、(24)その典拠と内容から推察してみたい。月岑自身の手で一八四九年（嘉永二）に刊行に至った『武江年表』は、前編（巻之一〜四）と後編（巻之五〜八）の八巻からなる（表1）。それぞれの丁数は二六〜三〇丁とほぼ同数であり、三・四・五・七・八巻が改元の年から始まっている。内容からもわかるように、とくに月岑は時代の画期を示さず、淡々と記述をすすめている。

まず、典拠についてはすべてが明記されているとは限らないが、引用書は二四三点、引用回数は二七三回に

表1　『武江年表』における典拠表示

巻数	収録年代	丁数	引用回数	引用点数
巻之一	1590年（天正18）～1636年（寛永13）	30	58	34
巻之二	1637年（寛永14）～1672年（寛文年間記事）	33	48	71
巻之三	1673年（延宝元）～1710年（宝永7）	34	43	60
巻之四	1711年（正徳元）～1743年（寛保３）	27	31	40
巻之五	1744年（延享元）～1769年（明和6）	26	19	22
巻之六	1770年（明和7）～1788年（天明8）	27	18	19
巻之七	1789年（寛政元）～1817年（文化14）	32	17	18
巻之八	1818年（文政元）～1848年（嘉永元）	33	9	9
合　計		242	243	273

およぶ。詳細な検討は後稿に期したいが、以下、二点に注目しておきたい。第一に、全体を通じて、同書が多くの書物に拠って成り立っていることが指摘できる。このうち、『江戸名所図会』（二回）、『東都歳事記』（三回）、ほか『声曲類纂』（三回）と月岑の著作三点の引用は八回にすぎず、ほとんどが他人の著作であった。注目されるのは、刊本のみならず、相当数の写本が用いられていることである。表2は、凡例（「提要」）で「時世の風俗」について摘出したとする書物、および著名人の没年の参考書としてあげた刊本である。これらに限っても、とくに前者については刊本となっていないものが多数を占めていることがわかる。斎藤家は蔵書を有していたとされるが、(25) こうした著述の蓄積で執筆が可能になったのである。さらに、注目したいのが、一七四二年（寛保二）より一七八八年（天明八）までの開帳について、「友人豊芥子」より「開帳記」を借用したため、とくに詳しくなった、と読者に説明しているくだりである。この豊芥子とは、膨大な珍本を収集し、風俗研究や考証で知られた石塚豊芥子（一七九九〜一八六二）である。月岑は、『声楽類纂』の凡例（「提要」）においても、〝豊芥子より多くの史料を借用しており、この書の完成の半分は豊芥子の好意によるものだ〟としている。書物の収集や情報の入手にあたっては、おそらくこうした文人との交流があったと推

表2　『武江年表』の「提言」に示された参考書

内容	書誌
「時世の風俗を知らんとならば」	「慶長見聞集」（三浦浄心　一六一四年〈慶長元〉奥書）、★「落穂集」（大道寺友山―一七二八年〈享保一三〉・一七四六年〈延享三〉版）、「事跡合考」（柏崎永以―一七七二年〈明和九〉跋）、★「昔々物語」（＝「八十翁疇昔話」新見正朝―一七三二年〈享保一七〉・一八三七年〈天保八〉版※一―一三四頁の記述で特定）、「塵塚談」（小川顕道―一八一四年〈文化一一〉）、「譚海」（津村正恭―一七九五年〈寛政七〉自跋）、「一話一言」（大田南畝―一七七九～一八二〇年〈安永八～文政三〉）、「我衣」（加藤曳尾庵―一七五二～一八二五年〈宝暦二～文政八〉）、「賤の緒環」（＝「賤のをだ巻」森山孝盛―一八〇二年〈享和二〉※二―一二三頁の記述で特定）、「後は昔物語」（朋誠堂喜三二―一八〇三年〈享和三〉）、「嬉遊笑覧」（喜多村筠庭―一八三〇年〈文政一三〉自序）、「蜘の糸巻」（山東京山―一八四六年〈弘化三〉）、★「骨董集」（山東京伝―一八一三年〈文化一〇〉序、上・中巻一八一四年刊、下巻一八一五年刊）
「歿卒の年月」	★「諸家人物志」（「諸家人物誌」南山道人〈池永豹〉―一七九二年〈寛政四〉刊）、★「同続編」（＝「続諸家人物誌」青柳東里―一八二九年〈文政一二〉序・一八三二年〈天保三〉刊、★「墓所一覧」（＝「江都名家墓所一覧」岡田老樗軒編―一八一七年〈文化一五〉刊）、★「思ひよる日」（古筆了伴―一八四八年〈嘉永元〉）

・★＝版本
・「提言」の表記（「　」）をもとに、（　）で国文学研究資料館日本古典籍総合目録データベースによって書誌を補足した。

測される。典拠となった書物の多くは、江戸の文人の間である程度共有された情報である可能性が高い。

第二に、引用回数が前編から後編で激減している。ただし、実際に月岑が実見できた時期の記述は巻之八のみであり、実見が明示される記述は、寺の境内や両国橋詰に出た大型の見世物について「おのれが見る所」を示した箇所（一八二〇年〈文政三〉正月から秋、二―六五頁）と、らくだを自分自身で見て『和漢三才図会』などの絵本の画像が誤っていることに気づいたという記述（一八二二年〈文政五〉、二―一六八頁）である。さらに、老人からの聞き取りが、巻之六でみられる。月岑自身による聞き取りかは不明であるが、「安間貞翁」による錦絵の「フキボカシ」の彩色刷りの初出の話（一―一九四頁上段）、天保中に死去したという「太鼓打坂田重五郎」の安永頃（一七七二～一七八一年）の神田明神神事能の風俗の話、加藤曳尾庵（一七六三～?）が語った明和安永頃（一七六四～一七八一年）の鼠除猫の絵描きの話（一―一八七頁上段）、大田南畝が文政元（一八一八）年に長崎で実見した話（一―二〇七頁上段）である。ただし、四例にしかすぎない。したがって、後編については、自身の見聞のほか、おそらく斎藤家の代々の当主が見聞し蓄積した情報が反映されている可能性があろう。『武江年表』は当時の文人の間で共有された情報に、斎藤家が蓄積した情報を加え、編年体に仕上げたものといえよう。

さらに内容について、ここでは二点注目しておきたい。まず、江戸図や武鑑、洞房語園の嚆矢をはじめとして、さまざまな書物の出版や写本の成立が多数記載されている点である。赤穂浪士の関連書二五冊の提示、あるいは〝享保期の流行物については「江戸砂子拾遺」や「再訂総鹿子」に記載があるがすでによく知られている本なので転載しない〟、としている点も興味深い。つまり、読者層としては、一定の学知が前提とされているのである。引用書を示しているのも、考証の根拠を示すとともに、参照が可能な読者を想定してのことであろう。次に、文人や名工など、「韵《いん》士、墨客、伎芸の師、其の他有名の輩」・近年亡くなった人（「近世永訣の儔《ともがら》」）（凡例〈「提要」〉）の没年がひんぱんに記されることである。元禄年間記事（一―一〇四頁）、明和年間記事（一―一八六頁）、天明年間記事（一―二二〇頁）、寛政年間記事（二―一八頁）、文化年間記事（二―五七頁）では、とくに「名家」の項目が設けられている。

さきに月岑と文人との交流を指摘したが、『武江年表』の中で「文化元年抱一上人画会の時」の太郎稲荷に関する歌や、向島百花園の梅園を開いた翌年の「子の日の宴」での「文人つどひきたりし時の歌」を紹介しており（二―二五頁上段、同二八頁上段）、月岑自身がこうした会に参加していた可能性がある。また、荻生徂徠や大田南畝らを「先生」と記し、一八〇四年（文化元）の「絵本太閤記」の絶版命令については「この絶版は惜しむべし」と述べるなど（二―三〇頁）、文人としての意識を持っていたようにも思われる。月岑の父幸孝は書家・儒学者として名高い亀田鵬斎に出入りし、月岑自身も鵬斎の弟子である日尾荊山《ひおけいざん》に漢学を学び、国学者の上田八蔵や画家谷口月窓の許にも通ったという。[26] 月岑自身が、文人、知識人だったのである。

『武江年表』に先行する都市江戸に焦点を当てた年代記としては、未刊行の「大江戸春秋」（一八〇六年〈文化三〉序）[27]があった。しかし、同書が一六一五年（元和元）の改元から筆を起こし、年代記の形式を踏襲して天皇の代を記述しているのに対し、『武江年表』は一五九〇年（天正一八）、すなわち家康の関東入国、江戸入府から始められている点で、より都市「江戸」を意識したものであった。そして、刊行によってその後も大きな影響を持つこととなった。さらに、自身で寛政から享和（一七九〇～一八〇四年）の開帳について〝なお穿鑿して次編でくわしく述べたい〟（二―三頁）としているように続編の刊行を目指して一八七八年（明治一一）に没するまで執筆を続けた。そして、この続編は一八八二年（明治一五）に刊行され、さらに正編・続編とも江戸の年代記として整備されて今日に至っている。[28] その引用書の多くも、未刊行だったものを含めて明治・大正期に活字化された。月岑をはじめとして江戸の文人の間で共有されたであろう典拠の書物は、『武江年表』とともに、近代以降の江戸文化を語る際の源泉になったと考えられる。

すでに『武江年表』は凡例（「提要」）で「中人以下」の見聞したことを記載対象とするとしていることから、「江戸庶民的なあらゆる視点から眺めた記録を収める」と評価が与えられている。[29] しかし、本書の内容や成り立ちから考えて、実際には全国の文人に対して、都市中間層（名主）であり文人である月岑が、文人からの視点で江戸の社会・文化・風俗の変遷を伝えようとしたものだったと評価すべきであろう。ちなみにここでの「中人」も「普通の人」の意味ではなく、貴族と庶民の間に位する人、すなわち「中人」＝中間層‖文人を指すのではなかろうか。今後の検討課題であるが、それは『江戸名所図会』や『東都歳事記』といった月岑の他の著作にもあてはまるように思われる。

月岑の三つの著作は、当時から現在に至るまで都市「江戸」イメージの形成に大きく影響を及ぼし、江戸の「記憶」として流通することとなった。[30]しかし、月岑の著作は、限定された江戸像であった。『武江年表』の場合、基本的な内容は江戸の文人で共有され、地方の文人に対して発信された。その情報には武家が含まれていない。また、都市住民の大半を占めた裏店層の視線でもない。それは、都市に定住した中間層による「江戸」表象なのである。

二　長期滞在者――集団での経験の共有

（一）　史料の性格

次に、「江戸自慢」という著作を検討したい。[31]紀州藩付家老安藤家[32]の医師原田が、参勤交代で江戸勤務中に執筆したもので、作成年は一八三二年（天保三）より一八五二年（嘉永五）の間と推測される。序文によれば、すでに出版されていた江戸のガイドブック『江戸繁昌記』[33]の記述を前提として、自身の経験から同僚が〝田舎者として馬鹿にされない〟ための情報や、著者が関心を持った事柄を記したものである。したがって、本書は、著者原田が同僚たちに記した〝江戸勤番のための江戸案内書〟といえるだろう。勤番武士の江戸体験は、江戸勤務中に記した日記、手紙、あるいは口述によって、国元の家族や同僚に共有された。本書は、こうした体験を整序して、広く共有することを目指したものと考えられる。そして、実際にこの書は安藤家の家来の集団の中で共有されたと考えられる。なぜなら、現存している史料は、著者の原田より同僚の松尾という人物が借りて写したものを、さらに稲垣由恒という人物が写した写本だからである

現在、参勤交代でやってくる武士は、江戸時代の文学作品や川柳で登場する田舎者「浅黄裏」というイメージで説明されることが多い。しかし、このイメージは、前述の「江戸ッ子」の確立とともに、江戸に定住する町人らが創り出したものである。参勤交代でやってくる各地の武士たちの中には、ひんぱんに江戸を訪れる者も多かった。たしかに、彼らは江戸の住民としぐさや行動が異なっていたが、江戸について無知ではなかったはずである。あくまでも田舎者というイメージは、江戸住民による表象である。ただし、勤番武士たちが予備知識として入手しやすかったのは、書籍や浮世絵など印刷による情報である。それは、いわば江戸から発信されたステレオタイプの「江戸」であった。本書は七九条からなるが、事前の知識では知り得なかったものとして何をとりあげているのか、またそのことが彼らの認識をいかに変えたのか、という点に着目してみていきたい。

(二)　風土・気候

まず冒頭から数条は、江戸の風土・気候全般を記す。江戸の町数「八百八町」という予備知識を否定し、面積もより広大であることを説く。また、気候については、「江戸の冬の寒さは和歌山の三倍」と、温暖湿潤な和歌山の冬と異なることを特筆している。植生については、桜をとりあげ、伝通院の桜を大木の筆頭にあげて、和歌

山の桜の名所である道成寺もまったくかなわないとしている。一方、和歌山に比べて江戸の松の生育が悪く、和歌山で一般的なタブノキがないとしている。また、薪となる木は自然木ではなく田の畔で育成されたものであるため、国元の薪と比べて火力が弱いとしている。実際に、炊事で薪の火力は重要であった。

（三）　江戸住民の気質

江戸住民の気質についての記述も多い。江戸で平穏に生活するための情報であろう。まず商人は、「慇懃にして恭敬」で、〝和歌山の商人とはまったく違う〟としている。藩士が居住する藩邸に毎日やってくる魚屋や八百屋は、中元・歳暮を欠かさず、年始には買物の高に応じて年玉を出す。商品は全て価格の表示があるため、値のかけひきや、不正な値段で買わされることを心配しないで済む。売買の時に用いる計量の升は、〝各地から人が集まる大都会〟であるにもかかわらず、酒・酢から蜆に到るまですべて規格の整った升を使用して、和歌山とは異なるとしている。また、市中で道を尋ねると、気性は荒いのに、貧しい者に至るまで、自分の仕事の手を休め、丁寧な言葉でこちらをうやまって教えてくれるとして、感動している。総じて江戸人は気象は荒いが親切である、ということになろう。蕎麦屋では、鉢に入れて汁がかかっている掛そば、小さいせいろに盛って別の器に入れたつゆにつけて食べる盛そばがあり、注文を聞かれたら〝どちらか早く答をするように〟とされている。この条文には、江戸人のテンポや気性も込められているのであろう。

このように、著者の江戸の町人たちに関する評価は非常に高い。ただし、著者が述べている礼儀正しい町人とは、あくまで関係のある商人か、武士身分で接する人々であって、江戸の商人一般ではない。露天商は偽造品を扱っている場合があるとして、注意をうながしている。また、住民の親切な対応も、著者が武士身分であることが影響している可能性があるだろう。

一方、武士については、「大都会」であるために性格がおおらかになったのか、とくに旗本などは温和で〝若山武士のような負けん気がない〟としている。そして、最初会ったときは緊張するが、実際には口先だけで中身のない人物が多い、としている。

(四) 言語

異国の地における生活では、言語が重要である。日本近世社会では文語は統一されたが、口語は地域差がみられた。このため、各藩の藩士が江戸勤務のために作成した、自国の言葉と江戸の言葉の辞書も存在した。本書では、食べ物や買い物など生活で用いられるもののうち約六〇語があげられている。さらに注目したいのは、「江戸人」のイントネーションが「上調子」で巻き舌のため、下品だとやや軽蔑する記述がみられる点である。この「上調子」のため、豊後節は音の上げ下げにふくらみがなくうるさくて聞き飽きる、火消が誇りとする木遣り歌も言葉が聞き取れない、としている。ともに江戸で生まれ、とくに木遣り歌は現代においても江戸文化を代表するものの一つとされる芸能であるが、和歌山の人間にとっては滑稽に感じられたのであった。

(五) 食

江戸にはさまざまな外食産業が展開していた。著者は菓子、鮨、蕎麦をとりあげる。上方に比して江戸の菓子の評価は極めて低いが、握り鮨については、〝上方の押し鮨とは比べものにならないほど味が良い。かつ値段も安い〟と絶賛する。蕎麦については、卵ではなく小麦粉をつなぎに使っているため、「堅くて口さわり剛く、胸につかへ、三盃とハ食ひがたし」と酷評する。一方、「汁の味ハ至極美」と賞賛し、〝若山の蕎麦を江戸汁につけて食べれば、両方の旨さが合わさり、腹の裂けてもわからないほど食べるだろう〟と勝手な欲望を披瀝する。

調理や盛り付けについての記載もある。料理については、料理人の技量を賞賛しながら、味付けは〝砂糖、味淋、酒を用いているため、菓子のように甘く、酒の肴にはならない〟としている。甘い味付けの原因として、大名が集まる土地柄であるため、「上品」な味付けが庶民にまで移ったと推測している。その一方で、盛り付けについては、江戸は〝大きな鉢に料理を小さく盛りつけていて上品〟で、和歌山は〝小さい鉢に高く料理を盛りつけるので、牛の糞のようで下品〟として、江戸を評価している。

また、「江戸自慢」でより多くの紙数を割いたのが、調味料や食材の記述である。和歌山を基準として、上方の例も交えながら、流通量・価格と味を中心に記している。多くは国元の味に軍配をあげており、江戸のもので評価されているのは、低価格で美味の浅蜊・蛤・甘藷のほか、酒・柿・白魚・芝蝦・貝柱・慈姑にすぎない。味付けの評価にもみられるように、結局国元の味を評価しており、味覚は生まれ育った地に大きく規定されてしまうように思われる。

しかし、味覚も絶対的なものではない。酢について、和歌山の名産である酢に比べ、江戸の酢は〝味が薄く、水っぽくて、臭いがきつく、吐き気がする〟と酷評する。ところが、これに続けて、〝江戸に来て一年半もたった頃、和歌山の酢が来たので呑んでみたところ、味が強く、喉を通らなかった。もはや、味覚だけは江戸の人間になってしまったのかもしれない〟と述べている。長期滞在になると、嗜好が変わってしまう場合もあったのである。

また、江戸の魚類は基本的に〝すべて味が淡白で、まるで野菜を食べているのと同じだ〟、と酷評している。

ただし、その原因は鮮度ではなく、魚の生育する環境によるのだ、と述べている。そして、江戸の名物である白魚を前に、自国の産を白魚ではなく「麵条魚」ととらえ直している。「江戸」と接する中で、自国を至上のものとせず、むしろ客観的にみる立場を得ているといえよう。

(六)　風俗・習俗

寄席では茶・菓子は出るが酒・肴はなく、下手でも悪口を言う者がなく、〝とても観客が真剣に観ている〟とする。また、春の桜の花見について、〝江戸の庶民は連日出かけ、三味線で踊り騒ぐが、飲食は質素である〟として楽しみ方を賞賛する。そして、料理に力を入れる和歌山の花見を批判し、〝桜の花がもし話すことが出来たら、「若山人」は、自分を楽しまないで、食べ物を楽しんでいる、と笑うだろう〟と記し、自分は料理を贅沢にしないで花を楽しんだとしている。一方、秋の菊見については、江戸で流行している見せ方を批判する。〝江戸では、一本の茎に接ぎ木をして二〇〇～三〇〇輪の同じ大きさのさまざまな花を付けるが、最初珍しくてもすぐに見飽きてしまう。また、菊の花で作った人形などは下品である。上方のように、一本の茎に花が二・三輪で、沢山の種類のものを混ぜて植えた方が美しい〟とする。

江戸の年中行事もいくつかとりあげられるが、いずれも江戸特有、あるいは紀州と異なると認識された行事が選ばれている。こうした中で、四月に行われる誕生会と、秋の月見は、江戸の風俗に学び、紀州の風俗で改めるべき点をあげている点も注目される。前者では、江戸では花を入れる竹筒を和歌山のように高く捧げないことに注目し、江戸の方が道理にかなっているとする。また、この時に用いる歌は「江戸人」の書いた言葉の方が調子が整っているという。後者の月見については、この時に用いる団子が、和歌山のものは〝本が太く、先が細い〟

形で五月の団子と同じであるのに対し、江戸では月の形に応じてか丸形であることに注目する。そして、和歌山でも季節が異なるのであるから区別すべきだとしている。

このように、本書は、『江戸繁昌記』を前提として、「田舎者ともてはやされ」ない情報や、著者が関心を持った事柄を記している。加えられた情報については、三つの点を留意する必要がある。

まず、基本的には一時滞在者としての関心である。言語や食に多くの紙数が費やされているのは、まさにこの点につきる。また、外出にかかわる記述は、蕎麦屋の注文など行動に際しての注意事項や補足事項である。

第二は、武士という身分での経験である点である。[34] 前提とした『江戸繁盛記』が江戸の社会批判を行っているのに対し、著者の関心は、下層民や社会的な弱者にはほとんど向けられていない。商人たちの愛想のよさや、道を教えてくれる親切さについても、武士という彼らの立場を考慮する必要がある。

第三は、著者の立場である。著者は、自身を「田舎者」と卑下する箇所がある（序文、八条、三三条）。しかし、序文は他者（江戸の人間）から呼ばれる場合で、八条の山の手と下町の言語の区別がつかない「田舎者」は、自らが居住する「山の手」を江戸の田舎とした上での表現である。また、三三条は江戸の料理の味付けを批判した上で、「田舎者」と称している。実際に、「田舎者」の語は「江戸人」・「江戸子」と対では出てこない。「江戸人」と対で出てくるのは「若山人」なのである。著者は、「田舎者」を自覚しているのではない。あくまで江戸で「田舎者」と呼ばれることを逆手にとった表現なのである。

ここで、あらためて「江戸自慢」における認識や表現の基盤に故郷の「和歌山」があることに注目しておきたい。「異文化」を認識する際には、あくまで基盤となるのは「自文化」である。江戸と同様に、和歌山でも一八世紀末より一九世紀にかけて地域や歴史の「発見」がなされていた。[35] また「国益」思想を背景に藩専売が展開する。まさに、著者が「我が紀の国」と述べる「国」が発見された時期であった。こうした「自文化」認識を背景としながら、著者は情報として持っていた「江戸」に、実体験の中で新たな認識を加えていく。そして、その事象ごとに、ある時は江戸を批判し、ある時は「自文化」を批判するのである。つまり、「江戸」を見ていく過程で、同時に「自文化」も再発見し、相対化しているのであった。さらに、こうした中で自身が培った味覚や、儀礼も変容する可能性があった。この時点で、著者は「江戸」と「若山」双方の視点も持ち得たわけである。[36]そして、こうした認識は、著者のみならず、和歌山の武士の集団の中で知識として広がることとなったのである。

三　来住者――「家」からの離脱と巨大都市

最後に、越後国の豪農佐藤家の文書から、[37]「家」を出て、都市への定住をめざした人々の私信をとりあげたい。[38]近世の百姓の「家」については、遅くとも一八世紀には、上農層については長子単独相続や「家」意識を認めるのがほぼ共通理解となっている。[39]ここでは、「家」と断絶した人物の心性に焦点をあててみたい。とりあげるのは、四代目当主の息子たちである。

四代当主八平《はちべえ》（一七一〇～一七八八）は、城下町高田の町人浦野家から佐藤家に養子に入った者である。彼には五人の息子がいた（次男は夭折）。彼は隠居して、長男平六を五代当主とし、四男が六代当主、五男があらたに分家を興した。こうした家の系図で記されるような結果をみる限り、息子たちは佐藤家の「家」を支えていったように見える。しかし、実際には五男を除き、息子たちは父の意志には従わず、いずれも江戸での生活を志向していたのである。

（一）　長男平六（一七三一〜一七六九）

長男平六は、一七五三年（宝暦三）に親族の湯本家との婚儀の際に、弟柳助に家督譲りを申し出て、父八平と対立した。そして、翌一七五四年に弟柳助への家督譲りの手紙を父に残し、江戸へ出奔した。江戸では、代官江川太郎左衛門に奉公が決まる。しかし、国元の父が、地域社会における家の恥と、また親不幸を理由に帰国を促す手紙を送った。このほか老いた祖父母からも手紙が届き、結局説得に応じて翌年に帰国した。ようやく一七六二年（宝暦一二）に五代当主となるが、二年後の一七六五年（明和二）に再び出奔し、説得に応じて帰国する。以後、国元に残り、結局佐藤家の惣領となった。

彼の主張については、二回目の出奔の際に親に宛てた置き手紙（「口上書」）からうかがうことができる。彼は、（一）「家」を五〇年、一〇〇年と年を重ねて存続していくべきものとした上で、（二）自分は祖父の死後人望を失っており、家督相続には不適格であるから、家督を弟たちの誰かに譲る、（三）自分の跡継ぎを立てる気はなく、残していく妻と三人の子供の将来は次の家督相続者に頼む、（四）以上の判断は「親類中御相談」に任せる、としている。そして、これは一回目の出奔の時から決めていたことで、〝自分はたとえ社会で無用の人間になっても構わないつもりだ〟と家督相続に対して拒否の意志を強調している。自分を家督相続者に不適とする理由は明示されていないが、地域の大肝煎にならずに村の行政と家業に専念することを父にすすめ、関係が悪化したことを念頭においていると思われる。江戸での生活は短期間で不明であるが、自身を「家」の不適格者として、二度江戸を目指し、代官所の手代を志向したわけである。結局、平六は家督を継いだ後、江戸に出た三男を訪問中に病にかかり、江戸で没した。

（二）　三男柳助（一七四〇～一八〇四）

三男柳助は、一七五〇年ごろより、近隣の村（角取村）の内藤子寛に学んだ。さらに内藤の師匠で、江戸で学んで城下町高田で私塾を開いていた村松廬渓（一七一五～一七八七）[40]に学ぶ。そして、平六が最初の出奔から帰国した翌年の一七五五年、江戸に学問修行に向かった。翌一七五六年には帰国し、近村（竹直村）の富裕な親戚である小田家に養子入りして惣領となった。しかし、一七六三年には小田家を飛び出して佐藤家に戻り、再び江戸に旅立つ。翌一七六四年（明和元）には説得に応じて佐藤家に戻るが、五年後の一七六九年にはふたたび江戸に向かった。直後に説得に応じていったんは帰国するが、すぐに江戸に戻ってしまう。やがて修業の末、後に「北越四大儒」と称される儒者の一人、「穀山」となり、以後、彼は学者として生涯を江戸で送った。帰国したのは、養子先だった小田家の当主の死去に伴う財産整理の時のみであった（一七七六年〈安永五〉）。

こうした彼の行動は、江戸での学業の継続と、養子先で当主となることの忌避によるものであろう。本来は次男であり、「家」の拘束を強く受ける立場ではなかったはずであるが、親戚の家に養子に入ったため、柳助は養子先の小田家の当主をまっとうしなかったとして激しく批判された。

一七六四～一七六九年に実家に戻された際、柳助は、江戸に出ている弟半治に国元に帰らないことをすすめる手紙を送っている。これによれば、故郷に帰った柳助は、兄平六、末弟松五郎らに「いぢめられ」、その度に親類や父親の実家（城下町高田）へ逃げていた。父と平六は、病気の自分を投げ、乱暴をする末弟の味方なのであった。このような「無念」や「つらき事」を書いた後、彼は兄の平六や末弟の松五郎は、〝私をどのような目にあわせるかもわからない〟と不安をあらわにする。そして弟半治に対しては、〝あなたは今頃は『江戸男』でその才能はあらゆる人よりも優れているだろうから、帰郷することはないだろうが、もし帰郷すれば自分と同じ目にあうから、もし苦しいことがあっても、江戸で一生を終えるべきだ〟、と江戸に残ることを強く勧めている。

また、大名にも直接講義をするなど、学者として江戸で生活できるようになった一七八四年（天明四）正月、彼は、国元に戻ることをすすめる末弟からの手紙の返事で、〝もう故郷の方を見ることも嫌だ〟と述べている。その理由は、（一）現在の江戸での学者としての仕事上の拘束、（二）前年一一月におこった柿崎の住民による酒屋打ちこわしなど治安の乱れ、（三）そして最大の理由は、彼が故郷の生活で周囲から入獄やら追放やら嫌なことを言われて落ち着けないこと、であった。彼が嫌った故郷とは、「家」から完全に遊離して学問を行なう当主を許容しない、日本近世の村の「家」とそれをとりまく社会の論理に他ならない。

（三）四男半治（一七四二～一七七二）

半治は、代官所の手代などで江戸のほか、勤め先を故郷に近い越後国や甲斐国に変えていった。遅くとも二三才（一七六四年）の時には、彼は故郷を離れて勤めを始めていた。そして、最後は江戸で勤務中に父が亡くなり、帰国して当主を継いでいる。半治は四男ということもあってか、「家」の拘束はあまりうけていない。長兄の平六は、あまり勤め先を変えすぎるのはよくない、と手紙で忠告するが、国元に帰ることは提案していない。半治本人も、「家」を出ることを前提に行動していたのであろう。

このように、佐藤家四代当主の子供たちは、「家」からの離脱を試みた。彼らは、いずれも巨大都市江戸を起点として武家奉公・学者を目指している。巨大都市江戸は、こうした「家」から離脱した人々を受け入れる場となったのである。ただし、「家」におけるそれぞれの立場によって、彼らの行動と結果には差異が生じた。そして、「家」から離れ、江戸で生きていくには、能力と強靱な意志も必要だったと思われる。最後まで江戸で意志を貫けたのは、三男の柳助だけであった。しかし、江戸での生活は楽ではなかった。平六の四男六四郎は江戸に出た時に柳助を頼ったが、国元の兄に宛てた手紙の中で、〝叔父は弟子が多いので、生活が豊かだと思って来たら、貯金はなく、弟子からの謝礼金は家賃と生活費に消えていた。とても貧乏であることに驚いた〟と書いている。たとえ彼のように学者としてそれなりに成功しても、安定した江戸の住人になることは難しかったのである。六四郎は〝いまだに江戸に馴れず、何を買うにも「田舎者」とみられて高値で買わされてしまう〟とも書いている。江戸の商人から「田舎者」という視線が注がれていたことがわかる。そして、彼ら自身は、「家」から離脱しても、常に「家」を意識している点が特徴として注目される。

また、彼らの江戸での生活を支えたのが、同郷の出身者たちであった。たとえば、平六が江戸で発病した際には、偶然納め方御用で江戸に来ていた出府していた馬正面村の幾右衛門のほか、平六が宿泊していた国元出身の大黒屋伝八、幕府の徒士の養子となっていた同郷の小室久蔵が看病から葬式まで面倒をみている。こうした江戸在住の国元出身者が、平六を世話したのである。

おわりに

まず、本稿では、江戸において、一八世紀から一九世紀にかけて、都市定住者、とくに町人による都市民意識が芽生え、また文人・都市中間層による江戸表象の発信が行われるようになっていたことを確認した。

しかし、定住者だけで巨大都市江戸が成り立っていたわけではない。そこで本稿では、定期的に江戸を訪れる江戸勤番武士の著作と、江戸を基盤とした生活を目指した者たちの手紙を検討した。

前者は、勤務のため、定期的に国元と江戸を行き来する者たちである。ここで共有されたのは、「田舎者」とみられないための振る舞いや知識であった。しかし、彼らは藩や家臣団という母集団に帰属し、「江戸人」に対しては「若山人」（和歌山人）を意識した。こうした中で、江戸という他文化に接することで、彼らは自文化を再発見したのである。

後者は、故郷の地域や「家」という集団から離脱し、江戸に流入した者たちである。しかし、彼らは帰属する場を失い、江戸において「田舎者」意識を持った。また一方で、「家」を相対化できず、断ち切れずにいた。彼らのよりどころの一つは、同郷者のネットワークであった。

巨大都市江戸は、こうした人々が常に交差する場であった。実際にはこうした都市来住者や、定期的に長期滞在する武士身分の存在が大きかったはずである。西山松之助や竹内誠が述べるように、むしろこうした人々と常に共存することで、「江戸ッ子」という表象が創り出されたと考えた方がよいだろう。(41) 巨大都市の居住者は多様であり、町人の中で定住者を意識する者たちから都市民意識が生まれたのである。ただし、文字化する者は都市中間層であり、彼らが発信する都市像は一つの理想像、自画像である。こうした都市民意識や表象、さらにそれに基づく近代以降の一部の江戸像(42)については、歴史研究者は慎重に接していく必要があると考える。

注

（1）長谷川貴彦「エゴ・ドキュメント論――欧米の歴史学における新潮流」（『歴史評論』七七七号、二〇一四年）。オランダの歴史家Jacob Presserが、一九六五年の著書でナチス・ドイツ占領下のオランダから強制収容所に移送されたユダヤ人の体験を詳細に記録した著書で用いたのが嚆矢とされる。エゴ・ドキュメント研究の研究史については、同論文を参照されたい。

（2）二〇一二年には、中央研究院台湾史研究所が國立成功大學歴史學系と合同で日記と社会生活史学の学術シンポジウム（「日記與社會生活史學術研討會」）を開催し、国立台湾歴史博物館では、植民地時代の研究について「大衆や社会生活面にも重きを置き」、エゴ・ドキュメントの資料集の刊行もすすめている（同館ＨＰ日本語版）。

（3）ダニエル・ロシュ（喜安朗翻訳）『わが人生の記――十八世紀ガラス職人の自伝』（白水社、二〇〇六年）。

（4）槇原茂編『個人の語りがひらく歴史』（ミネルヴァ書房、二〇一四年）。

（5）Reiji Iwabuchi "Characteristics of ego documents in Edo period Japan (1603-1867)," in Les Usages des Écrits du For Privé Afrique, Amérique, Asie, Europe (The Uses of First Person Writings) , ed. François-Joseph Ruggiu, Bruxelles, (P.I.E. PETER LANG、二〇一三年、菅原未宇訳）。

（6）岩淵「八戸藩江戸勤番武士の日常生活と行動」（『国立歴史民俗博物館研究報告』一三八集、二〇〇七年）、同「庄内藩江戸勤番武士の行動と表象」（『同』第一五五集、二〇一〇年）、同「他国者がみた江戸――江戸勤番武士の江戸表象」（『総合誌歴博』一七一、二〇一二年）、同「臼杵藩勤番武士の江戸における行動」（『国立歴史民俗博物館研究報告』第一九九集、二〇一五年刊行予定）。

（7）二〇一二年には日本・ドイツ・韓国の研究者による国際シンポジウムが開催され、「近代的自我」を前提としないことが共有されている（鄭昞旭・板垣竜太編『日記が語る近代』同志社コリア研究センター、二〇一四年）。

（8）深谷克己『八右衛門・兵助・伴助』（朝日新聞社、一九七八年）、同『近世人の研究』（名著刊行会、二〇〇三年）、安丸良夫『日本の近代化と民衆思想』（青木書店、一九七四年）、岩田みゆき『幕末の情報と社会変革』（吉川弘文館、二〇〇一年）、柴桂子『近世おんな旅日記』（吉川弘文館、一九九七年）、高木俊輔『近世農民日記の研究』（塙書房、二〇一三年）。

（9）西川裕子『日記をつづるということ――国民教育装置とその逸脱』（吉川弘文館、二〇〇九年）。

（10）旅を寺子屋から離れ、所与の知識を相対化していく「学びの場」とみる視角（鈴木理恵『近世近代移行期の地域文化人』、塙書房、二〇一二年）に従えば、移動によって物理的に家や共同体を離れることで、自己の新たな発見や発想を獲得する可能性がある。

（11）岩淵「江戸の大発展が三都を生んだ」（岩淵編『新発見　週刊日本の歴史』三〇、二〇一三年）。

(12) 西山松之助『江戸ッ子』(吉川弘文館、一九八〇年)。

(13) 竹内誠「江戸の地域構造と住民意識」(『講座日本の封建都市』第二巻、文一総合出版、一九八三年)。

(14) たとえば丸亀藩では、江戸藩邸で公開していた金毘羅社の利益を利用して港湾整備の資金調達を企てるが、その際に藩の江戸役人は〝江戸の裏店の慣習は、無理をしても高額な初鰹を食べ、妻子を質に入れて借金をしてでも祭礼に参加するといったものなので、派手な寄進をしかねない〟として、問題が起きないように、少額ずつ長期間にわたる寄進を募ることを提案している(岩淵「武家屋敷の神仏の公開と都市社会」『国立歴史民俗博物館研究報告』一〇三集、二〇〇三年)。

(15) 岩橋清美『近世日本の歴史意識と情報空間』(名著出版、二〇一〇年)。江戸については、『事蹟合考』(一七七二年〈明和九〉)、『武江図説』(一七七三年(安永二)稿・一七九九年〈寛政一一〉再書)、『江戸《えど》往古《おうこ》図説《ずせつ》』(一七九三・一八〇〇年〈寛政五・一二〉自序)などが想定されるが、今後検討していきたい。

(16) 古町名主とは、寛永年間(一六二四~一六四四年)までに成立した古町の名主七九家を指す。名主の中でも高い格式を持っていた。

(17) 市古夏生・鈴木健一「『江戸名所図会』を読むために」(同『新訂江戸名所図会』別巻[二]、筑摩書房、一九九七年)。

(18) 鈴木章生は、江戸の繁栄を他国の読者に伝えるという目的と斎藤家が名主であることから、「誇り高い江戸っ子の意識の表れ」と推測している。さらに、後述する他の二著作と合わせ、「月岑らいわゆる江戸っ子」と「江戸っ子以外の外の人物「よそもの」」の差が無くなっていくなかで、「江戸っ子が自らのアイデンティティを確立し、保持しようとする」「自画自賛」とみている(鈴木章生『江戸の名所と都市文化』吉川弘文館、二〇〇一年)。また、千葉正樹は、都市において中心性を失っていた江戸中心部のかつての繁栄を、古町名主である斎藤家が書き込んだと推測している(千葉正樹『江戸名所図会の世界』吉川弘文館、二〇〇一年)。

(19) 西山松之助「江戸の町名主斎藤月岑」(『江戸町人の研究』第四巻、一九七九年)に本屋からのわずかな謝礼が、また前掲市古夏生・鈴木健一「『江戸名所図会』を読むために」では、月岑自らが出版元を探した経緯が記されている。

(20) 『重宝記資料集成』第一八・一九巻(臨川書店、二〇〇六年、二〇〇八年)。同書によれば、『年中重宝記』については五冊本の成立が一六九九年(元禄一二)に遡る可能性がある。また、年代記の普及については、鈴木俊幸「日用と教養――「年代記」考」（鈴木健一『浸透する教養――江戸の出版文化という回路』、勉誠出版、二〇一三年）が検討している。

(21) 前掲注18鈴木章生著書。

(22) 渡辺浩一「日本近世の首都行政における蓄積情報の身分間分有と利用」（国文学研究資料館アーカイブズ研究系編『中近世アーカイブズの多国間比較』岩田書院、二〇〇九年）。

(23) 前掲注18鈴木章生著書。

(24)『武江年表』を検討したものとしては、金子光晴『武江年表』一（平凡社、一九六五年）の「解説」と、今井金吾『定本武江年表』下（筑摩書房、二〇〇四年）の「解題」、また月岑の近代の写真の受容についてロバート・キャンベル「『武江年表』の江戸と東京」（『月刊百科』四七四、二〇〇二年）があるが、月岑自身が刊行した初編についての書誌的な検討はなされていない。今後、編纂過程で作成された中間段階の史料という指摘のある月岑の著作（柴田光彦「『翟巣日記』解題」『早稲田大学図書館紀要』一七号、一九七六年）も含め、さらに検討していきたい。以下、引用にあたっては、『武江年表』一・二（平凡社、一九六五・一九六八年）の巻数―頁数を（　）で示すこととする。

(25) 今井金吾「解説」（前掲『定本武江年表』下）。

(26) 今井金吾「解説」（前掲『定本武江年表』下）。日尾荊山は、『武江年表』『声曲類纂』の序文を執筆している。

(27) 著者の源信綱は、神道書「神道名辨」を記しており、同書の記述は朝廷も意識したものとなっている。

(28) 二人の江戸時代生まれの考証学者たち（喜多村筠庭・関根只誠）、江戸研究者の朝倉無声が校訂と増補を行っている。また、続編を刊行したのは、忍藩士で神田明神社家の養子に入り、東京日々新聞にかかわったのち、稀覯本を刊行した甫喜山景雄であった（今吉賢一郎『毎日新聞の源流』〈毎日新聞社、一九八八年〉ほか。岸川雅範氏の御教示による）。続編の刊行経緯も含め、江戸表象、「江戸」の発見の問題として今後検討したい。

(29) 今井金吾「解説」（前掲『定本武江年表』下）。

(30) とくに『江戸名所図会』の画像は現代の画家による着色作品（永井伸八朗『今よみがえる江戸の町並みとぬくもり　平成版江戸名所図会』、日賀出版社、二〇一二年）から、インターネット上のＨＰ（「わたし彩の『江戸名所図会』」）で誰もが楽しめる塗り絵として発信、再生産され、江戸の風景として現出している。

(31)　東京大学総合図書館蔵。詳細は、岩淵「江戸勤番武士が見た『江戸』――異文化表象の視点から」（『国立歴史民俗博物館研究報告』一四〇集、二〇〇八年）を参照。よく知られる史料で、拙稿のほか、主な研究として竹内誠『『江戸自慢』にみる江戸社会』（同『江戸社会史の研究』、弘文堂、二〇一〇年）がある。
(32)　この付家老とは、幕府が親藩に監督や補佐としてつけた重臣のことである。
(33)　浪人儒者寺門静軒が一八三二～一八四二年（天保三～一三）に刊行した五巻からなる漢文の江戸案内記。江戸の「繁盛」をその暗部や虚構性も含めて描いたため、初編・二編が発禁処分となった。
(34)　身分ではなく、個人の志向に帰すべきかもしれないが、ここでは武士身分の視線として理解する。
(35)　和歌山では、紀州藩主治宝の文化政策と国学の興隆の中、藩の命令で『紀伊続風土記』（一八〇六年〈文化三〉編纂開始、一八三九年〈天保一〇〉完成）が編纂され、また民間でも『紀伊国名所図会』が刊行された（一八一一～一八五一〈文化八～嘉永四〉年刊行）。『和歌山県史』近世（一九九〇年）による。
(36)　「田辺」の語はあらわれないことから、安藤家の和歌山屋敷詰の可能性もあろう。著者の自文化とは、第一義には和歌山、次に「我紀の国」という本家の紀州藩領も越えた、高野山領なども含む紀州国と考えておきたい。
(37)　国文学研究資料館所蔵。佐藤家は、初代（一六六〇年〈万治三〉没）以来、一時期を除いて岩手村の庄屋職を世襲した。近世後期には村内に一四〇～一五〇石、他村に一〇〇石以上の持高を有する地主に成長している。
(38)　詳細な出典等は岩淵「近世上農層における『家』と成員」渡辺尚志編『近世米作単作地帯の村落社会――越後国岩手村佐藤家文書の研究』（岩田書院、一九九五年）を参照。同論文では、ジェンダー研究、とくに「男性史」の視点も入れて、「家」の構成員と「家」存続のシステムとの葛藤を検討した。
(39)　大藤修『近世農民と家・村・国家』（吉川弘文館、一九九六年、第二部、初出は一九七五年）ほか。なお、中農層以下の家族については「家」意識を認めない説もあるが、小農自立を経た一七世紀末以後は広範に「家」意識が成立したという大藤修らの見解の方が有力である。
(40)　越後国出身で、服部南郭に学ぶ。一七五四年（宝暦四）より高田藩主榊原家につかえ、藩学を朱子学・仁斎学から徂徠学に変えさせた。
(41)　前掲注12西山著書、前掲注13竹内論文の註4。
(42)　岩淵「創られる「都市江戸」イメージ　その虚像と実像」（前掲注11編著）第1項・2項など。

第二章　フランスにおける都市民意識、都市体験、アイデンティティ(1)

――アンシャン・レジームから革命まで

フランソワ＝ジョゼフ・ルッジウ
（加太康孝（英語）訳）
（舟橋倫子（仏語）訳）
（坂野正則校閲）

はじめに

中世以来、一人称文書（First Person Writing）は主に都市住民から生まれ、彼らの大部分が法曹あるいは商・手工業に従事していた。中世ドイツ都市についてピエール・モネが、一六世紀バルセロナについてジェイムズ・アーメラングが、イタリアについてジョヴァンニ・チャッペッリが、さらに近世フランスについてシルヴィー・ムイセとフランソワ＝ジョセフ・ルッジウが書いているように、個人的なテクストの中で力強い市民意識が日常的に表現されていた。(2)書き手の個人的な、そして社会的なアイデンティティは、自分が市民システムの一員としてさまざまな位置を占めているという意識と混ざり合っていた。この市民システムには世俗的なものと宗教的なものが含まれていた。例えば兄弟団（confraternity）、同職組合、教区組織、行政区画、あるいは都市参事会や都市当局などである。通例、彼らのテクストの主要部分を形成したのは、暮らしている都市の歴史、生涯の間で起きた重要な出来事、そして都市の祝祭についての記述といったものであった。

一六世紀末までに、フランスの都市は広範にわたる変容を経験した。(3) 都市の中には、商業の発達や工業化、そして移民の始まりを経験して、急速な成長を遂げたものもあった。革命によって起こった政治上の混乱は、全国規模のものであっても地域的なものであっても、あらゆる場所において目覚ましい社会構造の変化を伴い、それは特にエリートたちにとって大きな変化であった。この不安定な時期における都市の政治構造や文化の変容はよく知られているところだが、フランス革命の直前・直後にはますます多くの文書が書かれていたにもかかわらず、これらの変容が市民アイデンティティに対して与えた影響が研究対象となることはほとんどなかった。本稿の意図は、フランスの歴史記述における傾向に従い、この時期の都市における一般的な書き手による個人的な経験を検討し、特に都市権力との関係に注目することである。(4)

そうする中で私は、個人的文書にみられる都市的な側面について、その性質を正確に定めるべく、より丹念に検討していきたい。フランスの歴史家たちは、都市での社会的経験を捉えるため、また社会生活やアンシャン・レジーム末期におけるフランス人の習俗を活き活きと描き出すため、テクストとしての個人的文書をよく活用してきた。(5) しかしながら、個人的な書き物に表れる空間的側面や、そうした書き物と個人のアイデンティティ形成との関連性が調査の対象となることはほとんどなかった。しかし、こうした調査を、これまで歴史家がより頻繁に言及してきた、個人文書の歴史的・通時的な側面と比較することにこそ価値がある。この双方の側面から探求していけば、一人称文書というものは、たとえ活用するにはとても複雑なものであるとしても、個人的な思考や私的な知覚・認識についての洞察へと見事に導いてくれるものなのである。(6)

本稿は一八世紀後半に書かれた一連のテクストの読解に基づくものである。その中には、フランス革命初期の数年間に書かれたものも多い。私は多数のテクストを集めようとするのではなく、むしろ少数の素材を慎重に読み、書き手と彼らが住んでいた都市との関係がどのように描かれているかを分析しようと努めた。集めた素材は、日記、手記、自伝を含む異なった種類の個人的文書である。ここでは、直近のことについて書かれたものと、より昔のことを顧みて書かれたものとの区別はしていない。本稿の目的は、決定的な結論を導き出すことではない。後により広い規模で研究対象となるかもしれないような、都市と住民個人との関係をめぐるいくつかの主題について掘り下げると同時に、ヨーロッパのみならずアジアをも含むような異なる文化的コンテクストの中で同種の文書について比較する視座を提供するようなテーマを開拓することである。(7)

一　個人文書と都市

近世についても一九世紀についても、個人文書を書く人々の正確な居住地について精密なデータは無いが、主に都市に居住しただろうと見なされる。(8) そして、こうした事情にもかかわらず、複数の実例が検証されてきた。先述のシルヴィー・ムイセは、一五世紀から一九世紀にかけて主に南フランスで作られた約二〇〇に上る家族日誌（Livre de famille）を中心に研究した。(9) ムイセによれば、その書き手の大半は都市に居住していたが、それは大都市ではなくむしろ中小規模の都市であった。近世フランスにおいて大都市はめったになく、一般的な都市人口は二万をはるかに下回り、一万に満たないところもあった。現在のタルン県内で書かれた一一八の文書に着目すると、県都のアルビに二三件あるのを頂点として、一二件のガイヤックと一一件のカストルという二つの市の開催都市が続く。すなわち、文書の分布には、この地方における都市の階層が反映されているのである。[10] このように文書が都市に広く存在していることは、主に書き手の職業に関連している。ムイセが集めたものは、大半が下級判事、小規模の弁護士、商人によるものであった。書き手の中には手工業者もいたが、たいていの場合最も熟練を要する職種に属しており、その数は少ない。彼らが登場するのは、概ね一八世紀までである。聖職者は、読み書き能力の水準が高かったにもかかわらず、個人的な著述の書き手はほとんどいなかった。[11] 司祭や司教座聖堂参事会員はむしろ学術的な研究をものす傾向にあり、その中には例えば郷土史や、自分たちの修道会、大聖堂、あるいは都市の歴史といったものが多い。一八・一九世紀の間に女性の書き手の割合は増加したが、それでも個人的な書き物の著者は圧倒的に男性である。[12] 中世末期から一九一四年に至るまでの一八七〇件に上る個人文書を例に取ると、書き手の八五パーセントが男性であり、一二七人いる女性の書き手の五三パーセントは一九世紀に生きていたと特定されている。[13]

　もちろん、これらの社会的カテゴリーに属する男性は自らの職業生活の中で書き物の取り扱いには慣れており、彼らの書くものが個人的な帳簿や仕事上の書類と縒り合わさってしまっていることは多い。このような点で近世において最も驚くべき帳簿の一つは、ドフィネ地方のクレミウという小さな町の公証人であったピエール＝フィリップ・カンディ（Pierre-Philippe Candy）によって記されたものである。彼は一冊の中に二つの文書を並行して綴っており、一つ目は古典的な帳簿である（「その日から、私が受け取った金銭の用途を含む会計簿」）。そして二つ目は彼の生活、とりわけ性生活について語るもので、ところどころ隠語で書かれている。[14] 歴史家のルネ・ファヴィエによれば、この二つの文書は全くの別物ではなく、互いに補い合うものである。帳簿の方は日記に影響され、だんだんと生活についての語りへと移っていく。そして日記の方は、カンディが行った出費の一部について、その意味を明らかにしていくという具合だ。[15]

このように個人文書に関する史料集成の中に都市居住者の手によるものが多くを占めているのは、もしかすると保存される過程で文書が選別を受けた結果でもあるのかもしれない。一九世紀末に家族日誌を渉猟し、その保存を強く求めた地方の学者は、都市という文脈で書かれたテクストの方に気を遣ったのである。というのも、彼らには自分たちの「郷土」を称賛する傾向があったからだ。だが、より可能性が高いのが、この個人文書を残すという点について、都市と農村との間に確かな相違があったということである。もちろん、特に一八世紀においては、家族の記録簿や日記・日誌が農業に従事していた人々によって綴られた例もある。[16]だが農民による書き物の強力な伝統が、例えばカタロニアやデンマーク[17]にあったような形で、[18]フランスにあったようには思われない。[19]農村で書かれた文書の多くは、貴族あるいは農村部に居住していた市民の手によるものであった。この両者のカテゴリーに属する文書は、都市の住居と農村の邸宅との両方に集められることも多かった。そして、保存されている数少ない農村部での書き物から、アンシャン・レジーム末期の数十年間におけるフランス人の一般的生活の中で小規模都市や地域の拠点都市が占めていた位置が分かるのである。ランセの農民であったピエール・ボルディエは、ヴァンドームと深いつながりを持っていた。[20]ヴァンドームは、この地域の拠点都市であり、彼の家から一二キロメートルの所にあった。ボルディエはそこで畜舎を借り、彼が自分自身で直接、あるいは伝え聞いた報せによって間接的に、都市生活と取り結んだ種々の交流について記録した。その中には、各種の定期市、ヴァンドームに位置する数多くの中庭の使用法、王権や教会権力が執り行う公的儀礼、あるいは、罪人の処罰や公開処刑についての記述が含まれる。[21]ボルディエはヴァンドームに住んでいなかったが、彼によるこの街の記録と、全く同時期にアブヴィル[22]で服飾小間物商として生涯を送ったジョルジュ・メリエールが綴った記録とでは、ほとんど違いが無い。[23] アンシャン・レジーム末期の数十年にラ・フォンテーヌ＝サン＝マルタンの村[24]で小規模織物工として生活していたルイ・シモンの例もまた、ラ・フレーシュ（La Flèche）からル・マン（Le Mans）に至る主要幹線道路であった「王の道」が開通したことで引き起こされた農村生活の大幅な変化についての証言となっている。この変化が、この二つの町からシモンの小村へニュース、商品、文化的な価値基準をもたらした。[25] シモンは農村の職工でありながら、都市のギルド会員と全く同じように、青年期にちょっとした「職人遍歴」を行っており、都市での経験がいかに彼にとって大切なものであったかについての説明となっているのである。このように個人的な文書を書くことは、少なくともフランスにおいては、それ自体が都市を経験することであった。

二　都市を書くこと、都市を体験すること

本稿でこれまで考察してきた文書においては、書き手が暮らしていた都市についての物理的ないし審美的な描写は驚くほど少ない。彼らの中には、回想録や日記の中に自分が出会った街についてそれなりに正確な記述を施した旅行談を差し挟む者もいたが、そのことを考えると、この描写の少なさはなおさら際立つものである。例えば、ジャン・バティスト・ル・プランス・ダルドネ（一七三七～一八一七）は、若い頃しばしばパリに長期滞在した。独りのこともあれば妻を伴うこともあったが、彼はこの首都だけでなく、ヴェルサイユや街道沿いの都市をも幅広く訪れた。「私たちは、この心地よい街道沿いにある興味深い町々を訪れるために、堤防を通って戻る決心をした。フランスでもっとも美しい大聖堂の一つと思われるオルレアンの大聖堂ではまだ工事が行われており、私たちは、その構造や装飾の豊かさを賛美したのである。私たちは、橋と新しい通りを見たが、全ての建物は統

一的で、完璧に線をなすように並んでいた」。[26] 近代の旅行者と同様、ダルドネと夫人は続いてアンボワーズ、そして当時ルイ一五世の宰相であったショワズール公のカントリー・ハウスがあるシャントルーを訪ね、さらにマルムティエの修道院、そしてトゥールの町へと旅した。ダルドネはこれらの都市がつい最近美化事業を施されたことについて概略を述べており、数年後に兄弟とフランス東部、スイス、ドイツ西部を旅行した際にもそのような記述を行っている。[27] この三ヶ月の旅程における彼の記述が、自身の観察だけでなく旅の準備で読んだ手引きや旅行書からも引き出されていたことは明らかである。[28] ダルドネと同様、一人称文書の書き手の多くは、生まれ育ったあるいは居住している都市を描写するのに必要とされる知識や語彙、好奇心といったものを備えていた。だが、実際にその描写を行うことは滅多になかったのである。海軍将校のピエール・ブルーノ・ジャン・ドゥ・ラ・モヌレ（一七五九〜一八三二）は、彼が余暇の旅行中にフランスやイタリアで通過した都市について、[29] あるいは海軍の遠征で滞在したボストンやアルジェといった都市についても、[30] 長々と描写している。しかし、二度の船旅の間に居住していたレンヌについては何の言及も行っていない。[31] こうした書き手は、美しい装飾を目にすることができた場合にのみ関心を抱いたに過ぎなかったのである。一七四八年に北フランス・ブローニュ地方の貴族の家に生まれたガブリエル・アボ・ド・バザンガンは、この地域の中心都市であるブローニュ＝シュル＝メールで暮らす一方で、カントリー・ハウスと地所とを、隣接するサン＝マルタン・ブローニュ教区に所有してもいたので、ブローニュ地方の変容についての記述を定期的に日記に差し挟んでいた。彼が街についてそれとなく言及している論評に付けられた題は、「都市運営」、「ブローニュにおけるモニュメント」、「噴水」、「美化」[32] といったもので、改修作業を経た都市の景観や構造を描写するうえで特徴的なものである。[33]

確かに個人的な叙述は場所、建築物、教会といったものへの言及に溢れていた。このような一見正確な提示を地図に投影し、書き手がよく訪れた都市の場所や地点を示すのは容易に思われるかもしれない。例えば公式式典についての描写など、場合によっては行程を辿ることも可能だ。ダニエル・ロシュは、こうした方法で一八世紀後半にパリで暮らしていたガラス職人の親方、ジャック=ルイ・メネトラが出没した地域を再構成した。そこでは、メネトラが若い頃には広い範囲を仕事の使いで行き来したのに対し、一人前になってからの日常の移動範囲は、空間的には狭く、両者の間に不一致があることが示された。[34]測量や口述調査によって地理学者や都市計画の立案者が地図を作るように、近世都市についての心象地図（mental map）の作成を思い描くこともできるかもしれない。[35]だが書き手と都市空間との関係性について研究する際には、区別すべきいくつかの次元がある。まず第一の次元は、場所に関するものであり、第二の次元は都市空間についての個人的知覚・認識であり、最後の次元は、書き手による現実の空間的実践に属するものである。[36]

個人的記述は通例、場所についての正確な言及を欠くものである。例えばそういった言及が登場する初期のものとしては、一六世紀末にランスで暮らしていた大工の親方、ジャン・ピュソによるものが挙げられる。彼は、この都市にいた地方総督がギーズ公自身の手によって死に処せられたことを語る際、読者に対してその光景をめぐる空間的な情報を漏れなく述べている。「たまたま、一五九四年四月二五日月曜日聖マルコの祝日、朝六時に、前述のサン・ポール殿は、市場の方へ向かって修道院から最初の建物である自宅を出て、前述のマイエンヌ殿とギーズ殿を連れてくるために出かけた。二人を見つけたのは、ちょうど彼らがサン・ピエール・オ・ノナン修道院でミサに出席してきた直後であった。それは、宮殿の裏門に面した教会参事会員ル・バスール氏の家の前の街路上でのことだった」。[37]ランスを知る者であれば誰であろうとこの光景を思い描くことができるような記述だが、本稿で史料として扱っているものの中に、このような正確さを備えた例は無い。実際、このように豊かな精緻さを備えていることは極めて稀なのである。例えば先述のガブリエル・アボ・ド・バザンガンはブローニュの借家市場に関心を持っていくつかの取引に登録しており、通常はこれらの家が位置する通りの名前を記していた。だが詳細を記してはいない。(38) 画家のピエール・ラクールは、若い頃住んでいた、ボルドーの「ガリアン宮殿通りの角にあり、正面はドーフィーヌ広場に面している」家の隣にあった家を思い起こしている。それは単に「人々にはその不吉な音が聞こえてきた。その音は死の刃が発するもので、革命法廷が死刑台に送った犠牲者の上に襲いかかっていた」という事態が起こったためであった。(39) フランソワ＝イヴ・ベナールはドゥエにある曾祖母宅の内装の描写を詳細に行っている。「なぜならそれは、多くのドゥエの市民が住んでいた家についての理解を得るのに役立つからである」。(40) だが、彼はその家がドゥエのどこに位置したかについては等閑にしている。(41) 女性による記述についても、都市的な要素は希薄であることが多い。例えばマリー＝ジュリー・カヴェニャック（一七七九～一八四九）の回想録は、住居以外に関しては場所についての言及が顕著に欠けている。(42) 彼女は、若い時分に、明確には特定されていないパリの家々と、「ダンフェル門」近くのソーや夏の間を過ごしたフォントネ＝オ＝ローズを含む郊外のいくつかの場所で過ごした。(43) また彼女は、夫がジョアシャン・ムラの統治下で高位に就き、ナポリに滞在していた間も同じ形式で著述を行っている。(44) 彼女の移動は、家族、特に母親と結びついている。(45) 居住したいくつかの家の中で一軒についてだけ長々と自身の見解を開陳したことがあった。それは、サン＝ジェルマン城外区の邸宅であり、それは彼女の兄の恋沙汰と関連したものであった。(46) カヴェニャックのように、ラ・トゥール・デュ・パン侯爵夫人アンリエット・ディヨン（一七七〇～一八五三）は引っ越しについてだけ言及しているが、それもまた家庭内の出来事に結びついている。一七八八年、ディヨンは難敵たる祖母との諍いの後、ディヨン館から離れることを余儀なくされた。これについて彼女は次のように簡潔に述べているのみである。

「私の叔母のデナン夫人は、一七八八年に私たちをヴェルヌイユ通りの彼女の家に受け入れてくれた。彼女が私を住まわせてくれた部屋は一階にあり、あまりにもの悲しい小さな庭に面していた」。(47) このように、場所についての記録が乏しいことと、時の流れについて個人的叙述の書き手が大きく気配りを示していたこととの間には著しい違いがある。歴史家たちがしばしば気に留めてきたのは、こうした記述の中では昼夜を問わず、特に時間に注意が払われてきたということである。このことは特に都市部で見られ、その背景には、鐘が集中していたことにより時間の記録と時間の長さの計算とが容易になっていたということがあった。(48) しかし、この正確さは場所の指摘については表れてこない。書き手たちは、何か書き留めるべきことを行った際には即座にその時間を記録したが、都市のどこにいたかを記録することについては、同様の義務感を持ち合わせていなかったようである。

このような場所に関する注意の欠如によって都市のイメージは断片的なものとなりがちであり、象徴的な数カ所あるいは一連の目立つ建物へと単純化されてしまうことも多い。したがってルーアンの工場主であり商人であったジャン＝バティスト・キュルメール（一七八二～一八七〇）は、旧宮殿を思い起こして次のように書いた。「私は、幼年期にとても喜んで、そこで遊んだものだった」。しかしこの言及は、それが革命の間に取り壊されてしまったということを述べるために付随的に為されたにすぎない。(49) 彼の書いた『あるルーアン市民の回想録』で呼び起こされている建築物は、「当時はまだ市庁舎ではなかった古い修道院」以外には、ほぼこれだけであった。(50) 実際のところ、書き手は彼らが都市空間をどのように知覚・認識していたかについて、正確な説明を与えてくれてはいない。彼らにとって、生涯の間に引っ越すことは珍しくなかった。だがこうした都市空間内部における移動について言及していても、何か所感を述べていることは稀である。例えば先述のキュルメールは、回想録で次のように簡潔に示している。「町では、私はアルサン通りの、今でも所有している家に住んでいた。その家はわずか一万一〇〇〇フランの元手で私のものとなったもので、優に一〇〇〇フランの賃貸料の価値があった。家は快適で、私はそこに一人で住んでいた」(51)。どうやら家の金銭的な価値だけが、明記に値する要素だったようである。その中で、シャテルローの小教区の助祭であったジャック＝セザール・アングランは例外的人物である。(52) 彼は次のように書いている。「私がある大きな建物の建設に取りかかったのは、自分が使うためであると同時に、自分の願望を満たすためであった。（その願望とは、市の立つ広場の周り、特に庭園の壁以外の建造物がない側に沿って、手本となる建物を建て、その区域での建物の建設を促すことであった）」。(53) アングランは、街のこの地区の発展を促すため、市が開催される場所の隣に家を建てようと決め、その決意には都市としての要因があったのだということを示そうとしている。だが彼がこの記述を括弧に入れているというのはとても示唆的であり、彼はこういったことを述べる珍しい書き手だったということになる。また、行政的な意味での行政区（ward）と異なる、社会的・地理的な概念を含んだ地区（quartier）という語の記載は、ほぼ全く見当たらない。(54) 例外として、「私たちがよく知っている地区［(le quartier de nos connaissances)］」について簡潔に言及しているフェリエール侯爵夫人がいる。(55) 書き手たちは、彼らが住む都市の一部の社会的構成についてほとんど形容することがなかった。確かに、中には先述のフランソワ＝イヴ・ベナールが回想録の中でその時代の習慣や価値観についての説明を示そうと心懸けたように、当時の社会経済的な語彙を用いた者もいた。

最後に、個人的文書の書き手たちは周囲の建築物の審美的側面には無関心のように見えることも多く、その関心の無さは、都市に実際にどのようにアクセスするのかということや、(56) 周辺の環境についても同様である。一八世紀前半、ボルドー高等法院の司法官であったジョゼフ・フランソワ・ラバ・ド・サヴィニャックは、ボルドー市から頻繁に離れ、小さなカントリー・ハウスを所有していた近郊のコーデランへ出かけたり、あるいは彼が農村部に持つ地所を訪れたりしたことを記録している。しかし彼は当時依然としてボルドーを取り囲んでいた市壁を通り抜けるために開けられていた市門を通過していたが、それについて一度も言及していない。この市壁は数年後に地方長官により取り壊しが始まるはずのものであった。先述のフランソワ＝イヴ・ベナールはドゥエやアンジェ（Angers）の市壁の存在について触れているが、それらは住民たちの通常の生活には全く影響を及ぼさなかったようだ。[57] 一八世紀末まで、市門は都市構造を分節するものとして主要な存在であったが、都市内部に住む人々にとっては、そのようなものとして経験されてはいなかったようである。[58] またラバ・ド・サヴィニャックは、一七〇八年のものをはじめとして、いくつかの馬車の事故にも注意を向けている。[59] だがこれは、彼が日記において街路での実際の経験を言及したものとしては珍しいものの一つである。彼は他に都市での見世物や祝祭を記録しており、これらの出来事は少なからぬ文書において、屋外で起きた出来事についての記述の大半を成すものであった。以上についてまとめるとすると、個人的文書において書き手自身の空間的実践が正確に述べられることはないようである。そこでは場所の記述は溢れ、中には行程についての記述も見られたが、こうした叙述はたとえ社会的文脈において都市生活を説明することがあったとしても、読者に都市空間に関する何らかの表象ないし生きた経験を提供してくれるものではない。したがって、住民にとっては、都市は地理よりも歴史によって形作られたと言える。

三　近代の夜明けにおける新たな市民意識か？

「最後に、市政体や他の場所で話すのと同様に、穏やかに話しなさい」[60]。これはピエール・ブノワが甥エティエンヌ・ブノワに与えた最後の忠告であった。エティエンヌは自分自身、および現在・将来世代の家族構成員全体を啓発するために、これを几帳面に家族日誌に書き直した。エティエンヌ・ブノワは一五世紀リモージュの有力なブルジョワジーの家系に属し、伯父のピエールが生きていたのは一四世紀末である。ブノワ家の文書は歴史家ジャン・トリカールが中世からルネサンス期に至る家族日誌を調べ上げた際に扱った中で最古のものの一つである。(61)

第二のテーマとして私が検討したいことは、個人の市民意識である。ブノワ家のように、一八世紀の書き手の中には権力の行使に直接関わっていた者も少なくなく、その記述は彼らが引き受けていた政治的責務を証明するものとなっている。だが文書は政治的権力がいかに様々な役割や責任のあり方に広がっていたかを明らかにしている。先述のジャン・バティスト・ル・プランス・ダルドネはこの傾向を見るうえでの好例である。なぜなら、彼の回想録の一部は以下のような活動の記録によって構成されているからだ。「八．コンシュラ裁判権について」「一四．ル・マン愛国文芸協会」「一六．農業協会について」「一九．施療院の管理について」「二二．慈善局について」「二三．地方の行政について」「二六．市役所について」「二七．商事裁判所について」。

書き手がその都市官職や職業に伴う責務を望んだり受け入れたりした動機を説明することは稀だった。何にもまして、彼らは権力欲を抱いているということは決して示すことがなかったのである。一八世紀ピカルディー地方のアブヴィル出身で服飾関係の小間物商人ジョルジュ・メリエールについては既に言及しているが、彼は日記中で小間物商ギルドの親方となった日のことについて次のように書いている。「もしそれが神のみこころにかなうなら、どうぞ私に親方の資格をお与えくださいますように」。(62)加えて彼は、現在のギルド長が一七二五年、「まさに私の生まれた年」に指名されたことを記している。したがって、ギルド長となることは彼の目標だったのではないかと思われるのだが、同時期の人々と同様に、その語り口において現れるのは名誉、名声、共同体への奉仕だけである。とはいえ、革命の直前に書かれた文書の中には、これとは異なるように思われるものも含まれる。一七八〇年代、先述のガブリエル・アボ・ド・バザンガンは、衰えゆく王権によって作られた地方行政を担う一員であったが、すぐに彼はもっと重要な責務を負うように仕向けられた。実は、一七八八年、彼は次のように希望を持って語っている。「よき秩序を維持できる臣民を養成することに人々が専念するならば、ブローニュ地方において、そのよき秩序を維持するのは難しいことではないだろう。いまブローニュ地方には、そのような人々が存在するから、あとはそういった人々をうまく選ぶことだけが問題であろう」[63]。アボ・ド・バザンガンがこうした人々の中に自分も含めていたのは明らかである。一七九〇年には、彼は「この新たな機構（都市評議会）のかなめ」と自称し、「我々は新体制を旧体制から区別するにちがいないあらゆるものを把握する」と主張している[64]。

一八世紀末の地方における一人称文書からは、書き手の政治的・社会的地平がフランス革命によって俄に拡大したことが分かる。ピエール＝フィリップ・カンディは、一七八九年の春夏にパリが経験した出来事について、当初は何も語っていない。だが革命の混乱は、徐々に彼の帳簿に忍び込んでいく。「一七八九年七月二六日日曜日、私は都市全体と歩調を合わせていることを示すために、標章（三色リボン）を買うよう強いられた。それは、ラ・ピションの店で一リーブルと一〇スーもかかった」[65]。ピエール＝フィリップ・カンディは、革命前すでにクレミューで政治エリートの一員であった[66]。一七八九年一月に市の財務監察官に指名され、全国三部会の招集に関する政治上の議論にも積極的に関わっていたのである。しかし革命によってこの穏健な人物に政治的なはずみがつき、彼はクレミューの市長職に就くこととなった。一七九四年から一七九六年まで務め、そして一七九六年から一七九九年に再任されている。また、革命によって一七八九年一二月から国家によって教会財産の売却が行われ、これはカンディが裕福になるうえで驚くような機会となった。カンディは市会議員としてこれらの財産の評価に関わったのである。「一七九〇年一二月二三日木曜日。家で夕食をとり、夜中まで国家財産の売却のための表を作ってから、就寝した」(67)。そして彼はそのうちの一つ、カプチン会（the Capuchins）の修道院を購入し、一七九一年九月に家族とともに居を構えた。

書き手にとって、地域という次元が国家という次元に比べて重要度が低いように見える場合もある。ウスタシュ・ウアは、フランス革命の混乱を何とか潜り抜けたことを回想録の中で長々と説明してくれているが、彼は、国家という次元が書き手にとって重要になってきたことを指し示してくれる存在である。ウアの出身地はマントというパリ周辺の小さな都市である。父は製革所を所有していたが、パリで教育を受けたウスタシュはアンシャン・レジーム末期の数十年を、首都で働く弁護士として過ごした。彼の回想録は、マントでの青年期、そして一七九一年以前におけるその街との関係については沈黙している。フランス革命の勃発とともに、気が付くとウアは政治に関わっており、立法議会の議員としてマント地区を代表する立場にあった。彼は穏健王党派とともに右翼側の席を占め、恐怖時代には逃亡を余儀なくされた。彼はテルミドール反動後にパリに戻り、革命期の行政において安定した地位を見出そうとしたが、無駄に終わった。一八〇〇年、父の死に際し、とうとう彼はマントに居を定めて家族を増やし、家業を営むことを選択する。彼の述べる理由は次のようなものである。「マントへの転居によって、私が国民議会議員に任命されるだろうと考えていた。私は、パリでそうなれるとは確信できなかったが、マントではそれを確信していた。マントで私は常に人々の信頼を享受していたし、たいしたことのない競争相手にしか出くわすこともなかったので、私の任命はほぼ確実であった。人々は私が商業のためにマントにやってきたと思ったにちがいないが、私はただ野心のためにここに来ていたのである」(68)。彼の目論見通りには行かなかった。彼は到着後たった三ヶ月で市長に任じられたが、議員になることはなかったのである。マントでの長期滞在は財政面からも政治面からも失敗に終わり、一一年間この地域で暮らした後、彼はパリに戻って上級判事に任じられることとなった。

革命と結びついた政治的成功、あるいは失敗に加えて、一八世紀後半はエリートと権力との間に内在する関係が変容する時期でもあったようだということが示されている。[69]ジャン＝バティスト・ル・プランス・ダルドネはこの傾向について次のように説明している。「私が任命された全ての公職のなかで、革命以前に九年間果たした施療院の管理者という役職は、最も私の自尊心を満たし、私の気質にかなったものであった」。[70]この引用で示されている彼の考え方の概要はありふれたものにも見えるが、ここで書き手によって用いられている言葉そのものによく注目する必要がある。これらの言葉が示しているのは、ダルドネはこの種の市民共同体の中で名誉や社会的名声を獲得しようとしたり、あるいは神の嘉し給うような敬虔な勤めを果たそうとしたりしただけではなかったということである。彼は「内なる熱意」を満たそうともしていたのである。あたかも共同体に仕えることは、仲間の市民たちに対する立派な奉仕であるだけでなく、彼自身の人格陶冶の道でもあったかのようだ。ガブリエル・アボ・ド・バザンガンが表現している感情もこれと寸分違わぬものである。恐怖政治の間に投獄されていた彼は、テルミドール反動の直前に解放され、村の保安委員会の中へ再び入っていったが、それは「可能な限り最も多くの善を行うべきと認識するだけでなく、自らをそちらへ向かわせる思いによって」であった。[71]ジャン＝バティスト・キュルメールは、ナポレオンの忠実な支持者で、ちょうど三〇歳になったところで、ルーアンの市当局の責任者となった。キュルメールはこの時期と皇帝が失脚した時期の記憶を呼び起こして次のように結んでいる。「言うまでもないことだが、ワーテルローでの惨敗と、個人的な希望の喪失を引き起こしたフランスの栄光の瓦解は、私にとって非常なる悲しみであった」[72]。

結論

本稿は、個人文書、あるいは一人称文書について、今日多数のフランスの専門家が共有している学術的熱意に基づいている。こうした専門家たちは文書を研究することによって、そこで示されている書き手たちの人生における経験について知ろうと望んできた。したがって、それは革命前あるいは革命期フランスの政治的大変動や一八世紀末の都市生活という特定のテーマについての情報がこの書き手たちによってもたらされるという理由だけで文書を読むのではない。彼らの文書を横断的に読解することから、いくつかの結論を引き出すことができる。まず、一八世紀末の書き手による、都市に関する包括的な認識についてである。彼らにとって、都市は単なる街路、住宅、建築物のネットワークというよりも政治・社会的舞台であった。彼らは、旅行で訪れた小規模な町について率直に都市的な描写と論評を行う一方、自分たちの暮らす街が備える都市としての特徴については書こうとしなかった。彼らの一族や彼らの属する社会集団の社会生活について掘り下げる際には、自分たちの住処の内部については大いに細部の描写を行うこともあり、特に部屋の配置や用途について細々と記すこともあったが、ごく身近な周囲のことについて社会構成や物理的特徴を述べるということは基本的になかった。行政的枠組みとしての意味（英語では"ward"を用いる）と社会的な意味（英語では"neighborhood"を用いる）とのどちらにおいても、「地区（quartier）」という概念についてはその不在がはっきりと目立つ。こうした空間との関係性とははるかに異なり、書き手は時間との関係性には注意深く、さらに彼らが外国の地を訪れた際には、一七世紀末から利用が広がっていた旅行用の手引書の記述体系を申し分なく利用し、再生産して空間的な描写も行っていた。このことを考慮すれば、自分の周辺部での地理的なあるいは空間的な関心の欠如はより一層驚くべきものである。こうした書き手は、自身の都市について書く際、むしろ一八世紀末に盛んに出された数多くの生活誌（*tableaux moraux*）を模倣したというのもありそうなことである。[73] 第二の主要な結論は、本研究で考察してきたような、エリートの中でも比較的低い層に属する男性の書き手が権力に対して有した関係性が、いかに展開したかということについてである。それは伝統的に見られた共同体への奉仕に対する献身というよりもむしろ、より私的な領域に属し、またより個人的な意志に結びつくものとなっていったように思われる。この二つの問題について、より多くの文書を対象として追究し、そこから得られる知見を一七六〇年代以降のフランス社会の変容や共同体と個人との関係性の変化に関するより広い研究の進展とも結びつけていきたい。

注

（1）本稿の英文について、アン・マコラック氏（Ms. Anne McCulloch）に全面的な見直しをお願いした。心より感謝申し上げる。

（2）Pierre Monnet, *Les Rohrbach de Francfort: pouvoirs, affaires et parenté à l'aube de la Renaissance allemande*（『フランクフルトのロールバッハ家――ドイツルネサンス黎明期における権力・事業・親族』）(Genève, 1997); James S. Amelang, *Honored Citizens of Barcelona: Patrician Culture and Class Relations: 1490-1714* (Princeton, NJ, 1986); Giovanni Ciappelli, *Memory, Family and Self: Tuscan Family Books and Other European Egodocuments*（*14th-18th Century*）(Leiden, 2014); Sylvie Mouysset, *Papiers de famille: Introduction à l'étude des livres de raison: France, XVe-XIXe siècle*（『家族に関する書類（家記）研究入門――一五世紀から一九世紀にかけてのフランス』）(Rennes,

2007); François-Joseph Ruggiu, "Pour une étude de l'engagement civique au XVIIIe siècle"（「一八世紀における市民の雇用に関する研究のために」）, *Histoire Urbaine*（『都市史』）19 (2007), pp. 145-164; Idem, "Les discours annalistiques comme discours de soi"（「本人の発言であるかのような年代記作者の言説」）, in *Car c'est moy que Je peins. Ecritures de soi, Individus et liens sociaux*（『私のことだから私が書くの。私語り、個人、社会関係』）, ed. S. Mouysset, J.-P. Bardet, and F.-J. Ruggiu (Toulouse, 2011), pp. 261-277.

（3） G. Duby (ed.), *Histoire de la France urbaine*, tome 3, *La ville classique, de la Renaissance aux révolutions*（『フランス都市史』三巻、ルネサンス期から革命期にいたる古典都市』）(Paris, 1981); Guy Saupin, *Les villes en France à l'époque moderne, XVIe-XVIIIe siècles*（『近世フランスの都市、一六世紀から一八世紀にかけて』）(Paris, 2002).

（4） こうした関心、手法を持つ最近の例としては、以下の特集号を参照。*Annales Historiques de la Révolution française*（『フランス革命史年報』）, "Vivre la Révolution"（「革命を生きる」）,373 (2013).特にその導入部は重要である。Annie Duprat and Éric Saunier, "Vivre la Révolution"（「革命を生きる」）, op. cit., pp. 3-10. また、Sylvie Mouysset, "'Silence de mort et craintes extrêmes': la peur en son for privé à l'époque révolutionnaire"（「死の静けさと極度の恐怖：革命期における内心の恐怖」）, op. cit., pp. 11-34では、政治的恐怖時代において個人的な著述で表現されている感情に焦点が当てられている。

（5） 個人的なテクストを逸話や物語、例証の蓄積として用いることを止める必要性については、以下を参照。Michel Cassan, "Les livres de raison. Invention historiographique, usages historiques"（「家記：歴史叙述の捏造と歴史学での活用」）, in *Au plus près du secret des coeurs? Nouvelles lectures historiques des écrits du for privé*（『秘めたる心のうちに最も近くにいるのか？　内心の記録の新たな歴史的解釈』）, ed. Jean-Pierre Bardet and François-Joseph Ruggiu (Paris, 2005), pp. 15-28, p. 23.

（6） Natalie Petiteau, *Ecrire la mémoire. Les mémorialistes de la Révolution et de l'Empire*（『思い出を記す。フランス革命と帝政期の回想録作者』）(Paris, 2012).

（7） François-Joseph Ruggiu, ed., *Les usages des écrits du for privé: Afrique Amérique, Asie, Europe* (The Uses of First Person Writings: Africa, America, Asia, Europe) (Bruxelles, 2013).

（8） 以下を参照。Michel Cassan, "Ecrits du for privé et évènements"（「内心の記録と事件」）, in *Les Écrits du for privé en*

France de la fin du Moyen Âge à 1914, ed. Jean-Pierre Bardet and François-Joseph Ruggiu（『中世末期から一九一四年までのフランスにおける内心の記録』）(Paris, 2014), pp. 129-162, especially pp. 131-135. 各地の状況についての興味深い分析については以下を参照。Mathilde Chollet, "Les Écrits du for privé dans le Haut-Maine à l'époque moderne"（「近世におけるオ＝メーヌ地方における内心の記録」）, *Annales de Bretagne et des Pays de l'Ouest*（『ブルターニュとフランス南西部年報』）, 115:1（2008）（March 30, 2010）, URL：http://abpo.revues.org/360［アクセス日：二〇一四年一一月二九日］）. 以下も参照。Valérie Piétri, "Le Livre de raison en Provence au XVIIIe siècle: entre livre de compte et livre de famille"（「一八世紀のプロヴァンスにおける家記：会計簿と家族日誌の間」）, *Provence historique*（『プロヴァンス歴史雑誌』）, 54:217 (2004), pp. 315-328.

（9）Sylvie Mouysset, *Papiers de famille*（『家族に関する書類』）, pp. 106-111.

（10）ミディ＝ピレネー地方のタルン県を指す。

（11）例えば以下を参照。*Un chanoine de Cavaillon au Grand Siècle: Le Livre de raison de Jean-Gaspard de Grasse* (1664-1684), édition critique présentée et annotée par Frédéric Meyer（フレデリック・メイエールによって注釈が付され校訂された『ルイ一四世期におけるカベイヨンの教会参事会員ジャン＝ガスパール・ド・グラス（一六六四―一六八四）の家記』）(Paris, 2002). さらにStéphane Gomis and Philippe Martin, "L'écriture du croyant"（「信徒の文書」）, in *Les Écrits du for privé en France de la fin du Moyen Âge à 1914*（『中世末期から一九一四年までのフランスにおける内心の記録』）, ed. Jean-Pierre Bardet and François-Joseph Ruggiu (Paris, 2014), pp. 223-250. を参照。

（12）女性の書き手の少なさについては以下を参照。Jean Tricard, "Les livres de raison français au miroir des livres de famille italiens: pour relancer une enquête"（「イタリアの家族日誌との比較からみるフランス家記：調査を投げ返すために」）, *Revue historique*（『史学雑誌』）624 (2002), pp. 1005-1006; Sylvie Mouysset, *Papiers de famille*（『家族に関する書類』）, pp. 120-127.

（13）Elisabeth Arnoul, "Le recensement des écrits du for privé en France de la fin du Moyen Âge à 1914: Bilan des dépouillements de 2008 à 2010"（「中世末期から一九一四年までのフランスにおける内心の記録についての調査目録。二〇〇八年から二〇一〇年までの検討の総括」）, in *Les Écrits du for privé en France de la fin du Moyen Âge à 1914*（『中世末期から一九一四年までのフランスにおける内心の記録』）, ed. Jean-Pierre Bardet and François-Joseph Ruggiu

(Paris, 2014), pp. 259-273.

（14）*Pierre Philippe Candy: Orgueil et narcissisme. Journal d'un notaire dauphinois au XVIIIe siècle*（『ピエール・フィリップ・カンディ。傲慢と自己陶酔。一八世紀ドフィネ地方のある公証人の日記』), texte présenté par René Favier (Grenoble, 2006).

（15）*Ibid.*, p. 28.

（16）Jean Vassort, *Les papiers d'un laboureur au siècle des Lumières. Pierre Bordier: une culture paysanne*（『啓蒙の世紀における富農の文書。ピエール・ボルディエ：農民の教養』）(Seyssel, 1999).

（17）以下を参照。Jean Tricard, "Les livres de raison français"（「家記」), pp. 993-1011, p. 1007.

（18）Xavier Torres, *Els libres de familia de pagès. Memòries de pagès, memòries de mas* (segles XVI-XVIII)（『パジェス家の家族日誌。パジェス家の記憶、農家の記憶（一六―一八世紀）』）(Girona, 2000).

（19）以下を参照。Bo Larsson and Janken Myrdal, eds., *Peasant Diaries as a Source for the History of Mentality* (Stockholm, 1995); Klaus-Joachim Lorenzen-Schmidt and Bjørn Poulsen, eds., *Writing Peasants. Studies on Peasant Literacy in Early Modern Northern Europe* (Kerteminde, 2002).

（20）サントル地方のロワール＝エ＝シェール県に位置する。

（21）Jean Vassort, *op.cit.*, p. 89-94.

（22）ピカルディー地方のソンム県に位置する。

（23）Adrien Tillette de Clermont-Tonnerre, "Livre de raison d'un bourgeois d'Abbeville (XVIIIe siècle)"（「あるアブヴィル市民の家記（一八世紀）」), *Bulletin de la Société d'Etude d'Abbeville* 5 (1900-1902)（『アブヴィル研究協会紀要』), pp. 143-164, 189-228, 233-247.

（24）ペイ＝ド＝ラ＝ロワール地方のラ・サルト県に位置する。

（25）Anne Fillon, *Les Trois bagues aux doigts: amours villageoises au XVIIIe siècle*（『指にはめた三つの指輪——一八世紀の村人の好み』）(Paris, 1989).

（26）*Mémoires d'un notable manceau au siècle des Lumières, 1737-1817: Jean-Baptiste-Henri-Michel Leprince d'Ardenay*（『啓蒙の世紀におけるル・マンのある名士の覚書、一七三七―一八一七年：ジャン＝バティスト＝アンリ＝ミッ

シェル・ルプランス・ダルドネ』), texte préparé et présenté par Benoît Hubert (Rennes, 2007), pp. 79-80.

(27) *Ibid.*, p. 101-113.

(28) 一八世紀に一つのジャンルを確立していた旅行書の普及については、特にパリを対象として、ジル・シャボー Gilles Chabaudによる広範な研究がなされてきた。Gilles Chabaud, "Images de la ville et pratiques du livre: le genre des guides de Paris (XVIIe-XVIIIe siècles)"（「都市のイメージと書物の実践：パリのガイドブック（一七―一八世紀）」), *Revue d'histoire moderne et contemporaine*（『近世・近現代史雑誌』）45 2 (1998), pp. 323-345. 以下も参照。Les Guides imprimés du XVIe au XXe siècle. Villes, paysages, voyages（『一六世紀から二〇世紀に刊行されたガイドブック・都市、景観、旅行』), textes réunis par Gilles Chabaud, Évelyne Cohen, Natacha Coquery, et Jérôme Penez (Paris, 2000).

(29) Pierre-Bruno-Jean de la Monneraye, *Souvenirs de 1760 à 1791*（『一七六〇年から一七九一年の回想』), ed., Philippe Bonnichon (Paris, 1998). 例えば、ローマやナポリの旅行についての記述は二三九―二六四頁、フランス旅行については三三四―三四四頁を参照。

(30) ボストンについては、Pierre-Bruno-Jean de la Monneraye, *op. cit.*, p.172を参照。同書三二三頁（1788）:「アルジェは私には十分大きな町に思われた。それは山の斜面にすり鉢状に発達した町で、山の頂きには防備のための城砦を戴いていた。家々は平屋根だが、港は広大にして、難攻不落の良港であった。」。

(31) 上記のような都市の描写と、例えば以下のようなレンヌについての言及の素っ気なさとの落差を見てみるとよい。「私は、一七八四年から一七八五年にかけて、冬の一時期をレンヌで過ごした。私たち、母と兄と姉と私は、私たちの小さな家の中で過ごした。姪の一人は、私たちと一緒に、この母の家に住んでいた。最も近い親族を除けば、私たちは誰にも会わなかった。」, *Ibid.*, p. 289. この一族は一六世紀初期からレンヌに居を構えていた。

(32) Alain Lottin, *Boulonais, noble et révolutionnaire. Le Journal de Gabriel Abot de Bazinghen* (1779-1798)（『貴族にして革命家であったブローニュ人。ガブリエル・アボ・ド・バザンガン（一七七九―一七九八）の日記』）(Arras, 1995), pp. 47, 53, 54, 72, 78, 110, 134.

(33) フランスの地方都市一般が美化を施されたことは一八世紀の特徴である。特に以下を参照。Jean-Louis Harouel, *L'embellissement des villes. L'urbanisme français au XVIIIe siècle*（『都市の美化、一八世紀フランスの都市化』）

(Paris, 1993)；Youri Carbonnier, *Maisons parisiennes des Lumières*（『啓蒙の世紀におけるパリの館』）(Paris, 2006).

（34）*Journal de ma vie. Jacques-Louis Ménétra, compagnon vitrier au XVIIIe siècle*（『一八世紀のガラス職人ジャック・ルイ・メネトラの自伝』）, ed. Daniel Roche (Paris, 1998), pp. 355-377. 特に、三六二―三六三頁の地図を見よ。このように、ダニエル・ロシュはメネトラが結婚前に行き来していた空間の法外なほどの広さを、彼が結婚後に甘んじて受け入れることとなった単調な生活における行動範囲の狭さと対比したのである。岩淵令治も、江戸に暮らす一人の侍による用遣いと散策について同様の分析を行っている。Reiji Iwabuchi, "Un guerrier dans la ville: Obligations de service et sorties d'un samouraï en poste à Edo au XIXe siècle"（「都市の武士。一九世紀江戸詰所における侍の勤番と支出」）, *Histoire Urbaine*（『都市史』）29 (2010), pp. 27-66. 特に三六―三七頁の地図を見よ。

（35）心象地図は、居住者によって描かれる都市空間の主観的表象である。心象地図の素描は、アメリカの都市計画専門家、ケヴィン・リンチ（Kevin Lynch）によって以下の著作で導入された手法である。Kevin Lynch, *L'image de la cité*, (Paris, 1969)（英語版は一九六〇年）. フランスの近代都市への応用については、以下を参照。Bob Rowntree, "Les cartes mentales, outil géographique pour la connaissance urbaine: Le cas d'Angers (Maine-et-Loire)"（「心象の地図、都市を知るための地理的道具。アンジェ（メーヌ＝エ＝ロワール）の事例より」）, *Norois*（『ノロワ』）176 (1997), pp. 585-604.

（36）私は、フランスの社会学者・哲学者であるアンリ・ルフェーブルが『空間の生産』という著作において定義した三区分法、すなわち、知覚される空間（the perceived space [l'espace perçu]）、考察される空間（the conceived space [l'espace conçu]）、現実に生きられる空間（the lived space [l'espace vécu]）を用いる。Henri Lefebvre, *La production de l'espace*（『空間の生産』）(Paris, 1974). この区分について為された論評、またこの区分の曖昧さについては、以下を参照。Jean-Yves Martin, "Une géographie critique de l'espace du quotidien: L'actualité mondialisée de la pensée spatiale d'Henri Lefebvre"（「日常の生活空間に関する批判的地理学。アンリ・ルフェーブルの空間に関する考察をめぐる世界的動向」）, *Articulo—Journal of Urban Research*（『都市研究雑誌』）2 (2006) (December 1 2006), accessed May 31, 2014, http://articulo.revues.org/897, DOI : 10.4000/articulo.897.

（37）*Journalier de Jean Pussot, maître charpentier à Reims*（1568-1626）（『ジャン・プソー、ランスの大工の親方（一五六八―一六二六）の日記』）(Villeneuve d'Ascq), 2008, p. 119.

（38）都市の住居に番号が振られるのは一八世紀末を待たねばならないことに留意しておくべきであろう。

（39）Pierre Lacour, *Notes et souvenirs d'un artiste octogénaire*（『ある八〇歳代の芸術家の覚え書きと回想録、一七七八—一七九八』）, *1778-1798* (Bordeaux, 1989), p. 25. 彼は続いて、マルシェ・ロワイヤルに住み、その後フォンドデジュへ移り、最終的には、一七九一年までにパレ・ガリアン通りに住んだ。

（40）[原文では、ここにフランス語史料の英訳あり]

（41）François-Yves Besnard, *Un prêtre en révolution: Souvenirs d'un nonagénaire*（『革命期の司祭。ある九〇歳を迎えた男の回想』）, texte préparé et annoté par Martine Taroni (Rennes, 2011), p. 31.

（42）Marie-Julie Cavaignac, *Mémoires d'une inconnue*（『ある無名の人物の回想録』）, édition présentée et annotée par Raymond Trousson (Paris, 2013).

（43）*Ibid.*, p. 96:「私の父は、息子の死後、母にとって耐え難いものとなっていたソーの自宅を売った。」; p. 117:「私の父は、市壁の近くに一軒の家持っていた。しかし、そこは住むには町の中心部から遠すぎると父は考えていたが、そこには九アルパンの庭園があり、パリで最も美しい庭園の一つであった。私は夫とその姉妹とともに季節が良くなるとそこに行って滞在したものである。」; p. 127:「私が乳母だった時、夫は私がパリにとどまることを望まず、フォントネー・オ・ローズにある家の半分を貸すよう彼の義理の兄に頼んだ。」。

（44）*Ibid.*, p. 182:「夏の初めに私はル・ヴォメロという田舎に身を落ち着けた。見事な住まいで、海からもそう遠くはなかった。」。

（45）*Ibid.*, p. 242:「私がパリに到着した頃は、母と同じ家に住むことが出来なかったので、近隣にあたるリュクサンブール門のトゥールノン通りに住むことにした。それは私の娘を毎日母の家に連れて行くためだった。」。

（46）*Ibid.*, p. 262-273.

（47）*Mémoires de la marquise de la Tour du Pin*（『ラ・トゥール・デュ・パン侯爵夫人の回想録』）(Paris, 1989), p. 93. 以下も参照。p. 286:「ついに九月頃、私たちはここを出て、ル・ブイユに向かうことを決めた。私たちは相当よくないパリの家を売却した。バック通りの不快な界隈にそれはあった。」。

（48）歴史家はテクストを編集する際、しばしばこの点について主張してきた。この傾向についての全般的な理解については、以下の有意義な分析を参照。Arianne Baggerman, "Lost Time: Temporal Discipline and Historical Awareness in Nineteenth-Century Dutch Egodocuments," in *Controlling Time and Shaping the Self. Developments in Autobiographical Writing since the Sixteenth-Century*, ed. Arianne Baggerman, Rudolf Dekker and Michael Mascuch (Leiden, 2011), pp. 455-540. また、以下も参照。Anne Béroujon et Clarisse Coulomb, "Temps de l'écriture, écritures du temps"（「記述のなかの時　時の記述」）, dans Jean-Pierre Bardet and François-Joseph Ruggiu (ed.), *Les Ecrits du for privé en France de la fin du Moyen Age à 1914*（『中世末期から一九一四年までのフランスにおける内心の記録』）, Paris, Editions du Comité des Travaux Historiques et Scientifiques, 2014, p. 195-222.

（49）*Deux bourgeois en leur temps. Documents sur la société rouennaise du XIXe siècle*（『二人の市民が生きた時代。一九世紀ルーアン社会に関する史料』）, textes présentés et annotés par Jean-Pierre Chaline (Rouen, 1977), p. 41.

（50）*Ibid.*, p. 55.

（51）*Ibid.*, p. 76. エルビエール通りの彼の祖父母の家、またロピタル通り（rue de l'Hôpital）の父の家については、五五頁を参照。

（52）ポワトゥー＝シャラント地方のヴィエンヌ県（Département de la Vienne, région Poitou-Charentes）。

（53）*Mémoires de Jacques-César Ingrand, né en 1733*（『ジャック＝セザール・アングラン（一七三三年生誕）の回想録』）(Bonnes, 1999), p. 63.

（54）以下を参照。Alain Cabantous, "Le quartier, espace vécu à l'époque moderne"（「地区：近世期における生きられた空間」）, *Histoire, économie et société*（『歴史・経済・社会誌』）13:3 (1994), pp. 427-439.

（55）*Mémoires de la marquise de Ferrières, née en 1748*（『フェリエール侯爵夫人（一七四八年生誕）の回想録』）, recueillis par le vicomte Henri Frotier de la Messelière (Bonnes, 1998), p. 53:「資産は今より潤沢だったので、我々はポワティエに一軒の家を買った。この家は大きく、我々のよく知っている地区にあった。」。

（56）一例として、一八世紀の間に都市の余暇活動として散歩が普及したことが、どのように個人的文書に影響を及ぼしたのかについても検討する必要性があるだろう。以下の文献で明晰な分析を参照することができる。Laurent Turcot, *Le promeneur à Paris au XVIIIe siècle*（『一八世紀パリの散策者』）(Paris, 2007).

（57）François-Yves Besnard, *op.cit.*, p. 15：「ドゥエの町は、義務付けられた全ての物品にかかる入市税徴収を守るための壁に囲われていた。人々は五つの門を通ってしか同市に入ることはできなかった。」; p. 82：「アンジェの町は当時高い壁に囲われていた。壁はいくつもの大きな塔、広くて深い堀、そして六つの門を備えていた。ブルジョワジー通りに面した橋だけがほぼ同じ広さの町の二つの部分を連絡していた。ル・メーヌが作った橋がそれである」。フランソワ＝イヴ・ベナールは夜間に街灯が無いことについて（九六頁）、あるいは一七八五年頃に郊外に作られた植物園の建設について（九七頁）など、都市の詳細についていくつかの記述を行っている。

（58）この点については、以下の重要な論文を参照。Daniel Jütte, "Entering a City: On a Lost Early Modern Practice," *Urban History* 41:2 (2014), pp. 204-227 この論文では市壁と市門とが近世都市で持っていた物理的、文化的な意義について述べられている。

（59）Caroline Le Mao, *Chroniques du Bordelais au crépuscule du Grand Siècle: Le Mémorial de Savignac*（『ルイ一四世晩年期におけるボルドー人の年代記：サヴィニャックの回想記』）(Bordeaux, 2004), pp. 44-45:「朝の一一時に、私の馭者がサン・ピエール露天商の向かいの非常に短くカーブの急な道を通ったその時、車輪が小川にはまって馬車は私を乗せたまま横転した。……それで、私は馬車の乗り口から外にでた。」。

（60）Louis Guibert, ed., "Le livre de raison d'Etienne Benoist"（「エティエンヌ・ブノワの家記」）, *Bulletin de la Société Archéologique et Historique du Limousin*（『リムーザン考古学・歴史学協会紀要』）29 (1881), pp. 225-317, p. 253.

（61）Jean Tricard, "La mémoire des Benoist: livre de raison et mémoire familiale au XVe siècle"（「ブノワ家の記憶：一五世紀における家記と家族の記録」）, *Actes des congrès de la Société des historiens médiévistes de l'enseignement supérieur public*（『第一三回高等公教育中世史家協会研究会報告集』）13 (1982), pp. 119-140, DOI : 10.3406/shmes.1982.1389, http://www.persee.fr/web/revues/home/prescript/article/shmes_1261-9078_1983_act_13_1_1389. を参照。

（62）François-Joseph Ruggiu, "Pour une étude de l'engagement civique au XVIIIe siècle......"（「一八世紀における市民の雇用に関する研究のために」）*op. cit.*, p. 152.

（63）A. Lottin, *op.cit.*, p. 158.

（64）A. Lottin, *op.cit.*, p. 186.

（65）*Pierre Philippe Candy…, op. cit.*, p. 499.

（66）彼の父と祖父は、ピエール＝フィリップ以前に市政体の一員を務めていた。*Pierre Philippe Candy…, op. cit.*, p. 17.

（67）*Pierre Philippe Candy…, op. cit.*, p. 581.

（68）Alice Peresan-Roudil, *Eustache-Antoine Hua*（1759-1836）. *Mémoires et papiers privés d'un magistrat et député. Edition critique des Mémoires d'Eustache-Antoine Hua*（『ウスターシュ・アントワーヌ・ウア（一七五九―一八三六）、ある都市官僚にして代議士の回想録と私的書類、ウスターシュ・アントワーヌ・ウアの回想録の校訂版』）, thèse pour le diplôme d'archiviste-paléographe, Ecole nationale des Chartes, 2014, sous la direction de Christine Nougaret et François-Joseph Ruggiu, p. 339.

（69）Jean-Baptiste Leprince d'Ardenay, *op. cit.*, p. 163.

（70）*Ibid.*, p. 163.

（71）A. Lottin, *op. cit.*, p. 245.

（72）*Deux bourgeois en leur temps…*, *op. cit.*, p. 102.

（73）ルイ・セバスティアン・メルシエ（Louis Sébastien Mercier）が著し、一七八一年から一七八八年までの間に出版された『パリ生活誌』は、この形式の雛形だとされている。フランソワ＝イヴ・ベナールのように、ガブリエル・アボ・ド・バザンガンは社会の観察者でありたいという主張を明確に述べている。「一七八三年、［中略］我が楽しみの為、そしていつの日かこの手稿を落手する者の楽しみの為に、我が都市の、そして我が地方の貴族、商人や裕福で豊かな人々、農村に住む人々の私生活、一般的な慣習、人生の各段階における生活の様式とあり方、どのように暮らすのか、等々といったことをここに描こうと思う。」（op. cit., p. 83）. 以下を参照。Jérôme David, "Les 'tableaux' des sciences sociales naissantes: comparatisme statistique, littérature"（「社会科学黎明期の〈生活誌〉：比較研究・統計学・文学」）, *Revue d'Histoire des Sciences Humaines*（『人文科学史雑誌』）5（2001）, pp. 37-59.

第三章　一八〜一九世紀のソウル知識人の自己と社会認識

――朴斉家と沈魯崇の場合

金　炫栄
（田中俊光訳）

はじめに

都市の発達が遅滞していた前近代の韓国社会においても、国家の首都であるソウルや地方の行政中心地には、都市的な様相が現れていた。とりわけ一八世紀以降のソウルは、人口の増加と交易の発達に支えられ、様々な側面において都市的様相が見られた。一八世紀後半に当時の国王であった正祖《チョンジョ》（在位：一七七六〜一八〇〇）は、官僚とともにソウルの発達した姿を詩で歌った。

本論文は、一八世紀後半から一九世紀前半の前近代韓国社会におけるこのような都市的発達とともに、当時の知識人による著述のなかに個人と集団に対する意識がどのように表れるのかという点について検討を試みるものである。検討の対象となる主資料としては、同時期に主にソウルで生活していた朴斉家《パクチェガ》（一七五〇〜一八〇五、号は貞甤）と沈魯崇《シムノスン》（一七六二〜一八三七、号は孝田）という二人の知識人の著述を中心とし、彼らの著述とその著述から見える個人と集団に対する意識を抽出して検討したい。

朴斉家と沈魯崇についての研究は、最近になって韓国の漢文学界を中心に活発に展開されてきた。また、ソウルの都市的様相に関する研究についても、これまで相当な蓄積がある。(1)日記文学に対する研究は韓国の漢文学界で注目されており、韓国史ではミクロストリアの一環として関心を持たれてきた。なかでも、日記が人間の内面を窺い知ることができるという点から注目すべき資料と評価され、そのような観点から多くの論考が出されてきた。筆者は、これらの研究成果をもとに、朴斉家と沈魯崇の自我と家族・同僚、友人すなわち集団に対する認識がどのように文章に表現され、それらの文章はどのような媒体に記され現在まで伝えられてきたのかについて、アーカイブ的な観点からアプローチしてみたい。

一　一八世紀後半のソウルの都市的様相

朝鮮時代の王朝政府が把握するために整理した戸籍資料などから同時代の人口推計を見ると、壬辰倭乱（一五九二）を経た後、一七世紀中盤に至り、国家の人口把握力の増大に伴って人口が大幅に増加したことが分かる。しかし、それ以降は朝鮮末期まで停滞する姿を見せている。ソウルの人口もほぼこれと同様である。一六五七年に一万五七六〇戸、八万五七二人であったソウルの人口は、一六六九年には二万三八九九戸、一九万四〇三〇人と二倍以上に増加した。一九世紀後半まで戸数は増加したものの、人数はほぼ停滞した様相を示している。本論文が対象とする一八世紀後半にあたる一七八九年のソウルの戸口数は四万三九二九戸、一八万九一五三人で、戸数は二倍近く増えたが、人数はむしろ減るという様相を示している。

一八世紀後半には、農業生産力の向上と商品貨幣経済の発達により、城外の京江を中心に王都漢城の周囲の村の人口が急激に拡大する姿を見せた。(2)これを受けて、このようなソウルの都市的様相を叙述した詩や歌も多数登場した。「城市全図詩」や漢京詞、漢陽歌などは、当時のソウルの都市的な発達の様相をよく示す資料である。

正祖はこれらの世俗的な文体を矯正するため、一七九二年に王室図書館であった奎章閣に屏風絵「城市全図」を広げ、ソウルの賑やかで平安な姿を見せながら、奎章閣の諸臣に一〇〇韻の長編詩を作って献上させた。これには、兵曹佐郎の申光河《シングワンハ》、奎章閣検書官の朴斉家、兼検書官の李徳懋《イドンム》と柳得恭《ユドゥクコン》、検校直閣の李晩秀《イマンス》といった多くの臣下が参加し、ソウルの発展した姿を表現した。検書官であった朴斉家も「城市全図詩」を作って献上した。このうち優等とされた六人の詩には、正祖が直接御評を下した。朴斉家はここで、「有声画」と評された申光河の詩の次に高い「解語画」と正祖から評価されたことから、自分の堂号を「解語画斎」と称することもあった。一方で李徳懋は、正祖から「雅」と評価され、それ以降「雅亭」という号を用いた。(3)

現在伝わる「城市全図詩」を分析した研究によれば、申光河の詩は荘重で古風にソウルを描写し、朴斉家の詩は世俗の人々が悩みながら暮らす姿を具体的に生き生きと描いたと評されている。朴斉家の二〇〇句一〇〇韻に達する長文の詩を手がかりに、ソウルの姿を見てみよう。朴斉家は、最初にソウルの外観を描写し、ソウルの市場の賑やかな姿を表現した。まず、ソウル全景を描写した文は次の通りである。

隙間なく並ぶ瓦屋四万戸で
うねる波の中に鯉が棲んでいるなぁ(4)

隙間なく軒を並べる瓦葺きの家が魚鱗のように連なって四万戸にもなること、その中で魚のように人々が暮らしている様子を描写したものである。実際に、正祖代に当たる一七八九年のソウルの戸口数は四万三九二九戸、一八万九一五三人に達するほどであった。国家が把握していた城内の戸数が二万戸余り、人数が一一万人であるので、若干の誇張はあるものの、ほぼ詩の世界を彷彿させる数といえる。

一八世紀のソウルがこのように賑わっていた背景には、一七世紀以降の貢納制の施行により、京江を中心とした物流が拡大し、都城を中心にした有閑層に物資を供給する市場が形成されたためである。朴斉家もまた、このようなソウルの市場の姿を生き生きと描写している。

梨峴、鐘楼と七牌は
都城の三つの大きな市
あらゆる職人、仕事をするのに肩をぶつけ合い
あらゆる物、儲けを求めて車が続くなぁ(5)

ソウルの三大市場である梨峴市場、鐘楼市場、七牌市場に言及し、ここにあらゆる職人や商人が肩をぶつけ合って生業に従事し、あらゆる物資が利益を追い求めて車に載せられて来る様子を描写したものである。このような物資は、ソウル近郊だけで供給されるのではなく、鳳城（中国遼東）の絨帽や燕京の絹織物、咸鏡《ハムギョン》道の麻布や韓山《ハンサン》の苧麻布のように、国際交易を通じてもたらされる物や遠距離貿易を通じて入る物もある。ソウルは、このような国際貿易や遠距離貿易の最終消費地であった。朴斉家の詩には、米・豆・稲・キビといった穀物類、ニ

ンニク・大豆・生姜・ネギ・ニラ・カラシといった薬味類、ブドウ・ナツメ・栗・ミカン・梨・柿といった果物類、干魚・干し肉・鳥肉といった肉類、イシモチ・カレイ・鮭・コノシロといった魚類、馬・牛のような運送手段が紹介されている。さらに、消費生活の余暇に楽しむ演戯（琴、洞簫）や演劇、俳優、人形劇などを紹介し、このような演戯は中国から来た勅使も見物すると述べている。初八日の燃灯、十五夜のうどん、酒場、盲人、狗白丁などを描くかと思えば、科挙及第の遊街（パレード）、吏胥や下人、市井の輩、下働き女、宦官、妓生、盗人、巡邏軍といった人間像のほか、官吏の登場シーンや、煙管や螺鈿のタバコ入れ、バショウの扇子などの贅沢品も描写した。

　朴斉家は、このようなソウルの都市的発達の影響を真っ先に受けた人であった。幼少時には周辺の友人とともに勉強をし、学問が成就した後は、当時の朝鮮国内で文章の権威であった燕巌・朴趾源《パクチウォン》に会いに、ソウル中心街の白塔の裏手にあった家を訪ね、そこで交遊をする。白塔グループとの交遊は、夜を忘れ、月日の経つのを忘れるほど、楽しく美しい時期であった。実際に朴斉家の『北学議』は、白塔グループの集団的思惟の結果によるものかも知れない。『北学議』において朴斉家は、清の文物の導入と対外交易の拡大を積極的に主張した。このような開放的思考は、ソウル中心街における先進的な情報収集と自由な学問的交流から得られたものと考えられる。

　朴斉家より一〇年余り遅れて誕生した沈魯崇も、ソウルで暮らしながらソウルの生活を満喫することができた。そして、地方に赴く時は、ソウルと地方の差を認識し、ソウルのさっぱりして豊かな文化を懐かしがった。ソウルから一〇〇〇里ほど離れた慶尚《キョンサン》道の機張《キジャン》に配流された時、最も耐え難いことは、機張の食べ物がソウルで食べていた物と異なったことによる苦痛であったという。生臭い田舎の食べ物を食べると、ソウルのおかずが思い出され（『南遷日録』一八〇一年六月二五日。以下は日付のみ表記）、東萊《トンネ》から学びに来た鄭生が重箱一つと小さな壺の中に薬包や肉醬、魚醬、塩漬けの魚など、小綺麗なおかずを持ってきた時には、ソウルの女行商が売る物のような味だと喜んだ（一八〇二年四月九日）。この記事から、当時のソウルにはおかずを調理販売する行商がいたことが分かる。このように食べ物について心配し、直接勉強しに来た学童にソウルのおかずと似たように作らせたが、彼らは自分たちがソウルに上京して良い調味料と食材でおかずを作ったら、京婢が作ったものと比べて味はどうだろうかと考え始める（一八〇二年一二月二二日）。これを見れば、ソウルと地方の食文化に差があったことが分かる。毎月の朔日と望月に宅神に餅を供えて祀るソウルの風俗を紹介し（一八〇二年一二月一日）、また、機張の特産物である碁石を製造するために爪がすり潰れた田舎の子どもたちの苦労する姿を見て、ソウルに住む貴族の子弟との違いなどを比較したこともあった。機張の官僮が碁石を作るため爪が割れて穴があいているのを見て、ソウルの貴遊公子は幼少時に良い衣服と食べ物に恵まれ、遊んでばかりで読書をしないことを嘆いた（一八〇一年三月二四日）。田舎の子どもたちはまた、朴斉家の甥である朴遠悦《パクウォンヨル》の書いた一筆を壁に掛けておくと、大勢が勉強しに来て競ってお手本として使い、遠悦の書体を「京児体」と称して習字をした（一八〇一年七月六日）。それ以外にも「ソウルの中人を知るには薬鋪に行けばよい」という諺を紹介し（一八〇一年四月二一日）、ソウルの言葉と慶尚道機張のなまりの差について直接体験したことを記録している。

二　朴斉家の自我認識と隠居への憧憬

（一）　朴斉家の生涯と韓中交流

朴斉家の生涯は、白塔周辺にいた同類の知識層青年と交遊していた「青年期」、検書官と地方官に就任した

「仕宦期」、そして正祖没後の晩年における「配流期」の三つの時期に分けることができる。朴斉家は、隣人である白東修《ペクドンス》を通じて李徳懋を知り、李徳懋を通じて朴趾源、柳得恭ら白塔派の若手名士と交遊することになる。白塔の周辺には、朴趾源、李徳懋、柳得恭、李書九《イソグ》、柳琴《ユグム》、李喜経《イヒギョン》といった、自分と境遇の似た知識人が多数集まっていた。若い朴斉家にとって、自分の天才的な才能と夢を思う存分発揮できる美しい時期であった。一九歳ですでに『楚亭詩稿』を編集して李徳懋がそれに序文を附しており、白塔の北に引っ越してきた燕巌・朴趾源を訪ねて学ぶなど、交遊を結んだ。二五歳になった一七七五年には、李喜経が朴趾源、李徳懋、朴斉家の詩文を編集した『白塔清縁集』を世に出した(6)。

北学論の形成に重要な契機となったと思われる成大中《ソンデジュン》、元重挙《ウォンジュンゴ》（一七一九～一七九〇）ら白塔派の先輩による日本通信使行きの成果が現れたのは、一七六七年のことである。ちょうど朴斉家の感受性が鋭かった時期に先輩による日本通信使行きがあり、その影響を受けたことは十分に察することができる。朴斉家の懐人詩に、一度も行ったことのない日本の人物が五人も含まれているが、彼らを通じて木村蒹葭堂のような平民商人出身の人物が文化の中心に立っていると伝え聞いたことは、朴斉家とって大きな励みになったであろう。朴斉家が主張した中国江南・浙江地域との交易論も、長崎や中国江南との貿易の成果から影響を受けたものと思われる。そうであるならば、朴斉家の北学論において最も先進的な思想をなす対外交易論、浙江地域通商論などは、日本から影響を受けたものと見なければなるまい(7)。

初めて中国に行った後に『北学議』を書いた頃の彼にとって、自国への心配のほうが個人や家族への心配よりも大きかった(8)。彼の心配は、朝鮮の富国にあったのである。中国を旅行して初めて感じたことは、朝鮮の富国のためには、船や車といった流通のしくみを積極的に活用しなければならないと考えた。

一七九〇年には、乾隆帝の八旬の誕生日を祝う使節団の副使徐浩修《ソホス》の随行員として、柳得恭とともに二度目の燕行に同行した。二度目の燕行（使臣として北京に行くこと）で彼は紀昀、翁方綱、羅聘、張問陶、鉄保、彭元瑞といった中国のスター級の知識人らと交遊をした。一七九一年三月に燕京から帰国した直後、朴斉家は清の人物五〇人を対象に『懐人詩（倣蔣心余）』五〇首を作った。

その後、一八〇一年に再び朱子書の善本を求めよとの王命を受け、柳得恭とともに四度目の燕行に発った。そこで李調元、陳鱣に会って『貞㽔稿略』の序文をもらい、この交遊が契機になって、一八〇三年に陳鱣らによって『貞㽔稿略』が中国で刊行された。後に『貞㽔稿略』は、呉省蘭編纂の『芸海珠塵』にも輯録された。

（二）　庶派知識人朴斉家の自我認識

人間の思惟は、その者の社会的存在によって規定される。朴斉家は、両班の庶子（妾の子）として生まれたソウルの知識人であった。屈原の楚辞を好んだ青年期に「楚亭」という号を用いるようになり、中年期には検書官として正祖から寵愛を受けながら、正祖が愛した御愛松の横に家を持ち「貞㽔」と号を称し、「城市全図詩」に対する正祖の評価から「解語画斎」という堂号を用いることもあった。中国との通商や交遊を求める気持ちを込めて「葦杭道人」とし、また、配流期には「類翁」という号を用い、自己の境遇を比喩したこともあった。

朝鮮時代において庶子の血統は、身分上の制約と差別により、本人に実力があっても、その技量や経綸を発揮するのは困難であった。朴斉家は、両班であって両班でない境目の人間として、自己のアイデンティティを確立せざるを得なかった。だが、朴斉家は社会的差別に屈することはなかった。「孤独で高邁な人だけを選んで特に親しく付き合い、権勢が多く裕福な人は意図的に遠ざけながら」(9)、むしろ貧しく生活した。自分が庶子の血統であるという境遇から、朴斉家の身分に対する考えは屈折していたのであろう。

朴斉家は、自分に対する感性や内的告白を何度も詩や文で示した。まず、彼の若い頃の詩を白塔派グループとともに『四家詩』（後に『韓客巾衍集』として刊行）の形で中国に紹介した。李徳懋、朴斉家、柳得恭、李書九の四人は、みな白塔派の核心メンバーといえる。朴斉家は、友人である柳琴を通じて中国に自分を売り込んだ。また、本人を積極的に紹介すべく「小伝」を作った。「小伝」で彼は、自分が一七五〇年の朝鮮において新羅の後裔で密陽《ミリヤン》に本貫を置く朴氏として生まれ、『大学』の意にちなんで「斉家」と名付け、また、「離騒経」が好きで「楚亭」と号したことを明らかにした。

> 人柄は、水牛の額に鋭い眉毛、青い瞳に白い耳を持った。孤高な人と深く親しみ、繁華な権力者は一層遠ざけた。そのため、世間の人と合わず、常に貧しかった。幼くして文章を学び、成長してからは経世済民の実学を好み、数カ月間家に帰らなくても当時の人々は彼の行方が分からなかった。志が高く、名分のあるところへ気を遣い、世間の事には疎く、名分と道理を総合し、深遠な世界に沈潜して一〇〇年前の人々と対話をし、万里異域に飛び回った。雲や霧のような自然の変化を観察し、様々な鳥の新しい声に耳を傾けた。山と川、太陽と月、星のように遥か遠いもの、草や木、虫、魚、霜や露のような微々たるものが毎日変化するが、分からないことで胸がいっぱいになるのに、言葉ではその事実を語り尽くせず、口と舌ではその味を表現しきれないが、自分ではすべての人が知らないことを自分だけが知っていると考えた。[10]

飛び出した額と鋭い眉毛、青い瞳に白い耳を持った自分の容貌を描写し、姿や好み、文章などにおいて、自分は他人とは異なろうと考えたことを明らかにした。この文章は、自分が欽慕してやまなかった中国の知識人に対する自身の紹介文である。朴斉家の肖像は、彼が交流することを期待し、好きだった中国の画家、羅聘によって描かれた。二度目の燕行で朴斉家は、羅聘と胸襟を開いて交遊した。羅聘は、良き儒者である朴斉家を梅の化身に喩えて別れを惜しんだ。

三千里の外、外国人を相手にして
良き儒者、会って肖像を描いたよ
あなたの良き詩、何と比べられようか
あなたは梅の化身であることを(11)

朴斉家の周辺には、庶子の血統、武人、技術者など、様々な階層の友人がいた。彼の交友は、白東修のような近所の隣人からはじまり、文章を共にし、志を同じくする白塔派知識人との交遊、ひいては中国や日本など、世界のあらゆる知識人との交遊を通じて、自身の志を展開していった。彼の交遊は、朝鮮王朝の伝統的な身分制に基づく垂直的関係から抜け出し、志と考えが合う友との平等な交遊に基づく水平的関係へと、自分の位置を確立していった。とりわけ彼は、儒教の基本徳目である五倫のうち「朋友有信」という水平的思考に基礎を置いていた。(12)しかし、当時の現実社会は、両班と庶子の上下秩序が厳格で、これを維持しようとする勢力が主流をなして支配していた社会であった。このような状況で、朴斉家は、水平的関係を受け入れた白塔グループの開かれた知識人と、身分関係を超越することのできる外国の友との交遊に希望を抱いた。四度の燕行を通じて結んだ「天涯知己」[13]との交流は、彼の息子である朴長馣《パクチャンアム》によって『縞紵集』として整理された。

（三）　家族と友人の認識

朴斉家の周りにいた友との水平的な交遊関係は、自分を両班と庶子という伝統的身分の桎梏から脱出させる試みと捉えられる。しかし、現実はかなり難しい状況であった。彼のこのような夢は、彼が高い文章力を持つことから奎章閣検書官に任命され、さらに数回の中国旅行を通じて実現されそうであった。しかし、彼の日常は、伝統的秩序と衝突する自分自身を確認することであった。結局、彼の夢は挫折してしまったのである。

家族と友に対する彼の考えを通じて、彼が自分をどのように認識しているのかを考察する必要がある。朴趾源が安義《アンウイ》県の長官を務めた時にある友人に送った手紙には、白塔派知識人の交遊がどのようなものであったのかが端的に示されている。彼は、李喜明《イヒミョン》、李在誠《イジェソン》、李喜経、朴斉家らの近況を尋ね、とくに朴斉家が賑恤用の備蓄穀をめぐる問題で扶余《プヨ》県の長官から罷職されたうえに糟糠の妻も失い、さらには知己である李徳懋を失ったことについて、悲しみを気遣っていた。

在先（朴斉家の字）は、すでに官職から罷免されたが、家に戻った後に互いに何度会ったのか。彼がすでに糟糠の妻を失い、また懋官（李徳懋の字）のような立派な友を失って、この世で長らく独り身で寂しく過ごすことになるとは、彼の顔と話は見ずとも悲しみは想像できる。彼こそまた、天と地に身寄りが全くない人というえるのである。（中略）私には幸いに目があるが、自分が見ている物を誰と共に見て、私には幸いに耳があるが、自分が聞いている物を誰と共に聞き、私には幸いに口があるが、自分が味わっている味を誰と共に感じ、私には幸いに鼻があるが、自分が嗅いでいる臭いを誰と嗅ぎ、私には幸いに心があるが、自分の知恵と霊覚を誰と共にするというのか。(14)

朴趾源は、李徳懋と朴斉家の親しい関係を鍾子期と伯牙に喩えた。互いを知る人を失った失意の朴斉家を朴趾源は大変気遣っていたのである。朴斉家は、出世にはさほど執着しなかった。自分の身分的な境遇を自覚していたからであった。その代わりに彼は、当代最高の知性人らと交わす友情の饗宴のなかで、学問を学び、詩と文字と絵を磨いた。朴斉家にとって友人は、「気の置けない同期であり、一つ屋根の下に住まない夫婦」(15)であった。自分とは「二つでありながら「一つ」である」李徳懋、柳得恭、李書九、徐常修《ソサンス》、柳琴、白東修のような友人がいるため、孤独ではなく、怖がることもなかった。

朴斉家は、同僚からだけでなく、国王である正祖からも知遇を受けた。一七九三年五月、朴斉家は扶余県の長官から罷職された。湖西地方の秘密特命監察官であった李肇源《イジョウォン》が、賑恤穀の問題をめぐって彼を弾劾したのである。しかし、正祖は、朴斉家が元々自分の近侍臣下であったが庶子の血統にして地方長官を務めたとして、特別減刑の再論を指示するほど、彼を擁護した。(16)一七九七年七月には、王の行幸時に準備する高官用の椅子の場所に朴斉家が座ったとして、沈煥之《シムファンジ》が朴斉家を弾劾したが、この時も正祖は前例の規定を再び作れと指示する程度で、彼に処罰を加えなかった。(17)

朴斉家に対する正祖の寵愛ぶりは、むしろ門閥貴族の嫉妬を生んだ。扶余県の長官から罷職した後に朴斉家を加重処罰しようとした点や、沈煥之が椅子に座った件を理由に懲戒を要求した点などが、まさにその嫉妬の一面といえる。能力と才気をもって知己と過ごした白塔時代の豪気を、当時の朝廷は容易に認めることができなかっ

たのである。先に見たように、朴斉家のこのような性格に対し、朴趾源は常に注意を与え、警戒するよう切に願った。(18)

（四）隠居への渇望

朴斉家は、これまで家一軒なく、耕作して自給する土地すらない柳得恭の境遇から、自分の置かれた身を振り返った。出勤時に乗る馬一匹もない李徳懋と朴斉家、中国に行きさえすれば名声が非常に高い彼らだったが、朝鮮国内では認められなかったのである。


君は見ることができなかったのか。賑やかな漢陽城の一万軒を越える家のなかに我が家はないね。

また見ることができなかったのか。肥沃な土地が四方に広がっても、恵風（柳得恭の号）の土地は少しもないね。

縉紳案に千人百人いても、結局近い親戚は一人もいないね。

我々の零落ぶりは見ての通りだが、当代に名が知らしめたので恥ずかしくないね。(19)


これからは田園に戻って著述活動でもしようという「放歌行」の最後の一節で、自分の境遇を悟ったことが分かる。結局、庶子がソウルで官職に就くのは、何とか生計を維持する手段に過ぎず、時代の流れにそぐわない自分たちは、一人二人と帰郷し、農事に従事しながら著述活動をする農村知識人として暮らすことを夢とするよりほかなかった。自分の境遇と似た先輩である玄川・元重挙が官職生活を終えて田園に隠退するのを羨みながら、親友である李喜経とは将来一緒に隠居することを約束した。

当初から自分の境遇を悟っていた朴斉家は、友とともに田園に隠居し、昼は野良仕事、夜には昔の聖賢の文章を読むのを理想と考えていたが、正祖からの突然の抜擢により、官途に就くことになったのである。しかし、庶派知識人としての限界を朴斉家はすでに成大中や元重挙といった同類先輩知識人の歴程のなかで認識していた。二七才の若い青年であった朴斉家が、京畿《キョンギ》砥平《チピョン》の山谷に隠退する「先輩、元重挙」を送る際に書いた文章に、そのような考えが垣間見える。朴斉家は、科挙や門閥、朋党の弊害を指摘すると同時に、庶子の血統に対する差別の現実を批判しながらも、賢く農村に隠居する元重挙を羨望の眼差しで見ているのである。癸未年の通信使行きで、朝鮮と日本にその文名を轟かせ、日本では人々が先を競って彼を玄川先生と称賛したが、朝鮮国内では彼を推薦する人はいなかったのである。ソウルの都城の南に木を植えて売り、砥平に田荘を準備して、夫婦と親子がともに隠退して野良作業をして暮らすことになったのである。しかし、元重挙の隠退は、みずからが望んでそうした訳ではなかった。世間が認めないからであった。[20]

彼は、世間が認めない環境でも、名声を轟かせて世俗に揉まれながら、本来の道と節操を守り、最初の出発点の考えへと回帰したのであり、とても難しい決定をしたと称賛しつつも、自分にはそのような決定や実践ができないことについて、みずから恥じているのである。科挙に合格しても門閥が必要で、そして朋党に入ってやっと官職に就くことで出世ができ、一方で商売もできる現実において、士大夫を名乗りながら野良仕事すらできない自分が嘆かわしかったのである。

朴斉家が農村に隠居しようとする考えは、早くから抱いていたように思われる。親戚である胤思《ユンサ》に示した自分の志は、官職に就くのではなく、田園に隠居して家族が野良仕事をし、有無相通じながら一緒に幸せに暮らしていくことであった。彼は、単純に糊口の策のために勉強をしたわけではなく、国のための経世済民の勉強をしたのである。しかし、身分的な限界によって国から認められないことを悟ると、「斉家」という自分の名の通り、みずから一家の生計に自分の経世論を展開するというのである。一〇人が次々と閲覧しても大丈夫なくらいにたくさんの蔵書を備え、車が出入りし、有無相通じて農作業に従事して絹を織り、豊かに暮らすことができると考えたのである。中国から僅かな教訓であっても学ぼうという彼の北学は、小さな家庭の経営にもそのまま応用できると考えた。(21)

家族との隠居のみならず、彼は友人とも一緒に隠居する計画を立てた。彼の親友である李喜経が田園に隠居したことに対する朴斉家の考えは以下の通りである。

狭い畑の隣に家を建て
息子らと自分たちで農作業をするよ
独りで時の流れを匡す計策を持っても
俸禄を求めるつもりはないね
本を見ること埤雅を窮め
文章を作ること南京を模倣したよ
昔ともに隠居すること約束したのに
計画がまだ成し遂げられないこと恥ずかしいなぁ(22)

この詩に見えるように、朴斉家は、親友である李喜経とともに隠居する計画をすでに持っていたのである。国を改革したい考えを持っていたが、それは自分の身分的境遇からすると、困難であることを知るに至ったのである。(23)奎章閣に宿直していた時、国王が自分を特に高いポストに起用すると、他人の耳目に入るのをためらいながら、本来自分が野良仕事するつもりであったと述べている。このような考えは、別の時に宿直する際にも登場する。(24)隠居して農作業をしようと考えていた本来の気持ちに背いたことを恥じながら、独り年月が経つのを嘆いている。官職を終えて山奥に田荘を準備して隠退した先輩の元重挙の歴程を羨んだが、自分が地方官として赴任していた永平《ヨンピョン》県の山奥に隠居していた先輩の李漢鎮《イハンジン》に度々会った際、自分も隠居する計画があることを吐露した。永平県の次官を務めた時は、その地に隠居していた先輩の李漢鎮と交流しながら、共に多くの時間を過ごしたが、李漢鎮もまた、才能を持ちながらも庶派という理由で朝廷に登用されることのない人物であった。彼がソウルを離れて永平にある先代の田荘に戻る時に送った別れの詩にも、自分の隠居に対する同情心を見せている。(25)

(五)　著述の整理

前述の通り、彼の若い頃の詩作は『韓客巾衍集』として中国に紹介されている。また、『楚亭詩稿』を編纂し、『北学議』を書いて、自分の経世論を展開した。中壮年期に作った文章は、『貞蕤稿略』としてまとめられ、この著述を集めて死後に『貞蕤閣集』として集成された。しかし、朴斉家の著述は、刊行されずに筆写のかたちで流布していた。配流期に書いた詩である『竟信堂挟帯』は、『貞蕤閣集』やそれ以外の本にも収録されていないものである。

朴斉家の著述のなかでとりわけ特異なのは、『縞紵集』である。『縞紵集』は、朴斉家が四度の燕行を通じて中国の知識人と交遊した内容を息子である朴長馣が二冊本に整理したものである。息子が編集したが、実際の内容は朴斉家の事実と著作からなるため、朴斉家の著述と見てよかろう。『縞紵集』は、独特の編纂方式を採っている。まず、それぞれ年次別に分野を分けて事実を編集・羅列しているが、朴斉家が交遊した中国の知識人一一〇人余りの簡単な履歴、科甲、名号、爵里、事実を紹介した一冊を作り、「纂輯」と題名を付けた。朴長馣がいう「纂」とは、聞いたことを纂次するという意味であり、家に残っている朴斉家のメモや文章のなかから交遊した中国の知識人の履歴を簡単に紹介したものである。また、彼らとやり取りした詩文や尺牘、題評などを人物別に一冊に整理して編輯したのであり、「編」とはその文章を編次するという意味である。(26)『縞紵集』には、彼らと会って筆談した内容も付録として収録されており、当時の朝鮮と中国の文化を理解する上で大いに役立つ。

三　沈魯崇の自我認識と家族愛

（一）沈魯崇の生涯と著作

沈魯崇の一生は、本人みずからが自分の一生を整理した「自著紀年」によく表れている。沈魯崇の字は「泰登」、号は「夢山居士」または「孝田」である。夢で泰山に登ったことから「泰山に登る」という意味で泰登という字を用い、夢で泰山を見たという意味から夢山居士と号した。彼は、『孝田散稿』三八冊の著述のほかに、膨大な野史叢書である『大東稗林』を編纂した。

沈魯崇は、済州《チェジュ》牧の長官を歴任した沈楽洙《シムナクス》の長男として生まれ、一七九〇年の臨時科挙試験に進士二等で合格し、蔭職で官途に就いた。沈楽洙は、宋時烈《ソンシヨル》を中心とする党派の流れをくむ老論の時派として、同じ老論でありながらも思悼《サド》世子（一七三五～一七六二）の廃位と賜死の評価をめぐって対立する僻派を先鋒で攻撃した人物である。彼と一緒に勉強していた弟の沈魯巌《シムノアム》は、一七九五年に生員二等で合格した。だが、兄弟ともに文科には合格できなかった。沈魯崇は、大変な虚弱体質で病気に苦しんだが、四大奇書や西廂記といった中国小説にも耽溺し、父の赴任地を往来しながら、風流にふけりながら科挙の勉強と詩文の創作に没頭した。一七九七年に鄭民始《チョンミンシ》の推薦により、永禧殿の下級官吏に任命された。一八〇一年、僻派が政権を掌握し、時派の核心人物であった父の沈楽洙が官職を追削されると、沈魯崇も「背馳義理、戕害善類」の廉で、一八〇一年二月に慶尚道機張県へ配流された。だが、一八〇六年の定順王后の崩御により僻派政権が崩れると、彼も解配された。

その後、一八〇九年に義禁府の都事（実務担当）に任命され、官職生活を再開することになったが、一八一一年には弟の喪、翌年には母の喪に相次いで遭った。幼少時から学問と文学の同伴者であった弟の死は、彼に大きな衝撃を与え、その後五年間は詩作活動を停止したほどであった。一八一五年に刑曹の正郎（実務担当）に任命され、中央の下級官職を務めた後に地方官として魯城《ノソン》県の長官に任命され、以降、天安《チョナン》郡の長官、広州《クワンジュ》府の次官、林川《イムチョン》郡の長官といった地方官を歴任した。一八二五年に林川郡の長官から罷職された後は、坡州《パジュ》に寓居し、一八三七年一月に七六歳でこの世を去った。最初の妻である李氏との間に一男三女をもうけたが、次女を除いてみな夭折し、一七九二年には妻まで亡くなり、一七九四年に再娶を得て、一八一一年に五〇歳ではじめて二番目の夫人から一九年ぶりに息子の遠慎《ウォンシン》を得た。

沈魯崇は、先述の朴斉家より一二年後に生まれた。二人は同時代にソウルで暮らしながら、互いに一切交遊はなかった。ただ、沈魯崇は朴斉家について、正祖の文体矯正の対象となった不正確で軽薄で乱暴で粗末な文体といわれたいわゆる「弼雲台調」の継承者と理解していた。沈魯崇は、元仁孫《ウォンインソン》、李鳳煥《イボンファン》、洪慎猷《ホンシンユ》の三人が開城でやりとりした「西京雅集」という詩集を読み、このような詩は卑しく軽薄で小賢しいと評した。このような傾向の詩をソウル市井の小民らは「弼雲台調」と呼び、金昌翕《キムチャンフプ》、洪世泰《ホンセテ》といった賤しい人々と関係しながら、李天輔《イチョンボ》、趙観彬《チョグワンビン》と続き、李徳懋、朴斉家も彼らを継承したのだと述べた。沈魯崇自身は、稗家の粗末な文を極めて好みながら、詩作においてはこのような軽い詩を排斥したのである。

（二）自我認識

沈魯崇は、なにしろ記録することを好んだ。自分についても、五〇歳で「自著紀年」を書いて自分の年譜を作り、晩年には「自著実紀」を書いて自分とその周辺について記録を残した。彼はとても親交の深かった弟の魯巌が亡くなると、自分も長くは生きられないことに備え、甥の沈遠悦に見せるために自分の年譜を整理した。年譜を作成する理由について、ある意味では肖像画よりも自分を如実に示すことができるからだと述べた。

> 先生や大人が亡くなると、子孫や後人がその一生を記録する。年代に沿って記録するのだが、これを年譜という。人にとって年譜は、大きなものといえよう。成徳や大業によって後世に歴史を残した人は、国の歴史に書かれており、野史にも記録されているため、年譜を作る必要がない。しかし、それ以外の場合、年譜がなければ伝えられない。そのため、子孫や後人が記録するのだが、彼らの記録は、私的な部分に引きずられ、事実から遠ざかっていくほかはなく、死ぬ前に自分みずから記録することに越したことはない。人々は肖像画を描き、没後にそれを霊廟に供えて祭祀を行うが、あれこれと絵を描いて一生懸命その姿を似せては描くものの、七割ぐらい似ているものも稀であり、その人物を肖像画で伝えようとするのは間違っていると思う。むしろ年譜を編纂し、事実と言動を記録して、子孫や後人が読んで分かるようにすれば、その人の顔を見て

話を聞くのと同じではないのか。(27)

自分に対する思い出を正確に残すためには、肖像画より年譜の文章のほうがよいというのが、沈魯崇の考えである。沈魯崇は、自分が死ねば弟の魯巌が自分の行状をまとめてくれると思ったが、むしろ弟が先に死んだので、自分の行状を正確に残すのが困難になったのではないかと心配したのである。「自著紀年」を書いて一八年が過ぎた晩年、今度は自分の正確な記録を残すべく「自著実記」を書いた。「自著実記」は像貌、性気、芸術、聞見（内篇、外篇）に分かれ、自分とその周辺の伝聞事実について、詳細で膨大な記録を残した。

一筋の毛であっても似ていなければ、その人とはいえない。絵でもそうなのに、文章でどうやって描写し尽くせるというのか。しかし、絵では全く不可能なことを文章はあるいは可能とする。(28)

沈魯崇は、自分の描写力に自信を持っているようであった。自分の文章は、肖像画で描くよりも一層生き生きと人物を描写できると信じていた。彼は幼少時から肖像画が好きで、画工に会うとすぐに描いてくれと頼んだが、何十枚の肖像画を頼んでも、一つとして似た物がないため、とうとうもどかしくて肖像画を諦め、むしろ事実に近いことに基づくならば、文章のほうが絵より優れているという確信を持ち、自分の一生を描写したのが「自著実記」である。そのため彼は、「像貌」編で自分の容貌や声までも詳しく描写した。

わたしの頭の形は丸くて平たく、頭の上部は平たくて広い。顴骨は飛び出しており、眉毛は散り、裾が目よりも出ている。目は大きく、目玉の周りが瞳を遮らない。鼻は頬より高く、鼻先が下へ伸びている。小鼻は殻を付けたように丸く、耳は頰ひげの上で出て、耳殻は厚く、耳たぶが玉のように垂れ下がっている。頰骨は左右が顔の輪郭を囲い、突出しておらず、平たくもない。顎は上に上がっているが、上顎は尖っていない。口は薄く、唇は厚くて、その色は赤い。鼻ひげは口を覆っておらず、頰ひげは耳にまで伸びているが、笑うと肌が見え、長さは辛うじて首につく程度である。鼻と頰骨の上に天然痘の痕がいくつかあり、顔色はとても白くて若干黄色い。声は高いながらも沈んでいる（ハスキーボイス）。「金土の姿に金水の声」という観相家の話も嘘ではない。眉毛と目の間には、集まりにくく発散しやすい気が溜まっていて、描写が難しく、品定めも難しい。一生の足跡を考えてみると、志に背いたことは多く、従ったことは少なく、喜びがあってもそれがすぐに苦しさで奪われてしまうというのは、まさに自分のことを言っているようだ。体つきは痩せていて虚弱で、背丈は普通より若干小さい。背は丸くて少し曲がっており、腹は大きくて張っていて、幼少時は服に耐えられないほど弱く、近親たちは自分を見ると、夭折する観相だと言った。(29)

また、性格と気質の「性気」編では、自分に潔癖症があり、せっかちな性格だが、中年以降はこのようなせっかちな性格を夫人の忠告によってある程度直したこと、さらには我慢が足りなく、文房具などに無駄遣いを惜しまない性格で、雑多な銭穀帳簿を読むことは気兼ねし、騒々しくて混雑した場所を嫌い、静かな郊外に居住するのを好むと述べた。また、他人に対して厳しい性格ではなく、残忍なことや世知辛い話をできず、威張り飾ったり嘘をついて見栄を張ったりすることを嫌い、他人に親切過ぎるために父から注意されたこともあったという。

自分の文芸と学術（芸術）について、大科（文官登用資格試験）に合格できずに失敗した原因について反省をしている。彼は、科挙の勉強と文章の勉強は別個ではなくて同じだといい、片方がよくできればもう一方もうまくいくこともあるといった。彼は作文が好きで、自分が見聞きしたことをすべて書き留めたが、それが「聞見」の内篇と外篇の内容である。

(三)　著述の整理

沈魯崇が日記を書く理由は、独特なものであった。中年に慶尚道機張に配流されてから書き始めた彼の日記は、見聞きして感じたこと、想い出のことなどを中心に、ほぼ一日に一つ以上の小さなエッセイで綴られており、膨大な作品集に近い。彼は、日記を書く理由を次のように総括している。

日録を書くことについて、私の考えとしては、遠く千里離れた二つの地域の間で相通じるのは、まさに手紙のやりとりに過ぎないのに、手紙を送ろうと思う時、うっかり間違ったり、しばしば書き忘れたりすることがあるのではないかといつも心配になるからである。日記は、あらゆることをすべて書き留めておくことができ、また、取っておけば心配にならないので、おそらく囲碁や将棋をして汗を流すことよりも良い。日記を送って慰めとすることは、手紙の内容の疏略さと比較すればはるかに良い。天気が曇りだったのか晴れだったのか、事件があったのかなかったのか、日記を見れば分かるので、書かざるを得ない。このため、私が書くのは、単にあったことを記録するに止まらず、目で見て耳で聞いて心で考えるという、三つの器官が作用することを残さずに書くのである。あるいは無理矢理探して書くこともあるが、これは本当に紛らわしいことではあるが、要はそれも心配を解消するためのことである。(30)

沈魯崇が日記を書く理由は、遠く千里も離れた家族との意思疎通のためのものであった。一カ月に一、二度やりとりする手紙を通じて、自分の日常や考えを余すことなく家族に伝達したいのである。また、日記を書くことは、囲碁や将棋をするように、退屈な配流生活での暇つぶしでもあった。彼が日記を書くように、弟である泰《テ》簷《チョム》（弟である沈魯巖の字）も「千里対面録」と題する日記を書き、兄である泰登《テドゥン》（沈魯崇の字）に送った。泰簷と泰登の兄弟は、いわゆる交換日記をしていたのである。泰登は、日記を「一日百省集」と名付けたが、これは自分の政治的な失敗を反省する意味でもあった。そのため、二人はこのように題名を付け、互いに一カ月から数カ月分の日記をまとめて相手に送り、互いの安否や考えを確認したのである。泰簷の「千里対面録」は現存せず、その内容を確認できないが、その序文には「現在は安らかであっても困難だったことを忘れないようにせねばならず、今困難であっても安らぎを求めないようにしなければならない。このためにこの日記を書く」と述べ、現在の自分たちが政治的に苦境に立たされている時期だということを互いに確認し合っている。

沈魯崇の著述には『孝田散稿』三八冊があり、先代の行跡を記録した『積善世家』八冊と、父の文集である『恩坡散稿』のほか、野史集である『大東稗林』も編纂した。彼の文学論は、感情の純化と節制を強調しており、よって人間の多様な感情の表出を制約した性理学的詩文観から脱皮し、人間個体の多種多様で真の欲求と感情を自然に表出させることが詩文の本領と考えた。典範についての過度な追随により、内容と形式の両面で弊害が見えた擬古文を強く拒否しつつ、多少俗っぽくても真実性と活気が文学の根本になると考えた。

『南遷日録』は、全四〇九七頁に至る巨帙の資料である。巻頭書名は『南遷日録』で、表題には『孝田散稿』、副題に『一日百省集』と書いてある。巻末にある甥の沈遠悦の跋文でも、書名を『南遷日録』と明記している。同資料は、純祖《スンジョ》元年（一八〇一）二月二九日から同王六年（一八〇六）六月一五日まで慶尚道機張で配流生活をした当時の記録であり、出発から配流が解除されるまでを日付順に記録した日記である。配流の途を往復した一六日間と、配流地で生活した一九四九日間の記録である。内容には、配流生活での所懐、見聞、古今の治乱、人物の善悪、山川と風土、虫と魚、世間の変化などが収録されている。

沈魯崇は、作文が好きな人であった。若い頃の詩作から始まり、何か事があるたび、彼は一つの主題を決めて文章を書いた。特に一八〇一年から六年間、慶尚道機張という朝鮮半島東南の浜辺に配流された時には、一日に一〇〇回反省する意味で、そして家族との確実な意見伝達と感情の一体感を持つため、交換日記を書いた。そして、作文という行為は、自分の鬱憤を和らげる捌け口であり、また暇つぶしでもあった。これらが膨大な分量の『南遷日録』としてまとめられ、そこで見聞きした新しい風習や話は、別途「山海筆戯」という題名で整理された。そのほか、彼は「山下問答」、「苧谷語録」、「志事録」、「述先志」といった自分の先代と父の言動と事件を詳細に記録した。鬱憤を和らげるために詩として吐き出した文章は、「飽氷余痛集」として集成された。自分の行状を記述してくれると思っていた弟の魯巌が先に世を去ると、彼はみずから「自著紀年」という自分の年譜を編纂した。そればかりでなく、彼はその後もいくつかの地方官を歴任したが、その当時の記録は「朱墨余閒集」として編纂され、魯城県の長官期の記録は「魯山録」、天安郡の長官期の記録は「華祝館日録」、広州の長官期の記録は「南城日録」、林川郡の長官期の記録は「嘉林録」として、それぞれ整理された。司僕寺の判官期の記録は「冏寺日録」、そして隠退後の日記は「城郊日録」としてまとめられた。両親の墳墓を移葬して整理した記録は「遷厝志」および「栗阡志」として残しており、老いてから生まれた息子の遠慎のために、還暦の年に「貽後録」を書いて一〇カ条の教訓（摂生、為学、奉先、祭祀、喪葬、婚姻、治産、功業、科宦、交遊）を残した。「貽後録」をはじめとする彼の文章は、当時の知識人の間に広く筆写され流布した模様である。だが、「貽後録」の記録が先賢を密かに害していると問題視され、成均館の儒者の弾劾により、再び全羅《チョルラ》道扶安《プアン》へ配流されることになる。扶安での配流の記録は、「噩夢録」としてまとめられた。一八一一年に「自著紀年」を書いた後の余生についても、もちろん「自著紀年」を補完するかたちで記録されたが、年譜で表現できない叙述的な内容は、「自著実紀」にまとめた。自分の姿形、性気、芸術と見聞きした内容を集成したものである。沈魯崇は、自分の著述を整理しただけでなく、膨大な稗史小品類を集め、巨帙の野史叢書『大東稗林』として編集した。この『大東稗林』には、ほかの野史叢書には見られない珍資料が多いのみならず、ほかの叢書に収録されているものよりも完全な形に近く、精巧に筆写された資料が多いことから、早くから学術界の注目を浴びてきた。

おわりに

一八世紀後半から一九世紀前半のソウルは、農業生産力の発達と商品貨幣経済の発達により、相当な水準の都市的な姿を見せていた。従来の城内の人口集中と城外の人口の拡大により、直接生産的な仕事をせずに市場に依存して消費する階層が形成されたのである。特に両班士大夫を中心とした有閑階層を中心に、奢侈品の消費も増え、彼らのための享楽文化も発達するに至った。

本論文で言及した朴斉家と沈魯崇は、詩文を著述し、日記を書き、詩集や文集を編纂して、当時からすでに名声があった人物であった。両班の庶子に生まれた朴斉家は、身分的な限界があったにもかかわらず、ソウル中心部の同類と日を徹して文章と学問を論じ、優れた文才により検書官に任命され、国王から寵愛を受けた。彼は文章を通じて友と付き合い、さらには身分的な制限のない国境の外である中国の友人とも交遊することが、彼の素朴な希望であった。彼の夢は実現されたが、朝鮮国内に戻れば常に身分的制約と官職生活による拘束があることから、彼は常に田園に隠居したいと渇望していた。

同僚や彼が真似したくて渇望していた中国の文人らとの交流により、彼の文章は筆写本として流通し、さらには一部が活字として刊行された。若い時期の詩編は、彼の同類とともに『韓客巾衍集』として刊行され、広く愛読された。また、中年以降の詩文は、中国の知友である陳鱣が活字で刊行し、同時に呉省蘭の『芸海珠塵』にも輯録され刊行された。朴斉家はその後、秋史・金正喜《キムジョンヒ》、紫霞・申緯《シンウィ》へと繫がる朝鮮と清の文化交流の門戸を開いたかたちとなった。彼の四度にわたる中国の文人一一〇人余りとの交流は、息子の朴長馣により、『縞紵集』として編纂された。

一方、沈魯崇は、老論に属しながらも時派と僻派が対立する状況で時派の先鋒となり、そこへ僻派政権が樹立すると、六年間配流の憂き目に遭った。配流期間中、彼は家族との意思疎通と感情の共有のために日記を書き始めた。沈魯崇は、基本的に「作文の虫」であったといえる。彼の率直で情熱的な作文は、あらゆる場面で自分の日常感じたこと、考えたことを記録し、これを文章として残した。彼の作文は、結局は筆禍へと繫がり、再び配流されることになったが、それにも拘わらず、彼の作文活動は止まらなかった。

沈魯崇の作文は、家族内に止まるものであったが、彼の私的な内面告白を惜しみなく表しており、彼との感情の共有者であった弟魯巖と彼の娘、さらには彼の息子に至るまで、彼の考えを継承させようとするものであった。したがって、沈魯崇の私的作文は、同僚や当時の人たちによって一部抄録筆写されて読まれる程度であり、活字や木版として刊行されて広く読まれることはなかった。そして、みずから著述用の原稿用紙を作って筆写させたり、または直接筆写したりして、大切に保管するに止まった。

注

（1）鄭雨峰「沈魯崇の南遷日録に表れた内面告白と疎通の作文」（『韓国漢文学研究』五二号、韓国漢文学会、二〇一三年）、および鄭雨峰「沈魯崇の自伝文学に表れた作文方式と自我形状」（『民族文化研究』六二号、高麗大民族文化研究会、二〇一四年）参照。

（2）高東煥『朝鮮後期ソウル商業発達史研究』（知識産業社、一九九八年）参照。

（3）安大会「城市全図詩と一八世紀ソウルの風景」（『古典文学研究』三五号、古典文学研究会、二〇〇九年）参照。

（4）戢戢瓦鱗四万戸、髣髴淪漪隠魴鯉（「城市全図詩」『貞㽔閣集』ソウル・民族文化推進会、二〇〇一年）。

（5）梨峴鐘楼及七牌、是為都城三大市、百工居業人磨肩、万貨趨利車連軌（「城市全図詩」『貞㽔閣集』ソウル・民族文化推進会、二〇〇一年）。

（6）南在澈「白塔詩派一考」（『韓国漢文学研究』四九号、韓国漢文学会、二〇一二年）参照。

（7）林熒沢「癸未通信使と実学者らの日本観」（『創作と批評』八五号、創作と批評社、一九九四年）参照。

（8）「暁坐書懐」（『貞㽔閣集』ソウル・民族文化推進会、二〇〇一年）参照。

（9）「小伝」（『貞㽔閣集』ソウル・民族文化推進会、二〇〇一年）参照。

（10）前掲注9参照。

（11）相対三千里外人、欲逢佳士写来真、愛君丰韻将何比、知是梅花化作身（「置之懐袖帖」：朴斉家に描いた梅花図と肖像画）。

（12）朴斉家の交遊観、友情論については、チョン・ミン「一八、一九世紀朝鮮知識の弁世意識」（『韓国文化』五四号、ソウル大学校奎章閣韓国語学研究院、二〇一三年）および林熒沢「朴燕巌の友情論と倫理意識の方向」（『韓国漢文学研究』一号、韓国漢文学会、一九七六年）を参照。

（13）洪大容（一七三一〜一七八三）と中国杭州出身の儒者である厳誠（一七三二〜一七六七）の友情は、天涯知己と呼ばれ、韓中知識人交流史の代表的事例として挙げられる。「天涯知己」は、遠く離れているが互いを理解する友人という意味である。天涯知己論については、チョン・ミン、前掲論文参照。

（14）朴趾源「與人 安義時」（『燕巖別集』京城、一九三二年）参照。

（15）「宿薑山」（『貞㽔閣集』ソウル・民族文化推進会、二〇〇一年）参照。

(16) 正祖一七年五月二七日条（『正祖実録』ソウル・一九五五年、http://sillok.history.go.kr）、正祖一七年七月六日および七日条（『承政院日記』ソウル・一九六一年、http://sjw.history.go.kr）参照。
(17) 正祖二一年二月二五日条（『正祖実録』ソウル・一九五五年、http://sillok.history.go.kr）参照。
(18) 朴趾源「答洪徳保書」（『燕巖集』、京城、一九三二年）参照。
(19) 君不見、漢陽城中盛繁華、撲地万家無吾家。又不見、上上膏腴連四境、恵風之田無一頃。縉紳案中千百人、歴数揔無期功親。吾曹落拓有如此、縦有時名能不愧（「放歌行」『貞蕤閣集』、ソウル・民族文化推進会、二〇〇一年）。この詩は、順序が「暁坐書懐」のすぐ後ろであるため、彼が検書官になる直前の詩と思われる。だが、詩のなかに中国人の間に彼らの名声が広く知れ渡ったことがある点から、もう少し後の時期の詩と見ることもできよう。
(20) 「送元玄川重挙序」（『貞蕤閣集』ソウル・民族文化推進会、二〇〇一年）参照。
(21) 「自述和胤思」（『貞蕤閣集』ソウル・民族文化推進会、二〇〇一年）参照。
(22) 峡田連丙舎、之子事躬耕。独抱匡時略、而無干禄情。虫魚窮埤雅、機杼倣南京。夙昔期偕隠、深慚計未成（「寄李十三峡居」『貞蕤閣集』ソウル・民族文化推進会、二〇〇一年）。
(23) 「直中因付軍銜啓辞 有復職調用之命 恭賦志感」（『貞蕤閣集』、ソウル・民族文化推進会、二〇〇一年）参照。
(24) 「直夜小酔」（『貞蕤閣集』ソウル・民族文化推進会、二〇〇一年）参照。
(25) 「京山李布衣（漢鎮：七三二～？）寓居永平先隴」（『貞蕤閣集』ソウル・民族文化推進会、二〇〇一年）参照。
(26) 朴斉家著、息子朴長馣編『縞紵集』凡例（未刊行）。
(27) 「自著紀年」（像貌編、沈魯崇著『孝田散稿』二二、未刊行）参照。
(28) 「自著実紀」（前掲注27書）参照。
(29) 前掲注28参照。
(30) 沈魯崇著『南遷日録』（国史編纂委員会韓国史料叢書五五集、三冊本）一八〇一年五月二六日参照。

第四章　中国明清時代における個人の記録

臼井佐知子

はじめに

本稿は中国明清社会において人々がどのように個人としての記憶を記録として残してきたかを提示しようとするものである。但し、欧州と東アジアを並べて論じるには、当然のことながら、エゴドキュメントなど一つ一つの概念の確認とすり合わせが必要となる。中国、韓国、日本の間においても同様であり、そのためには紙幅と時間が不十分である。そこでここでは各概念を厳密にとらえて論を展開することはとりあえず放棄し、可能な限り中国についてテーマに沿って資料を提示し論じることとする。

概念の検討と確認は難しいとはいえ、本論を進める前にテーマに関わる語彙が中国においてどのように用いられているかについて簡単な説明を加えておきたい。

第一に、「近世」という概念についてである。そもそも古代にせよ中世にせよ、これらは欧州の「歴史発展」

にもとづいて規定された時代区分であり、それに対し中国の辛亥革命以前の歴史記述は、伝統的に王朝によって時代を区切ることが一般である。但し、西洋の「近世」に対応する時代を指し示す場合、今日の中国の研究者は多く明代以降近代化以前をあてる。周知の如く、中国における近代はアヘン戦争により始まるとされている。しかし当然のことながら、政治、経済、社会などのシステムの転換がアヘン戦争直後から急速に行われたわけではない。とりわけ基層社会のしくみと人々の意識とは容易には転換しえない。他方、時代状況に鋭敏な一九世紀の人々の目を通した記録をみると、それまでの記述とは異なる変化がみてとれることも事実である。以上のことを考慮しつつここでは明代以降一九世紀半ばすぎまでを対象時期とする。

第二に、中国における「都市」とはどのような存在かということである。都市は現代中国語では「城市」と表現される。本来「城」とは城壁に囲まれ、省、府（州）、県（州・庁）の行政機関が置かれた都市を指す。都市のように主要な行政機関が置かれてはいない主に経済・交易の中心となる町のうち大きいものを「鎮」、それより小さい町を「市」という。「鎮」と「市」とはその成立の起点が異なる。「鎮」は本来軍隊の駐屯地をいい、兵士のためにここに物資が運ばれ、軍隊が駐屯しなくなった後も物資が運ばれ交易の拠点となった地点である。一方「市」は農村の定期市のように、交易を行う上で便利な地点に市が開かれ、次第に人が定住し町となったものである。但し、明清時代に「市」の規模が拡大して「鎮」となったものもある。また、農村地域を「鎮」に対して「郷」というが、中国のほとんどの地では農家は散在せず集落を構成している。この集落の規模が拡大して「市」となる場合もある。行政の末端は県（州・庁）であり、行政上はその下は都―里―甲などに順次区分されるが、地方志には鎮、市、郷の名前が記されており、場合によってはその下の集落名も記されている。また、県の土地台帳や不動産関係の契約文書には、末端の単位として都、里、甲などの行政上の地名・地番のほか、「土名」

と称される地域で呼称されている地名が書かれることが多い。

第三に、「個人と集団」についてである。中国における個人は、西欧的な自我をもつ個人とは当然のことながら異なる。「名分」とくに父母と子、兄と弟など家族や宗族における「名分」は重要で尊重されるとはいえ、個人は家族や宗族という集団における人員であると同時に各人員間の関係性として認識される。換言するならば、某は家族の中にあって、両親に対しては子として、子に対しては親として認識し行動する。さらに法的身分規定が少なく、地理的にも階層的にも人々が移動する中国社会においては、社会的役割は固定されず、個人が集団の中に埋没することはほとんどなかったといえる。

集団についていえば、まず血縁集団と地縁集団がある。同一宗族が一村落に居住し、一つの地域社会を形成している例は華南地域によくみられ、華北地域にもみられ、華中地域にもまれにみられる。これらの集落は血縁集団が地縁集団でもあり、一つの集団組織として機能している。但し、華中地域では移住が激しく、一村落にいくつかの宗族が居住している一方、多くの地域に移住し居住している宗族の族員がネットワークの形で集団組織を形成していることも少なくない。[2] 地縁関係については、一部の華南地域のように宗族関係と一致する場合もあるが、多くは外地に居住する出身地を同じくする者の間に生じ、主に外地において機能することはいうまでもない。注意すべきことは、単に出身地が同じというだけではなく、祖地を同じくする、すなわち祖先が同じ地に住んでいたということが重要な要素であることである。このほか、中国社会において集団組織として重要な意味をもったのは、「会」と「社」である。成立の経緯は様々であるが、陳宝良は政治型（朋党、政党、秘密社会、村落行政体制である社と里など）、経済型（合会と義助会、善会と善堂、行会・会館・商会など）のほか、軍事型、文化生活型（詩文社、講学会、宗教結社、廟会など）に分類している。[3] 経済的な集団組織のうち、会館は外地の同郷団体とその建物を、公所は外地の同郷同業団体とその建物を指し、西欧のギルドに近い同業組合は行といわれる。会館と公所は勿論のこと、中国のこれらの集団組織には一定のメンバー以外は排除するという考え方はない。行も都市において官が要求する役などの義務を共同で負うことを目的として組織されたものであり、新たに居住して事業を行う者に対して役や金銭の負担を要求するが、負担を果せば排除することはない。

華南にみられる同族村落のように排他的性格をもつものもあるとはいえ、中国の集団組織には、宗族そして行など、朝貢制度に体現される国際政治システムにも具現されているように、排他的ではなく、一定の条件を満たせば包含拡大へと向かう性格がみてとれる。

一　史料としての個人と集団の記録

次に、集団と個人がどのような書物を編纂し書き、印刷刊行しているかについて、国家（王朝）が編纂する歴史書や法典など以外の主要なものをいくつかあげたい。

（一）集団の記録ではあるが個人の名前が編纂者として記録されるものに地方志がある。省志、府志、県志、州志、鎮志、郷志、村志など[4]の地方志は数人もしくは一人の個人の名前で書かれ編纂されるが官によって指示もしくは認定される。地図、地名、災害、天候などを含め多く年代記の形をとる地域の歴史、建造物、各種施設、名産品、風俗習慣、赴任してきた地方官の姓名、政治・経済、文化、倫理面で功を成したその地の者の名と業績などが記され、多く定期的に改訂印刷される。地図には官（official）の役所と公（public）に属する民間の学校の建物、廟などが記され、民間の私的な建造物はほとんど記載されない。

（二）このほか集団の記録として重要なものに族譜がある。系図だけでなく、先祖の墓の図、先祖の肖像画、祠の位置や構造、家訓、一族のための慈善施設、先祖各人の業績、共有の土地財産などが記される。本文は一族の者が調査して書くが、序文は地位ある外部の者に依頼する場合が多い。定期的に改訂印刷され一族の者に配布される。(5)

（三）個人による記録としては、まず個人の著作がある。その中には、著者が特定の問題について論じた文章と、個人がそれまで書きためてきた文章や韻文を文集の形でまとめたものがある。官僚経験者であれば書き手が提出した上奏文なども含まれる。このほか、地方志や他の人物の個人文集などに書いた序文、墓碑銘などの碑文、書簡などが収められることもある。生前もしくは死後子孫が文章を収集整理出版することも少なくない。著名な学者や有識者であれば弟子などが行う場合もある。

（四）年代記・伝記の類も膨大である。地域の年代記の一つである『歴年記』(6)には、明末清初期の江蘇省松江の人々の生活状況や米の収穫状況、物価などについて、正史はもとより地方志にも見られない詳しい記述がされている。

人物の年代記や伝記は、自身が記したものや死後子孫などの親族や同郷の者によって書かれたものが刊行されたほか、地方志に記載されたり、複数人の伝記が編纂出版されることもある。各県志には、その県においてとくに顕著な業績をあげた者に限らず、多くの人物の伝記が掲載されている。おそらくは同族の者など関係者が地方志編纂の際に掲載してもらうべく働きかけたものと思われる。実際、地方志にはほとんどの場合「貞女」「烈女」の項があり、夫の死後再婚しなかった女性の姓名が列記されている。それは彼女の名を夫の一族の者が官に報じたからである。何故官に報じるかといえば、一族から「貞女」「烈女」を出すと一族の負担する役の軽減措置がとられたからであるといわれている。(7) 年譜も広義にとらえれば年代記や伝記に分類されるであろう。また日記も多く残されているが、自身で記した「自撰年譜」も日記と同じ類といえる。謝巍は年譜作成の目的として、その名を永く残すため、歴史を編纂するにあたっての資料を提供し正史に書かれた誤りを正すため、時代と出来事を考証するためなど九項目を挙げている。(8)

日記についていえば、数多く残されているとはいえ、印刷され刊行されているものは一部である。日常生活を記した日記のほか、変化と動乱の時代に重要な役割を担った人物や戦乱を経験した民間人の日記が、後になって子孫などの手により印刷出版されたものも少なくない。これらの日記はそのほとんどが後世に読まれることを意識して書かれていると思われる。

（五）書簡は大別して二種ある。一つは政治、経済、思想、文学などについて自己の考えを書いたものであり、文集などに掲載すること、すなわち公表することを前提として書かれている。個人文集などに収録されているものの多くはこれである。もう一つは、契約文書などの中に紛れ込んでいるような私的書簡である。後者は書いた者は後世まで残されるとは考えていなかったかもしれない。しかしそうであるからこそ、そこには書かれた時代の生々しい状況が記されている。契約文書のように保管しておく必要があるものとともにそれらの書簡を保管した人々は、祖先の記録の一つとして残したのであろう。

（六）このほかにも政治や行政に関わる記録資料としての政書の類、民間で用いられたものとして日用類書な(9)どがある。そのほか、集団と個人の記憶を記録したものは多いが、ここでは省略する。

二　個人文集、年代記・伝記、年譜・日記、書簡

次に、以上に述べた集団と個人の記録の中から、個人の記録に焦点をあて、具体的な事例を紹介し、若干の考察を加えたい。

（一）個人文集

宋代以降、科挙合格がほとんど唯一の官僚になる道となってから、一般には学校での勉学の第一の目的は官職に就くことを目指した科挙受験にあり、科挙受験資格を得るためだけの官立の学校とは別に、実際の教育を行っていた書院や塾の教育内容も科挙受験という目的に沿って授業内容が構成されていた。(10) そして、一定以上の教養を有する男性であれば、読書人として政治的意見も含めて古典への教養を示す文章を著し、経済的に可能であれば刊行した。それは、当時の日本に比べてはるかに識字率が低い中国において、自らの文化的、社会的存在位置を示し確認する行為でもあったと考えられる。また、父親が書き残した文章を印刷刊行することは子として当然行うべき「孝」の行為であると考えられていた。例えば、『汪氏三先生集』(11) 所収の『石西集』に附された「士倩先生傳」(12) の概要は以下の如くである。

士倩すなわち汪伯薦の先祖である元代一三〇四年生まれの汪克寛は、京師（北京）に赴き会試を受けたが不合格であった。但し、多くの賦や辞、詩、説、疏などを残しており、終生「儒」すなわち学問を「業」とした。また、汪伯薦の高祖は生員(13)となり、曾祖父は詩で有名であったということから、彼等もまた儒を「業」としていたといえよう。さらに祖父と父もともに家伝の学問を伝えたとあり、父は湖北省に遊学し故郷を離れ客死した。母

も亡くなり、汪伯薦とその弟伯茂は揚州在住の母の兄である黄公徳に引き取られた。黄公徳に関する記述には単にその家が富裕であるとしかないが商業に従事していたものと思われる。その後、伯薦は儒学を「業」とし、文名も知れわたり、父母に代って孝養を尽すために祖父母の下に帰った。さらに官吏登用試験に合格し、高等補邑学生となったが、給与の銀はすべて祖父母に捧げ、自分のものとすることはなかったという。彼は祖父母に孝養を尽くしたほか、祁門県の俊才のために塾を設けた。多くの子弟がその教えを請い、皆学問をよく修めて去っていった。他方、弟伯茂は伯父の下に残り商業に従事した。祖父母の死後、一六四八年、祁門県の県城が破られ、伯薦は淮揚に逃れた。伯薦の二人の子のうち次子宗觀は息子がいない伯茂の継嗣となった。長子宗豫も計数に明るく商才があり商業に従事したと思われ、父を迎えて世話をし、次第に豊かになり父に新しい衣服と美食とを供した。そして、父の死後兄弟は父親が残した文章を書物にまとめ出版したとある。

個人文集は、一定の水準以上の文章を書けた男性の数だけあるといっても過言ではない。現在残されているものも膨大な数にのぼる。以下、具体例をいくつか示したい。

ア　明代の文集

○汪道昆『太函集』…汪道昆は明代一五二五年に、徽州商人の中でも大族であった汪氏(14)の一員として安徽省徽州府歙県に生まれ、官として最終的には兵部左侍郎にまで昇り、倭寇鎮圧にも功があったとされる人物である。その著作としては、詩文集は『太函集』など六種、戯曲は『楚襄王夢游高唐記』など四種、その他『春秋左傳節文一五巻』など一二種が確認されている。(15)注目すべきは、彼が官僚としての任務を十分に果たしながら、著作それも戯曲まで著わしていることである。彼が特筆されるべき人物として認識されていたことは、後世の記述からわかる。『太函集』は個人文集の典型的な形式をもっており、他者と自身の序文のほか、一二〇巻と集外分と附録からなる。巻一の最初の文「送呉先生視学山東序」のように外地に赴く知人や友人を送る文から始まり、伝記や墓誌銘、碑文、社記などが記され、その後に書簡、詩などが掲載されている。そのほとんどは一〇〇〇字から二〇〇〇字程度の短い文章である。

○王鏊『震澤先生別集』(16)…本書は、明代の人物王永熙がその高祖王鏊（一四五〇〜一五二四）と一五八九年の進士である父王禹聲の著作を編集したものである。『震澤長語』には「経伝」「官制」「文章」などについて論じた文章が掲載され、『震澤紀聞』『續震澤紀聞』では人物について述べられ、『郢事紀略』には「復陳税監書」や書簡など当時書かれた文書が記載されている。『太函集』ほど完成されたものではないとはいえ、官としての地位を得た者の子孫が祖先の文章を収集しまとめて印刷出版したものの一つの典型であるといえる。

○李詡『戒庵老人漫筆』(17)…明代一五〇五年に江蘇省常州府江陰県に生まれた李詡は前出汪道昆や王永熙、王禹聲とは異なり、七回科挙を受験して失敗し不遇の生涯をおくった人物であり、本書は晩年の著作である。一項目一〇数字から一〇〇〇字を越すものもあり、学業についての記述はもとより、『清明上河図』(18)について解説した文や明朝の出来事、奇聞異見も記している。

イ　清代の文集

清代とりわけ一九世紀の文集は、前記の明代の文集のような形式をもつものが一般的ではあるが、時事的な記述も少なくない。とりわけ一九世紀半ばころからは政治や経済、社会問題を指摘し、どのように改革するべきかという主張が増える。以下述べる潘曾沂等の指摘する問題は、一八世紀末以降の経済社会の変化によってそれまで潜在していた問題が顕在化したものであるといえる。

○潘曾沂『豊豫荘本書』…潘曾沂は清代一七六八年、軍機大臣の任に就いた潘世恩の長子として生まれた。父世恩は各省の学政や各種考官（試験官）として一九世紀以降時代を牽引した林則徐や馮桂芬ら有能な人材を高く評価し選んだ人物である。潘氏一族はもともとは徽州府歙県の商人であり、清初の兵乱に際して蘇州に寄寓し、その後徽州に帰ったが、一六八九年世恩の四世祖兆鼎が幼児過ごした母の実家がある蘇州に居を移した。その後、世恩の父奕基の長兄奕雋と次兄奕藻が進士となり、世恩とその堂兄世璜が進士となったことで潘氏一族の蘇州における地位は固められた。[19] 曾沂も進士合格を目指して北京に滞在し、この間林則徐、龔自珍、魏源、江蘇巡撫、両江総督を歴任し塩政改革を行った陶澍らが参加していた宣南詩社に参加し、このとき経世致用の実学を身につけたといわれる。しかし、進士合格は果たせず一八一四年に帰郷した。帰郷後、豊豫義荘[20]の設置、塘河の濬修、小作料の免除減額、区種法の試行など、農業の改革と小作人など貧しい農民の生活の向上のための事業を財を惜しまず行い、「潘善人」と称され広く尊敬された。曾沂はこれらの事業について著すとともに、『豊豫荘本書』「蘇松減賦私議十六條」において江蘇の歴史的経済的特殊状況を示して江蘇省蘇州府と松江府の米石税糧の規定額の減額すなわち減賦を主張し、さらに『豊豫荘本書』「佐治私議六條」では、減賦のほか、人々が農業に勤しまず怠惰となっている現状、事業に対する官と民の役割、私事にとらわれ公事をないがしろにしている近年の紳士への批判などを論じている。例えば官と民について「利を興すことは多方面にわたるから、官が経営するより民が経営するほうがよいと皆はいう。しかし民が経営するのは私であり、どうして官が経営して公であることに勝ることがあろうか。弊を除くことは多方面にわたるから、官が禁を行ったほうが民が禁を行うよりよいと皆はいう。しかし官が禁を行って常であることが、どうして民が禁を行って暫であることに勝ることがあろうか。」と述べている。ここでいう「私」とは、自己利益のみを追求することであり、「公」とは全体の利益を考慮するという意味であると理解できる。当時の経世致用の考えでは、徴税などを除き各種事業は官よりも民間人が行う方がよいとされていた。実際、洋務運動と称される近代化事業を行うにあたって、運動を牽引した李鴻章等官僚のほとんどは経世致用の実学を受け継ぎ身につけた人々であり、民間資金の導入と民間人が経営の主体となることを支持した。潘曾沂もまた経世致用の学を修めた人物である。そうであればここで潘曾沂が言わんとしたことは、私利私欲の追求に陥りがちな民間の事業経営に対する警鐘であると考えるべきであろう。また禁についても不正をとりしまるのに当たって官禁と民禁は表裏一体であると述べており、民間人とりわけ地方紳士に対する戒めと考えるべきであろう。

○陶煦『租覈』…本書は一九世紀後半の蘇州における地主と小作人との問題に論及し、租すなわち小作料が重すぎるとして減らすことを元和県における具体的数値と状況を述べつつ主張したものであり、その遺子によって一八九五年によって出版された。(21) 陶煦は蘇州府元和県周荘鎮に居住していた。学問を好んだとあるが官となったとは書かれておらず、おそらくは科挙試験に失敗したのであろう。子小沚は擧人となり、清末には江蘇諮義局すなわち江蘇省地方議会の議員となっている。前述したように、鎮は都市ではない。但し、周荘鎮は単なる田舎町ではない物資の集散地であり、多くの商人が居住していた。ところで、租すなわち小作料が重いとして減租が主張されたのは明代からであるが、再び強く主張されるようになるのは、一九世紀に入ってからである。その背景には一八世紀末以降の経済不況とそれにともなう社会混乱があり、経済発展が著しかった長江下流域ではとくにその落差が著しく、地域の人々とりわけ識者に危機感をもたらしたと考えられる。前掲『豊豫荘本書』も同様な状況の下での危機感によって著されたものであり、この時代の日記や年譜の中には危機意識や提言を示したものが少なくない。

(二)　年代記・伝記

○胡煜編纂『忠敬堂彙録』…これは倭寇の頭目王直を捕え後に罷免された胡宗憲について子孫が後に書いたものであり、胡宗憲の汚名を雪ぐために著されたものであると考えられる。徽州府績渓県の人胡宗憲は明代一五三八年の進士であり、浙江巡按御史となり、さらに総督に任じた。倭寇の頭目で徽州府歙県出身の王直を投降させ、その功によって右都御史、太子太保にまで進んだ。嘉靖帝の寵遇を得ていた厳嵩にとりいるなど「権術多く巧名を喜ぶ」人物と悪評を得た人物である。王直は海禁体制下で密貿易を行っていたゆえに明朝によって犯罪者としての扱いを受けたが国際貿易商人ともいえ、開港と貿易の自由化を望んでいた。胡宗憲が貿易自由化を明朝に働きかけるということを約したため、王直はこれに投降したが、胡宗憲が当初から王直をだまして投降させたのかというと、『忠敬堂彙録』の記事を読む限り必ずしもそうとは言い難い。むしろ王直によって説得されて上に働きかけたが果たせなかったととれるように書かれている。

(三)　年譜・日記

刊行され今日目にすることができる日記のうち、一般の日記のほとんどの記述は天候と自然災害、農作物の収穫状況のほか、多くは読んだ書物の内容とそれらに対する感想や意見、来訪してきたり逆に訪問した友人や知人と交わした話の内容である。但し、混乱期に書かれた日記の中には、経済や社会の状況を刻々と写し出すことを目的として書かれたと思われるもの、現在の政治家の回顧録のように政府の重要な位置にいたものが日記の形で記録を残したものも少なくない。それらの多くは一九世紀以降のものであるが、王秀楚『揚州十日記』(22)は、清初一六四五年四月に清軍が揚州を包囲した際、南明の兵部尚書史可法が揚州の軍民を率いて戦い、その後清軍が守りを破って城内に入り大量殺戮を行った状況が人々の具体的言動を含めてドキュメンタリーフィルムを見るが如く描かれている。以下、若干の年譜と日記を紹介したい。

○管庭芬『渟渓日記』(23)…管庭芬は一七九七年に浙江省杭州府海寧県に生まれている。その著述は多いが家が貧しく大半は刊行されていない。『渟渓日記』は一八二五年から一八六五年に至る日記であり、四七冊が残されている。そこには天候、訪問者や別れを惜しむ内容、書物に関する覚書、書簡についてのほか、太平天国が進出した時期でもあり、太平天国に関する記述も多く、旧来の日記の様式とドキュメンタリーの二つの性格をもっている。

○柯悟遲『漏網喁魚集』(24)…柯悟遲という名は書物に自署したものであり、江蘇省蘇州府常熟県横塘市の人である。その内容から小資産を有する者であったと思われる以外、どのような人物であったかは不明である。本書は日記ではなく、一八三六年から六七年までの年譜といえるものである。毎日の記述ではないが、天候について必ず記され、太平天国についての日をおってのドキュメンタリー的記述がある一方、大戸と小戸の階層間の矛盾や小作料問題について論じている部分もある。

○段光清『鏡湖自撰年譜』(25)…段光清は一七九八年安徽省安慶府宿松県の小地主の家に生まれ一八三五年擧人(26)と

なった。一八四六年以降浙江省建徳知県となり、以後浙江省の知県を歴任した後、寧波知府となり、一八五九年浙江按察使となった。擧人出身としては抜群の出世といえるであろう。一八六六年退職して故郷に戻った。本書は一八二〇年から一八六八年までの自ら撰した年譜である。本書は段光清が父の命により刈り取りを監督するため佃荘（小作地）に行って厳しい飢饉と食糧難の状況を目の当たりにするところからから始まっている。(27)以下、段光清が知県に赴任していく途中の状況、赴任さきでの紳士ら有力者はもとより無頼の動きなど、この時期いかに中国社会が従来と異なり無秩序化していたかを示す記述に満ちている。

○汪徳門『庚申殉難日記』(28)…本書は太平天国研究史料として発掘され刊行された日記の一つであり、蘇州城内で店舗を営んでいた商人である汪徳門が記した太平天国が蘇州に進攻し占領した一八六〇年六月二日から八月一七日に本人が病死するまでの日記である。家族が太平天国の人員によって襲われ負傷したこと、刀をもって銀を出せと迫られたことなどが詳しく書かれているほか、太平天国が陥落した蘇州に外国人が通訳を連れ船を連ねて商売に来たこと、米価、油、豆等の城内の価格が記されている。筆者が日常的に日記を書いていたかは不明だが、現代人が非常時に動画に撮っておこうとする心理と一部共通するかもしれない。

○柳兆薫『柳兆薫日記』(29)…柳兆薫は江蘇省蘇州府呉江県蘆墟勝渓の人であり、その親族に高官がいる大地主である。太平天国期の日記や記録としては鶴湖意意生『癸丑紀聞録』(30)など数多いが、その多くは太平天国の動きに焦点をあてて書かれている。それらに対し本書は、通常の日記として書かれたものである。刊行された部分は一八六〇年三月一日から一八六六年閏五月までであり、欠けている部分も少なくないが、詳細で量も多い。通常の日記であるがゆえに農村地域に住む裕福な家の人々の日常を具体的に知ることができる。

○王歩青『見聞録』(31)…日記ではないが、『見聞録』の記事は太平天国期の蘇州、松江、野鶏墩、泗涇、方家窑、平望、青浦、通州の状況についての詳細な報告記録である。「序」によれば筆者は乱が平定された後、戦乱を記録したいと思い、姻戚の旗人官吏に自分をその書記に任じるよう迫り、公務のかたわら書き記したとある。平時に比して乱世には見たくない聞きたくないことも見たり聞いたりせざるを得ず、従って乱世の見聞はかえって多くなると筆者は言っているが、広く情報を集め記録するために、つてを使って吏となったことがわかる。

このほか、近代の記録であるが、清朝末期の高官によって書かれた日記に、例えば、前出潘曾沂の甥で祖父と同じ軍機大臣となった潘祖蔭も文集のほか職務に関する記述を中心とした『潘祖蔭日記』[32]を残している。また一八三〇年江蘇省常熟県に生まれ、一八五六年状元で科挙に合格し、各部の尚書を経て軍機大臣となった翁同龢は、光緒帝の師傅でもあり、日清戦争をはじめとする外交政策決定、変法運動を中心とする政治改革において重要な役割を果たした人物である。その一八五八年七月二一日から一九〇四年六月二七日までの日記[33]は、当時の政府の重職を務めた人々の日記の中でも詳しく、誰がどのような言動を行ったか、それが中央でどのように受けとめられたかが具体的にわかる。こうした高官の日記は当然のことながら後世刊行されることを予期して書かれたものであろう。

（四）　書簡——私的書簡の場合

前述したように、書簡には、政治あるいは経済問題や文学思想についてやりとりされたもので、個人文集などに収録され刊行されているものは少なくない。当初から刊行するものとして書かれたものから、たまたま残されていた書簡を子孫が文集に入れたものまで多様である。他方、私事に関する書簡で契約文書などとともに代々残されているものもある。後者については、人々の具体的生活を知るうえで興味深いことはいうまでもない。それだけではなく、女性が作成したものは当時の女性の生活と文化水準を知るうえで重要な意味をもつ資料である。なぜなら、近代に先立つ明清時代において、韻文を除き、女性が著した文章というものはほとんどないからである。(34)前述したように、当時の中国において学校での勉学の第一の目的は科挙受験と官職に就くことにあった。そうであれば、当時の中国において、科挙受験が許されない女性が文章を書き刊行することがなかったのもある程度頷ける。しかし、女性によって著された小説など科挙とは無関係の文学作品も韻文を除いてはほとんど見出せないことが指摘されている。女性が文章によって自己を表現するようになるのは一九世紀末からであり、西欧の思想や文化の移入に刺激されたものであった。従って、それ以前においては女性の言動が描かれることはあっても女性自身の声はほとんど聞こえてこない。しかし、そうであるからといって上層の女性が文章を認めなかったとすること、さらにはほとんどの女性が文字を読めなかったとすることは適当ではない。娘が息子とともに教育を受けていたことを示す文書資料もある。(35)また一九世紀後半であるが女性が書いた旧来の様式の日記も残されている。(36)

以下に示す書簡は、一八九八年に、山西省祁県の商人武氏の家に残っている妻王氏が、商業に従事するため江蘇に赴いている息子維賢に宛てた書簡である。(37)これは記録することを意図して書かれたものではなく、内容も私事である。しかし、当時の女性の文化水準と生活意識を知る手懸りとなるのでここに示したい。主な内容は、①家の者はみな元気であり、諸事順調にいっているから心配しないように。②以前、(現在の内モンゴル)ドロンノールへ赴いている維賢の父すなわち夫から勤勉にして倹約して日々を暮らすようにとの指示と、蔬菜の商売はもうかっていないと記した書簡を受け取ったので、在宅の息子たちに伝えた。③また最近維賢から（弟たちを）諭す書簡を受け取ったが、その中で言っていることは明晰である。またそこに書かれている豊洋が寄寓しているが、頼りになり、故郷には戻り難い状況にあることは明らかである。④自宅の建物と中庭は担保として金を借り賃貸に出すことにしたが、（金銭の）不足は極まりない。（略）しかし我々が住む家屋は見つかりにくい。⑤追伸として、こちらは春の雪が多いこと、市場が停滞していることを述べ、そのほかは後に詳しく知らせることとする、とある。なお、同年に維賢から父親に送られた書簡、前年に息子の維賢から母親王氏に送られた書簡、および一八八六年と一八八七年に夫武振徳から妻王氏に送られた書簡など数通の書簡が残されている。[38] 一八八七年の書簡の内容は、家に送った紬絹やビロードなどの布商品の詳細が記され、届いたら手紙を速やかに寄こすよう求めているものであり、家庭のことか商売に関する内容である。いずれにせよこれらの書簡から読み取れることは、成人した息子も父とは異なる地に商売に赴いていること、商売のため外地に出ている夫は妻を共同経営者にして故郷の情報発信者として扱い、家に残った妻は夫や息子に対してハブ機能を果すと同時に家の運営や事業経営の共同責任者であったことがわかる。

おわりに

以上シンポジウムの「近世都市における個人と集団の記憶」というテーマにもとづいて、中国明清時代に主に個人が書いた文章について示した。ここで示したものは、個人が残した記録ないし個人についての記録である。当然のことながら記録は、意識的にせよ無意識的にせよ記憶と残された資料をもとに再構成されたものであって記憶それ自体ではない。テーマについて言えば、第一に、社会の人々が地理的にも階層的にも流動的である中国における集団は、人々が構成する一つのまとまりではなく、個々の人と人との関係連鎖の総合体であるということである。第二に、記録するまたは書くという行為は公的なものであれ私的なものであれ、自己の思想や行為を外に向けて発するための行為であり、印刷されず手書きの原稿として残ったものがほとんどであろうとはいえ、印刷出版されているものは膨大な数にのぼる。また、文章を書ける教育文化程度の男性であれば、当人は自己の文章を書物として印刷出版することを希望することは勿論、義務と認識していたとも考えられる。さらに子や孫は自身の食を削っても親の書いた文章を書物とし印刷出版することは当然のことと考えていた、あるいはそうするべきであると考えていたことは、出版書籍の序文から読み取れる。平時においては、文章を後世に残すことそれ自体に意味があり、そこから当時の一般的知識人の認識を知ることができても各人の世界観や感性を読み取ることは難しい。他方、変動期における文章からは各人の世界観や感性を通して当時の状況を読み取ることができる。また戦乱期には恰も現代人がドキュメンタリーフィルムを撮影し残すような記録もみられる。いずれにせよそこには個人としての内省が書かれることはなく、知識や見聞にもとづいた記述となっている。なお、日記には必ず気候や天気について記されているが、これは東アジアにおいては、自然地理が経済ひいては政治や社会の動きと密接に関係していると認識されていることを示しているといえよう。

注

（1）歴史的経緯によって、府に相当する行政単位の中に州と称する例、県に相当する行政単位の中に州、庁と称する例がある。

（2）宗族とそのネットワークについては、臼井佐知子『徽州商人の研究』（汲古書院、二〇〇五年）参照。
（3）『中国的社与会』（浙江人民出版社、一九九六年）。
（4）村の歴史については、王振忠「村落文書と村落志——徽州歙県西渓南を例として」（国文学資料館アーカイブズ研究系編『中近世アーカイブズの多国間比較』岩田書院、二〇〇九年）参照。
（5）「宗族の拡大組織化の様相——『拡大系統化型』族譜の編纂」（前掲注2臼井著書）参照。
（6）清・姚廷遴編。
（7）前掲注2臼井著書、三九一頁参照。
（8）謝巍編撰『中国歴代人物年譜考録』（「論年譜的作用和價值」中華書局、一九九二年）。
（9）日用類書とは明代から中華民国にかけて出版された、現代日本でいえば「時刻表」、「旅行ガイド」、「冠婚葬祭入門」、「家庭の医学」、「方位学」、「〇〇便利帳」などの内容をすべて、あるいは一部を記した書であり、訴状の書き方を含めた裁判手続き、契約文書の書き方、楽器の演奏法、青楼への上がり方なども記されているものもある。歴史書ではないが、すでに出版されたものにならって、いくつかの地域で作成出版されたり、改訂版が継続して作成されており、人々の生活についての記録資料たりうる。
（10）明清時代には商人養成を目的とした職業学校も設立された。
（11）北京大学図書館善本部所蔵。汪克寛（一三〇四～一三七二）の年譜及び賦、辞、詩等を編んだ『環谷集』、汪克寛の子孫の文等を編纂した『龑菴集』、『汪氏三先生集』を編んだ汪宗豫の父の孫汪伯薦の伝記とその詩を編んだ附からなる『石西集』の三集である。汪克寛らは、越国公汪華の子孫で歙県黄墩から祁門県桃墅に移住した一支系にあたり、後に祁門県西門に移り住んでいた。
（12）「士倩先生傳」は徽州府祁門県の人汪伯薦の伝記である。この伝記の末尾には、「康熙己未季夏之吉、同里後学陳希昌撰」とあり、一六七九年（康熙一八）に祁門県の陳希昌という人物がこの伝記を書いたことがわかる。この陳希昌の名は他の傳にもみられ、その文章の技術内容からしても傳などの文章作成を職業としていた人物であったとも推測される。
（13）科挙試験の第一段階の童試に合格した後、省での院試に合格し入学した者。
（14）「徽州汪氏の移動と商業活動」（前掲注2臼井著書）参照。

(15) 汪道昆撰『太函集』(朱萬曙・胡益民主編『徽学研究資料輯刊』黄山書社、二〇〇四年)。
(16)『歴史史料筆記叢刊・元明史料筆記』(中華書局、二〇一四年所収)。
(17)『歴史史料筆記叢刊・元明史料筆記』(中華書局、一九八二年所収)。
(18) 北宋の首都汴京の様子を描いた絵画。
(19) 拙稿「太平天国期における蘇州紳士と地方政治」(『中国——社会と文化』第四号、一九八九年)参照。なお、一族は蘇州城内に居住し、世恩らの旧居は現存している。
(20) 義荘とは一族の共有地とその運営組織をいう。族人からの寄附で土地を購入し、多くその土地を小作に出し小作料をもって一族の祖先の祭祀費用、子弟の教育費、寡婦や孤児の生活費などにあてた。宋代一〇五〇年に范仲淹が設けた蘇州の范氏義荘にはじまるとされる。基本的には一族の福利を図るためのものであるが、福利の対象が地域的広がりをもつ場合もある。
(21)『租覈』「周荘陶氏族譜序」。『租覈』については、鈴木智夫『近代中国の地主制』(汲古書院、一九七七年)に解説と翻訳が書かれている。
(22)『揚州地方文献叢刊』(広陵書社、二〇〇四年所収)。
(23)『歴史史料筆記叢刊・清代史料筆記』(中華書局、二〇一三年所収)。
(24)『近代史料筆記叢刊』(中華書局、一九五九年所収)。
(25) 中華書局、一九六〇年。
(26) 科挙の「郷試」に合格した者。
(27) 以後段光清の家でも、小作人の苦しみを思い一粥一飯としたとある。なお、段光清の家と佃荘とは離れており、段の家は県城にあったと思われる。
(28)『太平天国史料専輯』上海古籍出版社、一九七九年。
(29) 同前掲注28。
(30) 同前掲注28。
(31) 同前掲注28。
(32) 江蘇広陵刻印社、一九九八年。

(33)『中国近代人物日記叢刊』（中華書局、一九八九年）。
(34) 吉田ゆり子等編『語りだす親密圏』（東京外国語大学出版会、出版予定）。
(35) 四川大学歴史系・四川省档案館主編『清代乾嘉道巴縣档案選編（下冊）』（四川大学出版社、一九九六年）九二頁。
(36) 董壽平・李豫主編「清季洪洞董氏日記六種」（北京図書館出版社、一九九七年）中の「佩芸日記」の著者馮婉林は山西省代州の人で董文燦の継妻である。
(37)「山西省祁県文書」（臼井所蔵）。
(38) 夫から妻宛てのものには、冒頭に「賢妻王氏」の文字と末尾に「愚夫武振徳 具書」の文字が見られる。妻王氏から夫に宛てた書簡は残っていないため、妻が夫にどのように記したかはわからない。

第二部　記憶

第五章　近世日本地方都市の記憶にみる自己・家・社会集団

渡辺浩一

はじめに

本稿は、日本近世の地方都市の記憶を事例として、個人、地縁集団（町《ちょう》）、都市全体の三者の関係を探る。三つの事例を取り上げることにより、記憶のあり方に、どのような方向の可能性があるのかを、都市の外部との関係（巨大都市および幕府）にも注目しつつ分析する。その前に日本近世史研究で個人がどのように扱われているのかを摘記する。

思想史研究においては、古くから個人を対象として研究がある。ただ、前世紀は頂点思想家や民衆宗教の創始者が主な研究対象であった。上層町人が対象とされることもあり、その思想は「封建的支配イデオロギー」の一事例として低い評価がかつて与えられたが、その自己形成分析それ自体は今でも貴重である。[1] 近年では若尾政希に代表されるように、その時代の社会のなかでいかに生きるべきかという模索それ自体を重視する「主体形成」

がテーマとなっており、(2)そのなかで歴史叙述の主体としての個人にも焦点があてられている。(3)

一方、深谷克己は、「百姓成立」「御救」などをキーワードとしつつ、統治者と被統治者が共有する秩序意識を基本に政治や抵抗運動を長年にわたって分析するなかから、「近世人」という概念を提唱した。近世人の属性の一つとして身分・階層を超えて日記を付けることを指摘していることが本書のテーマとの関わりでは重要である。近世人一般の属性を抽出するなかで、素材となる人間の個性も描き出している。(4)また、女性史研究の流れからは、家の継承に尽力する女性の「自己語り」に注目する研究が登場した。(5)

さらに、潜伏キリシタンの研究からは前近代の人間であっても複数の「属性」を持つことに注目して、日本近世では禁止されていたキリスト教信仰を近世人の一般的あり方と整合的に理解しようとする「属性」論も提起されている。(6)

以上のように、日本近世史研究では、今世紀に入り、急速に個人に焦点をあてた研究が展開しつつある。本稿は以上の研究動向を継承している。

一　日本近世都市と記憶の概況

本論を理解するための前提として、日本の近世都市と歴史叙述について概観しておきたい。日本の人口は、一七世紀の約一〇〇年間は、歴史人口学では「大開墾時代」といわれ人口急増の時代であった。人口は約一〇〇〇万人から約三〇〇〇万人まで約三倍に増加した。都市に関しても、一六世紀末から一七世紀の初めにかけて城下町の建設ラッシュがあり、都市人口が急増していった。

徳川幕府の所在地である江戸は、一七世紀の末までには約一〇〇万人に達した。これは当時のロンドンやパリの人口をはるかに上回る、と日本ではよく言われる。しかし、一〇〇万都市は中国やイスラーム世界ではそれよりはるか以前から存在しているので、日本と北西ヨーロッパの辺境性は明白である。

日本近世都市の人口ヒエラルヒーは、この一〇〇万都市江戸を頂点とする。その下は、三〇から四〇万人の大坂（全国流通都市）と京都（朝廷所在地、工芸都市）があり、江戸も含めて「三都」と呼ばれた。それ以下は、名古屋と金沢（約一〇万人）、仙台・鹿児島・広島など（約五万人）といった大藩の行政拠点都市である城下町がいくつかある。城下町の総数は約二〇〇ぐらいではなかろうか。城下町の人口は藩の規模に照応しており、最も小さいものは三〇〇〇人を切るものもあろう。ちなみに本稿で言及する川越は約一万人である。

城下町の人口の半分は支配身分である武士であり半分は町人である。これに対し、武士人口がほとんどない都市として在方町がある。在方町の機能は、港町・宿場町・産業都市と多様であるが、人口規模は最大で一万人を超えるものもある。その総数を数えた研究者は誰もいないだろう。ちなみに、本稿で言及する近江八幡は約七〇〇〇人、播州三木は約三八〇〇人である。

都市人口の時期的な変化は、城下町の場合は一七世紀末まで増加したあとは一九世紀半ばまで停滞することに対して、在方町のなかの新興産業都市は一八世紀後半から増加していくというのが大雑把な傾向である。

以上の大小さまざまな都市は、恐らくほとんどが自らの都市の歴史叙述を生み出していたものと思われる。なお、都市だけでなく村のいくつかも開発者や村の歴史叙述を生み出していた。

城下町の歴史叙述は、幕府や藩の歴史のなかで語られることが多く、作り方も藩の組織的な編纂事業である場合もあり、藩士（大名の家臣）による個人的な営みという場合もある。また、町人が記述することも多く、いくつかのケースがある。城下町の歴史叙述は、建設を指導した幕府や藩の創始者を顕彰する性格を多かれ少なかれ持つ。特に「蘆原伝説」といって、何もなかった蘆原のような場所に、創始者が地の利を見抜いて城と町を建設した、という伝説が日本各地の城下町に存在する。(7)

在方町の場合は、もちろん武士ではない住民が叙述する。そこでは、特定の英雄伝説ではなく、主人公を都市住民とした社会集団の物語が紡がれる。

以上のどの種類の歴史叙述も、近世のなかで盛んに書かれる時期が二つある。一つ目は一七世紀末から一八世紀前半にかけてである。その理由は、近世に入って一〇〇年以上が経過し、過去の記憶を文字化する必要に迫られたからであろう。(8)政治的社会的経済的な様々なシステムの確立期でもある。二つ目は一九世紀の前半であり、様々なシステムの問題が露呈した時期である。社会秩序維持の危機にあたって、改めて過去に関心が向かうことになったということであろう。そのため、歴史叙述が上は幕府から下は農民に至るまで社会の各階層でなされることとなった。(9)二つ目のピークの方が作品数が多いという印象を持っている。それはリテラシーの広がり、それに書籍の出版・筆写とその流通の拡大を背景として持つ。

なお、日本近世の歴史叙述は地誌のなかに含まれていることが多い。それは、中国の地誌（「方志」）の影響と言われている。(10)四節のなかで言及するように幕府が地誌や歴史を編纂するのは、全国政権はそういう事業をするものという東アジア社会の伝統を背景としている。在地社会レベルでも同様である。中国の地方都市ごとに地誌が編集されている状況と同様の状況が日本近世にも生じていることは、恐らく間接的な関係が存在するものと予想している。

二　自己と家と社会集団——播州三木

さて、本節では、小都市の記憶を素材に、自己と家と都市全体の関係性について考える。(11)

この町の記憶は一六七七年（延宝五）に創造される。それまで、この町は土地税（地子）が免除されるという特権を有していたが、幕府による検地を契機に、この都市の特権が剥奪されそうになった。それを阻止するために幕府所在地である江戸に訴願を行った。その際に、羽柴秀吉が戦災復興のために一五八〇年（天正八）に立てた高札に土地税の免除が書かれているという伝統を創造した。秀吉高札を都市特権証拠文書として機能させたのである。都市特権証拠文書は、高札を中心として、関連する検地帳、頻繁に交代する領主から獲得した土地税免除証文（地子免許状）、江戸訴願の記録などが付け加わっていき、三〇点ほどの小さな文書群を形成した。

この都市特権維持の記憶を強化するために一七世紀末から一八世紀初めにかけて三つの記憶装置が設定された。一つ目は、存在証明文書保管庫である。これは一六九四年（元禄七）に建設され、のちに「宝蔵《ほうぞう》」と呼ばれた。保管庫のなかでは、特殊なデザインの箱（唐櫃）に高札を入れ、土地台帳や証文類は特別に堅牢な木箱に収められていた。二つ目は儀礼である。存在証明文書群を曝涼するために毎年定まった日に行われる儀礼（虫干し行事）が一七〇三年（元禄一六）に開始された。これは現在も続いている。三つ目はモニュメントである。一六七七年の江戸訴願に関する記念碑が一七〇七年（宝永四）に建設された。この記念碑には都市特権の過去の経緯が漢文で刻まれていた。

しかし、一八世紀後半になると、この記憶を都市住民は忘却する傾向にあった。それへの対応として、この町全体の代表者でもあり、末端行政の担当者でもある世襲の惣年寄十河与次右衛門は、一七九〇年（寛政二）から儀式を盛大化させ、まちの歴史を叙述するようになる。

歴史叙述の内容は、都市特権の由来と、特権を維持する訴願運動を中心に書かれており、まさにこの都市の記憶といえる。この叙述は完成されたその年の文書保管儀礼の日に宝蔵に献納され、その内容は儀礼の日に語られていた。記憶維持の三つの装置は相互に緊密に関連していた。

歴史叙述は、一七九〇年と一八二一年（文政四）の二度書かれている。この書き手本人の読書リスト[12]は、漢籍が少なく、軍記物語や仇討ち物語といった俗文学、それに心学書や一般信徒向けの仏書が多い。日本人は漢籍を中国語として読むのではなく、日本語として読む独特の解釈法（訓読のこと）を持っている。しかし、それを完璧に身につけている人は当時さほど多くはなかった。漢籍を読むのは高度なリテラシーを持つ人々であった。それに対して後者は日本語（漢字かな混じり文）で書かれており、基礎的なリテラシーで読書が可能であった。したがって、この読書リストからは、彼のリテラシーは余り高くないことが推定できる。また、全八九件のうち四九件は同じ町の住民や寺院・神社から借りた本であること、それとは別の中国を舞台にした軍記物二件が又借りであることは、読書ネットワークの存在を窺わせる。

一七九〇年の歴史叙述は、事実誤認が多く、一七〇七年の碑文の内容すら踏まえられていない。碑文は漢文で書かれていたから、書き手も一つ目の歴史叙述を書いた頃は漢文を読むことが不得手であった可能性がある。

しかし、その後次第にリテラシーと考証能力を高めていったと推測される。その結果、二つ目の歴史叙述は、都市特権証拠文書群をきちんと読んで書いていることが窺われ、時には注記を付けて史料を引用するなど、考証性という点で格段に進展した。

それと同時に、一七九〇年本では教訓色が強く、一八二一年本では軍記物語のような脚色が施されるという叙述スタイルの特徴がある。この両方の特徴は読書リストの内容と照応しているのではないか。こうしてみると、小都市内部の町人や寺院の図書貸借ネットワークを背景として、文書保管に基づいた歴史叙述が誕生したことがわかる。

こうした社会集団としての記憶は、そのなかの代表者がリテラシーを高めるという個人的な努力のうえに実現し、その個性が集団としての記憶の質と表現に反映したことを第一に押さえておきたい。

ただし、注意しなければならないのは、書き手が純粋に都市全体への奉仕として歴史を叙述したのではないということがある。一八二一年本では、特権証拠文書保管庫の鍵を今まで誰が持っていたのかという点で、事実と若干異なる叙述をしている。叙述は一七〇三年（元禄一六）以来彼の家が鍵を預かり続けていたとするが、実は一八〇七年（文化四）に一時的にせよ他家に預けなければならない事態に陥っていた。その背景には彼の家の経営難がある。すなわち、書き手（世襲の町役人）の家が一貫してまちの歴史の中心であり続けていたように叙述されている。社会集団の記憶のなかに自己の家の記憶を巧妙に織り込んでいると言える。

ところで、彼は数人の門人を持つ遠州萩原流生け花の師匠でもあった。[13]まちの記憶の充実のためにリテラシーを高めつつあった彼は、同時に他の文化的能力を高めていた。この事例はこの時期の民衆の文化的力量の高まりの一例といえる。[14]それに加えて、個々人の文化的努力自体が自己表現と捉えられるのではないか。近世後期の社会を生きる主体として自己を形成したといえる。

以上をまとめると次のようになる。個人の文化的主体形成の表現の一つが、文書保管儀礼の盛大化を伴う記憶の文字化＝歴史叙述であった。それは自己の所属する家の歴史的役割を確認する要素も含まれていた。ここには、個人としての能力の発揮が家と社会集団の継続に寄与されようとしている姿を確認することができる。現実には家の継続は難しかったのではあるが、本人の意図としては家の継続を希求しつつ都市全体にも貢献したことは確かである。

この事例は、一八世紀末から一九世紀前半と時期は遅いものの、社会集団の内にあって自己実現を計る場合の記憶のあり方―社会集団内部で記憶が完結している側面、つまり原基的な自己・家・集団の記憶のあり方である。

三　地方都市の記憶と巨大都市――近江八幡

この町でも、社会集団の記憶は古文書の保管とその編纂物に基づいて存在した。(15) この町は、西北西約五キロメートル離れたところに存在した先行都市安土の町人たちが移住して一五八五年（天正一三）に成立した。彼らは一五七七年（天正五）の安土時代にその時点の権力者（織田信長）から朱印状を下付された。これは日本の高校の歴史教科書にも登場する楽市令を含むものとして非常に有名なものである。江戸時代のこの町は、これをはじめとして、先行する二つの短期王朝（織田・豊臣のこと）が下付したものも含めて五通の文書を、労役（諸役）負担免除特権の証拠文書として大切に保管していた。そのなかには、後継する長期王朝の初代である徳川家康の朱印状（一六〇〇年（慶長五））が含まれていた。しかしそこには労役免除特権については記されていない。それにもかかわらずほかの朱印状四通と一括して証拠機能を持たせられた。ここでも記憶の創造が行われたといえる。

文書を見せると嘘がばれてしまうため、一九世紀前半の段階では、家康朱印状は畏れ多いものと観念された。神格化されたといってもよく、原本を社会集団外の人間に見せることがタブーとされた。そのためか、非常に特異な五重の保管容器に朱印状は保存され、その箱を有力な町人十数人の間で、一ヶ月交代で順番に保管していた。

それとは別に、労役負担免除をめぐる近隣村落などとの争論史料を含めて、都市に関する過去の情報を二二に分類して整理した文書集を一七二一年（享保六）に編集した。特権証拠文書五通の写は、この文書集の冒頭に第一分類として収録された。

一九世紀の初頭では記憶は住民運動という形でも発現した。一八二二年（文政五）に労役免除特権が幕府によって剝奪されそうになると、町役人たちは特権証拠文書である家康朱印状を幕府役人に見せようとする。それに対して一般町人層は反対集会を開く。そうした対立をはらみながらも、特権維持のため江戸へ訴願することとなった。これは社会集団としての行為である。

その過程で役立ったのは、町の訴願代表者（野田増兵衛）の弟（野田祥助）が江戸で槍術の師匠をしており、[16]その関係で武士に知人が多く、そのつてで裁定する幕府高官（道中奉行ほか）に工作を行ったことである。[17]時には賄賂（「光り物」という隠語で表現される）を使うこともあった。

また、江戸訴願団の一人が幕府高官への直訴、つまり街路を行く高官の行列に訴状を直接提出することを主張すると、祥助は反対して留めるという場面もあった。[18]これは事を荒立てないようにするためであるが、祥助は幕府への交渉をかなりコントロールしていたようである。このことから、祥助が江戸訴願運動に積極的に関与していたことがわかる。この行動は彼の自己実現の一つでもあったのではないかと推定される。江戸で武術の師匠をしていること自体が社会集団や家から離れた自己表現であるが、その一方、別の自己表現も行っていた。彼は二つの属性を持っていたのである。

さらに、この訴願が成功し特権維持が実現すると、そのことを近江八幡に知らせる書状には、「今回のことも良い結果が幕府高官から命ぜられ、この上ない大きな喜びです。近江八幡の皆様におかれましてはあまり鼻が高くならないようにお慎み下さい。」と記し、町民と連帯する感情が表出されている。[19] 彼も「まちの記憶」を共有していることが窺がえる。

さらにまた、祥助は野田家の存続も強烈に意識している。[20] しばしば、野田家が居住する近隣集団に対して、野田家が存続するように依頼している。家、近隣集団、小都市全体、支配者の存続と繁栄を一連なりのものとして希求している。社会集団の外に出てしまった人物でありながら、一節の事例と全く共通した意識構造が見えている。

以上から、自己表現と社会集団の一員としての価値観が矛盾なく共存していることがわかる。社会集団の繁栄が自己実現の一つでもあるともいえる。

しかし、それだけではない。彼は、江戸の家康信仰の流行を近江八幡に持ちこむ役割も果たした。一八二二年の特権維持訴願運動のなか、要求実現を祈願して江戸浅草東漸寺の神格化された徳川家康の肖像画（権現御影）を参詣する。要求が実現されると、御礼に参詣してから訴願団は近江八幡に帰る。この行為には、一八世紀以降盛んになった江戸の観光都市化が背景にある。江戸のなかに多数の観光スポットが成立し、江戸の住民もさることながら、訴願を初めとして様々な理由で江戸に仕事で来る人々は、その合間に江戸の観光スポットをめぐっていた。この町の江戸訴願団も訴願交渉の合間にこの寺院も含めてあちこちに見物に出かけている。

その後、東漸寺との関係は深まり、寺の改修のための寄付を近江八幡のなかで募る。また、家康を顕彰する行事を行う。これにより、町役人層と一般町民層との対立をはらみつつ、まちの記憶のなかで家康の比重が高くなるという現象が見られる。以上の過程では、東漸寺と近江八幡の仲介者の役割を祥助は果たしている。祥助は、住民運動が繰り返されるなかで、まちの記憶の変化にも大きく関与していた。

祥助が社会集団の外で自己実現をはかることが可能となった条件は、ここでは明らかに巨大都市江戸の存在である。彼は、武芸という特殊技能を生かして師匠という自立した職業を獲得した。これを可能とする条件は、武士という顧客が多数存在する江戸においてしかありえない。社会集団の外に自己実現の場を求めた成功者が、社会集団の記憶を共有し、その変化を促進する役割まで果たす。社会集団の記憶の担い手は内部者だけではなかった。このような記憶のあり方には、以下の三つの条件が必要になると思われる。

第一は、多様な人々が生業を得ることができる巨大都市が出現すること（一七世紀末以降）。第二は、出身地の記憶に影響を与える文化的要素を江戸から持ち込む状況になること。これは江戸が観光都市になることが必要であるので、一七世紀末以降ということになろうか。

第三は、多様な特殊技能により立身出世可能な環境ができる文化消費社会に江戸がなること。これは一八世紀後半以降である。武術だけではなく、あらゆる芸能が江戸では流行した。[21]この事例がたまたま槍術であっただけである。

次の事例は、政府による地誌編纂という最高級の考証行為が外部から入って初めて、記憶の材料となった一七世紀中葉の私的文書を紹介する。前節の巨大都市の文化消費社会との関係でまちの記憶が変化する事例と対照的に、政府の地誌編纂により光をあてられる記憶の例を提示する。

四　素材と記憶と幕府――川越

江戸から北西約四〇キロメートルに位置する地方城下町である川越でも、他の多くの都市と同じように何度も歴史叙述が書かれている。また、歴史叙述の材料となりうる一七世紀に書かれたものも存在している。ここでも材料と叙述の関係を瞥見する。

まず、「榎本弥左衛門覚書」を紹介する。(22) 彼は川越の本町に居住する塩商人であり、江戸で塩を仕入れ、川越城下町とその周辺地域で塩を販売するという商行為を中心としていた。江戸の伊勢町に仕入れの拠点も持っていた。川越城下町のなかでは最有力町人の一人で、一六六八年（寛文八）に川越藩主に拝謁することができる身分を獲得した。そうした人物が、子孫のために、生涯の回想録「三子之覚」、および商売関係回想録「万之覚」の二種類の覚書を書き残している。

この回想録全体の基調が、自らの家の子孫のための自分史叙述であることは間違いないので、これが書かれたことは家の記憶の形成といえる。本人の一生の間の多様なエピソードを全て子孫への教訓として理解することは可能ではある。しかし、若い頃の武勇伝的な部分は、教訓でありながらも、子孫に対する自慢話のようにも読むことができ、教訓にとどまらない自己表現を自ら文字で記したとも言える。書き手は生前の一六八〇年（延宝八）に、息子に見せる前に川越や江戸の町人四人に教訓部分を見せている。自分の死を意識して見せたと動機を明確に記す。他人に見せるという行為は、自分の家と重要な関係のある人物に対して家を継承していくことの認知を求めていると解釈できる。この四人は、江戸伊勢町の商人一人、川越の町人三人でいずれも本町居住ではない。自らが所属する地縁団体の人間には見せていないことがわかる。ちなみに、一六五〇年（慶安三）に弥左衛門と弟・伯父との不和の仲介に入った三人のうち、一人は江戸伊勢町の塩問屋。もう一人は弥左衛門の有力な融資元であることが確認できる。ここでも地縁団体の人間が確認できない。榎本弥左衛門にとって最も重要な社会関係は、地縁的な関係ではなく、取引先や同じ城下町の有力町人であったらしい。榎本家の上層町人としての特徴をよく表わしている。

川越という都市に関する記述もほとんどない。ひたすら、自己の人生および商売に関する記述に終始している。「三子之覚」では、健康の問題を長く抱えていたため、薬の記述が詳しい。「万之覚」では商売に関連して取引先の瀬戸内の塩田の詳細も記されている。また、塩や米の相場に影響する気候に関する記述が詳細で印象深い。本人の個性もあろうが、これらの記述が子孫のためになると考えたのであろう。(23)

書き手は自分の肖像画を作成した。この肖像画は、彼の死後榎本家の先祖祭祇の時に掲げられたという。(24) 回想録とともに家の中興の祖としてこの書き手は家の記憶の中心であり続けたと思われる。彼は、家の存続のために個性を発揮する人（＝商才・記録魔）であった。

その後、一八世紀半ば以降、川越ではいくつかの地誌（歴史叙述が含まれる）が書かれる。一七四九年（寛延二）頃に成立したとされる「川越素麵」および一七五三年（宝暦三）「多濃武の雁」(25) は川越藩士つまり武士身分の者が書いた。一八〇四年（文化元）「三芳野名勝図会」(26) は町人が書いた。これは絵を多数伴う形式のものである。この三つの共通点は、先の「榎本弥左衛門覚書」が参照された形跡がないという点である。一つ目のものは、「稲荷　本町」の項目に「南側裏宿の突当りにあり　此地榎本弥左衛門持分也」と出てくるだけである。二つ目のものには、榎本家は古い時代からの町人の第二グループ一七名の先頭に名前だけ出てくる。三つ目のものには、一六三〇年代の榎本家の家作をめぐって、家康の政治顧問である高位の僧侶（天海）が関係しているという話が出てくる。この僧侶が川越の最も大きな寺院である喜多院と関係が深いことは事実だが、榎本家に関わるエピソードは不確かな伝承でしかない。「榎本弥左衛門覚書」にも全く出てこない話である。以上のように、歴史叙述に「榎本弥左衛門覚書」が全く生かされていない。

ところが、一八三〇年（天保元）に、江戸幕府が組織を新設して編纂した江戸周辺地域の大規模な地誌（『新編武蔵風土記稿』）では、「榎本弥左衛門覚書」に言及する。(27) この幕府の地誌編纂部局による実地調査は、川越では一八一七年（文化一四）八月に行われている。(28) また、この「榎本弥左衛門覚書」の写本が旧幕府文書（国立公文書館内閣文庫一六六―〇一三四）のなかに現存し、地誌編纂部局の判が押してある。さらに、この編纂部局が収集した全国各地の古書の一部については解題が編集された。そのなかでも「榎本弥左衛門覚書」は解題を書くに値するものとして取り上げられている。(29) このように、一七世紀の個人と家の記憶は、幕府によって地誌の材料として認知された。

「榎本弥左衛門覚書」が現在収められている桐箱の蓋裏（表紙写真）には、「百年以上前の風俗や言葉を見るには十分であり、言葉を飾らない古い性格から当時を想像することができる。どうして愛護しないことがあろうか。虫害を逃れ将来の散逸を防ぐために新しい箱を作り、この文書を長く失わないようにしてほしい。」と書かれている。明らかに、榎本家の外部者、しかも身分的に榎本家よりも上位の身分の者が書いていることがわかる。(30) これは、一八一八年（文政元）五月に書かれた。幕府による調査の九か月後のことである。この箱書きと、現在の榎本家の伝承、それに幕府の地誌編纂調査の経緯を組み合わせると、幕府の調査が契機となって、「榎本弥左衛門覚書」のような雑然とした私的な覚書が、都市の記憶の材料として、川越藩士によっても認知されたのではないかと推測できる。

この事例の場合、都市の記憶の変化に大きな影響を与える可能性を持ったのは、幕府であった。(31) 当時、最高級の考証能力を備えた地誌編纂スタッフにより、「榎本弥左衛門覚書」は約一五〇年の時を超えて、記憶の材料として「発見」された。個人および家の記憶が、都市の記憶に高められる入口に立ったのである。

ところで、一九世紀前半の榎本家は経営不振に苦しんでいた。破産して、管財人のもとで経営再建が図られていた。債権者は川越城下町の町人を中心に何十人も存在していた。幕府や藩と結びつく特権的商人が衰退するという全国的動向の一例でもある。そうした状況のなか、榎本家の親類は、破産管財人が私腹を肥やしているのではないかという疑いを持ち、裁判を起こす。その内容はここでの主題ではない。興味深い点は、被告・原告共に、自己の主張の正当性の根拠を榎本家の存続に求めているという共通性である。(32)榎本家は一六世紀という江戸時代以前からの旧家であることが理由となって、極力存続させなければならない、というのが、川越城下町の町人たちの共通理解であったのではなかろうか。旧家を存続させていくということが、都市にとっての公共的な利益であると考えられていた可能性がある。これは、都市の記憶を構成する、あるいは表象するものは、文書や道具や石碑や古い建造物といった物体だけではなく、旧家の継続という状態も含まれていたと理解したい。その根拠の一つが、当時最高水準の学術的調査により「発見」された遠い過去の古文書の保持であったのではなかろうか。

おわりに

以上の三つの事例から、自己・家・都市全体の相互関係について整理すると以下の通りになる。

まず、原基的側面がある。歴史叙述としての記憶を分析すると、家・地縁集団・都市全体・統治者を貫いて繁栄と存続を希求する意識が、自己実現と矛盾なく接合していることがわかる。かつては、これを自己の共同体への埋没と否定的に捉えていたが、家や共同体のなかでも自己を実現している、あるいは家や共同体のなかでこそ自己を実現できると積極的に捉えることは、現代歴史学では既に共通の認識であろう。

次に、社会が記憶のあり方を大きく規定する側面がある。巨大都市の存在が地方都市の記憶のあり方を大きく改変する。共同体から離れた自己実現の成果を共同体に還元する人は、家・地縁団体・都市全体との連帯意識を持つ。それは原基的形態の直接の延長線上にあるが、さらにその行為が出身共同体の記憶のあり方に影響を与えることがあるという点が重要である。共同体の外の大きな社会の変化にのって自己を実現することにより、そのなかの文化的要素を出身共同体に媒介する。それによって、出身共同体の記憶は変化した。それはこの段階でのこの町が住民運動としての記憶を持っていたことも条件の一つであろう。

最後に、政府が記憶のあり方に大きく影響を与える可能性もある。それは、記憶が高度な文字操作を伴う場合に顕著である。精緻な実証主義の発達が都市記憶の材料に新たなものを加えることができるばかりでなく、文書は旧家継続という状態としての記憶の根拠にもなりうる。人と家の記憶が都市の記憶に開かれたといえる。

注

（1）奈倉哲三「商人的『家』イデオロギーの形成と構造——榎本弥左衛門『覚書』を中心に」（『日本史研究』二〇九、一九八〇年）。

（2）頂点思想家ではない被支配身分を事例とした分析としては、若尾政希「『書物の思想史』研究序説——近世の一上層農民の思想形成と書物」（『一橋論叢』一三四—四、二〇〇五年）。

（3）同「江戸時代前期の社会と文化」（『岩波講座日本歴史一一　近世二』岩波書店、二〇一四年）。

（4）深谷克己『近世人の研究——江戸時代の日記に見る人間像』（名著刊行会、二〇〇三年）。

（5）藪田貫「商家と女性――河内在方商家西谷家を事例に」（藪田貫・柳谷慶子編『〈江戸〉の人と身分四　身分のなかの女性』吉川弘文館、二〇一〇年）。

（6）大橋幸泰「異端と属性――キリシタンと「切支丹」の認識論」（『歴史学研究』九一二、二〇一三年）、同著『潜伏キリシタン――江戸時代の禁教政策と民衆』（講談社、二〇一四年）。

（7）堀新「「家康神話」の形成と幕藩体制の成立」（『新編千代田区史』一九九八年）、岡野友彦『家康はなぜ江戸を選んだのか』（教育出版、一九九九年）。

（8）山本英二「地域と宗教者――風林火山の記憶と由緒」（青柳周一・高埜利彦・西田かほる編『近世の宗教と社会一　地域のひろがりと宗教』吉川弘文館、二〇〇八年）。

（9）白井哲哉『日本近世地誌編纂史研究』（思文閣出版、二〇〇四年）、岩橋清美『近世日本の歴史意識と情報空間』（名著出版、二〇一〇年）。

（10）前掲注9白井著書。

（11）本節は以下の拙文による。渡辺浩一『まちの記憶――播州三木町の歴史叙述』（清文堂、二〇〇四年）、渡辺浩一『日本近世都市の文書と記憶』（勉誠出版、二〇一四年）一・五章。本稿では、歴史叙述の著者について新たな知見を加える。

（12）「諸積僶読覚」（「播州三木町宝蔵保管文書」一三二八、国文学研究資料館歴史資料紙焼本F九三〇二）。全八九件のうち一九件の図書に何らかのコメントが付されていること、五一件の図書には貸し手と思われる人名略称もしくは寺院名が付記されていることから蔵書目録ではなく読書リストと判断した。この読書リストに作成者名はないが、記載されている年代、及び二つの部分が同筆跡と見られることから歴史叙述の著者である十河与次右衛門のものと判断する。このリストは二つの部分に分かれる。一つは一七八六年（天明六）頃（与次右衛門家督相続前）のもので、全部で三四件、漢籍は「四書」「小学」の二件のみで、「民家分量記」のような教訓書も含まれるが、「源平盛衰記」「三国志」といった日本や中国の軍記物が多い。借りたことが明白な五件は全て軍記である。後半の一七九六年（寛政八）頃（寛政元年頃の家督相続後、一つ目の歴史叙述執筆後）の読書リストが全部で五五件、引き続き軍記物も多いが、「正源明義抄」（源空・親鸞の一代記）といった寺院から借りた仏教関係書籍が目立つようになる。特に自らが氏子惣代を勤める大宮八幡宮の別当寺院に附属する理趣院からは「弘法大師行状記」をはじめとする一二件の書籍を借りて読んだようである。真言宗関係の仏書（「孝養集巻」など）が多いようであるが、狂歌集も含まれる。晴龍寺からは六件借りており、浄土真宗・浄土宗の仏書のほか説話集や「伊勢物語」も含まれ、寺院の図書館的機能を窺わせる。

(13) 宝蔵文書一三二六。この背景には明和年間（一七六四〜一七七二）に、生け花の同じ流派の創始者（萩原流〈挿花〉始祖萩原愛信）の直弟（余語是恭）が統治者（館林藩）の役人として三木に在任中、花道をひろめたことが考えられる（『三木市史』二二一頁）。

(14) 青木美智男『日本の歴史　別巻　日本文化の原型　近世庶民生活史』（小学館、二〇〇九年）。

(15) 以下の記述は、渡辺浩一『日本近世都市の文書と記憶』（前掲注7）七・八・九章に基づく。今回は、江戸在住の関係者について新たに調べてみた。

(16) 野田祥助については、彼が書いた書状が四〇通ほど現存しているほか、野田家の系図（野田屋長兵衛家文書一―三七「家系略」）に「江戸浜丁矢ノ倉御旗本田中実五郎殿地内住居、鎗術師範」とあり旗本屋敷内に居住し槍術師範をしていたことがわかるだけで、江戸でどのような立場にいたのかは不明である。書状から判明する断片的な事実は以下の通り。旗本身分の弟子が江戸城内（植溜）で若年寄・徒目付による槍術見分を受けた際に相手になっており、徒目付に身分を聞かれたことを若年寄の目に留まったと受け止めて喜んでいる（野田屋長兵衛家文書二―二六）。旗本の名は松坂恕吉という。彼の祖父則信は一七八九年（寛政元）に蔵奉行を勤め、寛政八年（一七九六）に家を継いだ時点で五〇歳、俸禄米二〇〇俵であった（『寛政重修諸家譜』二二、二二四頁）。）祥介は歴とした旗本の子弟を弟子にしていた。近江八幡の訴願運動関係者は「祥介先生」と書状のなかで記す（野田屋長兵衛家文書二―五一）。なお、一八〇四年（文化元）に町人が武芸を稽古することを禁じた江戸町触があり、そこで描かれている師匠は「屋敷家来」つまり大名・旗本の家臣であることも参考として挙げておく（『江戸町触集成』一一二八八）。

(17) 野田屋長兵衛家文書二―五一。

(18) 文政五年一〇月六日、「市田江戸日記」（滋賀大学経済学部附属史料館）。

(19) 野田屋長兵衛家文書二―二〇。

(20) 同前、二―一八。

(21)　一八〇三〜一八一八年には、唄・浄瑠璃・生け花・書画の宣伝チラシを印刷頒布することを禁じている町触が五回繰り返し出されている（『江戸町触集成』一一五九・一一三一八・一一五九六・一一七六八・一一七八八）。木版印刷という大量複製技術を用いてまで文化を販売するようになっていると解釈できるため、「文化消費」と表現してみた。

(22)　大野瑞男校注『榎本弥左衛門覚書――近世初期商人の記録』（平凡社、二〇〇一年）。原本は川越市立博物館寄託。

(23)　原本の物理的特徴は後世の利用を示唆する。①「三子之覚」よりも「万之覚」の方が劣化が激しい。②「万之覚」には付箋が多数付いており、かつ翻刻でもわかることだが「塩」「金」といった小見出しが存在する。②は検索の便が計られたことを示唆し、その通りによく利用されたため、劣化が激しいと考えるのは推測が過ぎるであろうか。

(24)　前掲注1奈倉論文。

(25)　「川越素麵」は『埼玉県史　資料編一〇　近世一　地誌』（埼玉県、一九七九年）、「多濃武の雁」は『埼玉叢書』二（埼玉県史編纂事務所、一九二九年）。

(26)　『埼玉叢書』一（一九二九年）。

(27)　『大日本地誌大系　新編武蔵風土記稿』八（雄山閣、一九三二年）二二九頁。もっとも、ここでの記述は榎本家の先祖が修験であったことと、一七世紀前半のことを記した覚書が存在することだけが書かれている。覚書の豊富な内容が利用されているわけではない。

(28)　白井哲哉『日本近世地誌編纂史研究』（思文閣出版、二〇〇四年）一九一頁。これは幕府の地誌調所による直接調査であり、川越藩を介した調査ではない。

(29)　『新脩地誌備用典籍解題』三（東京大学出版会、一九七四年）一三八頁。もっともこの『解題』では記載の仕方が整っていないため評価は低い。ここでは『解題』に載せられたことそれ自体を評価している。

(30)　榎本家の伝承では、藩主が通覧し藩士に箱書きを記させたという（『榎本弥左衛門覚書』解題）。

(31)　前掲注28白井著書から示唆を得た。

(32)　『川越市史　史料編　近世』二（川越市、一九七七年）二四一、六九〇頁。

［追記］　本稿校了後、倉地克直『「生きること」の歴史学――徳川日本のくらしとこころ』（敬文舎、二〇一五年）に接した。その第三講では家を維持していくなかでの自己実現が、第五講では日記の語りについて、それぞれ述べられており、本稿のみならず本書全体とも関わる論点に満ちている。序章や本章の本文で言及できなかったのは、ひたすら渡辺の能力不足によるものである。もっとも、本章では自己実現を家のみならず個別町や都市全体の維持のなかでも位置づけている点、日記だけでなく多様な語りも対象としている点で倉地著書と異なる部分はある。

第六章　イングランド地方中核都市における自己の構築と都市民意識の構築

——一六六〇年から一八〇〇年まで

ローズマリー・スウィート
（加太康孝訳）

はじめに

近世、そして特に一七～一八世紀という時期は、イギリス（British）社会の中で個人主義の感覚がより強固に現れたこととたびたび関連づけられてきた。資本主義経済の発達、個人が神に対して取り結ぶ関係や精神における内省を重視するプロテスタンティズムの影響、人間の意識を理解することに関してロック（[John] Locke）が示したモデル、こういったもの全てが、個々人の行為主体としての（subject-hood）意識の高まり、およびそれに関連した集団・集合アイデンティティの衰えと結び付けられてきたのである。[1] この、イギリスで勃興した個人主義の意識は、一つには自己語りを行う文書（ego-document）の拡がりという形で表れたと論じられている。個人による日記や回想録、自叙伝の急速な拡大は一七世紀にその起源を辿ることができるが、これは読み書き能力の向上だけでは説明が付かないものである。確かに読み書きの機会は増えたのかもしれないが、自伝的文書というジャンルは個人主義の感覚がより強くなったことを示す強力な証拠であるだけではない。自伝を書くという過程の中で、より強固な個人のアイデンティティが構築されもしたのだ。マシュー（[Michael] Mascuch）の述べるところでは、著者（author）として作用する自己は、活動主体（actor）として作用する自己となるのである。(2)

より広く見ると、西欧の歴史叙述においては次のような主張が為されてきた。すなわち、カトリックにおける聖徒の交わり、中世ギルドにおける連帯、拡大家族と親族とによるネットワークといったものは、合理的で実利的（utilitarian）な人間関係を持つ社会に最終的には取って代わられたのであり、それはヴェーバー（[Max] Weber）の分析によれば世俗化、近代化、産業化の帰結であった。近代社会における市民意識（citizenship）は集団的アイデンティティや共同体での義務に基づくものではなく、個人の権利と責任という意識を基にするものであった。これらの変化と軌を一にして、それ以前の社会をまとめていたとされる親族関係・仲間関係の広がりによる緩やかなつながりではなく、より厳密に輪郭の定まった核家族への推移が見られるということも歴史家によって確認されている。(3) このような諸々の変化は特に都市と関連付けられてきたが、その理由は明らかである。まず、資本主義は都市経済を初期の段階から支配していた。また、読み書き能力の相対的な高さによって新しい考え方が普及しやすく、個人のアイデンティティも明確なものとなりやすかった。そして人口集中と高い流動性とによって、維持の困難な個人間の関係を国家構造・組織が代替するような社会が生じた。これがテンニース（[Ferdinand] Tönnies）、ヴェーバー、デュルケーム（[Émile] Durkheim）によって最初に提唱された、「ゲマインシャフト」から「ゲゼルシャフト」への移行を解釈するうえでのモデルである。そしてこのモデルは、歴史家が都市社会の社会的変化について理解するうえで、また個人や集団のアイデンティティの問題に取り組み理解するうえで、相当の

影響力を及ぼしてきたのである。(4)

しかしその一方で、共同体による集団的アイデンティティから近代的個人主義や都市のアノミーへと至る単線的発展を認めるウィッグ（Whig）的進歩史観のモデルから離れるならば、些か異なる見取り図に辿り着くこととなる。そしてその見取り図はより込み入っていて興味深いものだ。近世イギリスについての最近の歴史叙述においては、それまで為されてきた想定に複雑な要素や微妙な意味合いを加えることに成功してきている。そして、社会における個人主義の出現は、図式的なモデルによって示されてきたものよりはるかに輪郭の曖昧なものだったということが示されたのである。特に、歴史家たちは家族や親族、仲間関係によるネットワーク、そして個人のアイデンティティと同様に集団アイデンティティの重要性にもより多くの注意を払ってきた。例えば、一八世紀イングランドにおける中流層（middling sort）のアソシエーション活動を分析したジョナサン・バリー（Jonathan Barry）は、都市社会において集団アイデンティティが継続的に重要性を持っていたことを示した。都市社会をまとめ、共同体において自らの居場所だという感覚を形成していた無数の法人やアソシエーション、クラブを下支えしていたのは、市民社会のブルジョア個人主義ではなく、この集団アイデンティティだったのである。(5) また、家庭というものが、生産する経済単位として、そして家族ネットワークの役割を持つものとして引き続き重要だったということを、バリーをはじめとする多くの歴史家たちは強調した。例えば、ロンドン（London）、リーズ（Leeds）、ハル（Hull）といった商人コミュニティーの研究では、事業ネットワーク内部において家族間の縁故が持っていた意義の大きさに重点が置かれている。(6) こういった主張を最も強力に行ったのはリチャード・グラスビー（Richard Grassby）で、彼は一五八〇年から一七四〇年にかけての二万八〇〇〇人の実業家たちについての徹底的な分析に着手した。このグラスビーの研究によって分かったのは、仕事を共にする相手の約半数は身近な家族や親類であり、その期間の終盤になってもこういった傾向は全く衰えなかったということだった。(7) 資本主義は家族単位に基づくものであり、家族・親族的紐帯の重要性を損なうような影響は何ら与えなかったのである。従来資本主義の台頭と関連付けられてきた個人主義の勝利というものは、グラスビーの主張によれば、「根本的に親族構造内部での個々の家庭の勝利であった」（強調は本稿筆者）。(8) 小売商人も実業家もジェントリも同様に、単なる利益蓄積のためではなく、彼らの家族やその次世代を養おうという動機で働いていた。そして、親族に補助や支援を頼ることができたのだった。(9) 同じようにデイヴィッド・クレッシー（David Cressy）は、親族関係の広範なネットワークが引き続き重要性を持ち、また意識されていたと論じた。このネットワークは日常的に頼りにされていたわけではないが、必要に応じて精神的、金銭的な支援を引き出せる一種の「積立金としての」「準備金勘定（reserve account）」としての役割を果たしたのだった。(10)

ナオミ・タッドモア（Naomi Tadmor）は異なる手法によって、現代の歴史家による一八世紀のテクストの読み方に疑義を呈した。こういった歴史家たちは、自己語りを行う文書や小説といったテクストで仲間関係や家族関係について用いられる言葉遣いは、二〇世紀と同じものだという前提に立っていた。これに対してタッドモアは小説や一八世紀のサセックスの小売店主、トマス・ターナー（Thomas Turner）の日記を分析し、当時の家族（family）、姉妹（sister）、兄弟（brother）などを初めとした用語、すなわち今日の歴史家が核家族と関連づけてきた言葉が、実際には一貫性を欠いて曖昧に用いられていたことを説得力をもって明らかにした。(11) 家族というものは、内向きな「緊密で境界の定まった」核としてのまとまりを示してはいない。むしろそれは、使用人や徒弟など、その家庭に生活を頼っている人々が子供たちと同じように家庭に加わったりそこから離れたりするにつれて拡大したり収縮したりするような柔軟な枠組みであった。ターナーのような者たちは、言葉の微妙な色合いによって親族とよその者とを区別し、そして親族関係の親疎をも示すことができたのだった。さらにタッドモアの述べるところでは、より平等主義的で契約に基づくとされている中流階級の核家族の人間関係の内部であっても、家系や長子相続を重んじる階層的な価値観が永続し、記念されたのであった。ターナーが自己の構築、そして社会的地位の構築を行う上での枠組みは、いかなる貴族階級の者たちとも変わらぬくらい、自身の家系を意識することによって形作られていたのである。ターナーのもののように質の良い状態で残っている一八世紀都市の日記はほとんど存在しないが、それ以外のものから親族やその結び付きについての意識を見出すことは可能である。記録されている重要な出来事の中には、家族の誕生や死亡、結婚が含まれることが多い。日記は重要な出来事を記録するために用いられたが、それは家族の関係を記憶に残しておく手段でもあった。(12)

本稿では、一七・一八世紀イングランドの地方中核都市社会での都市民共同体における個人意識と集団意識との関係性に焦点を当てていきたい。代々継承されてきた権利や責任についての集団的記憶は記念行為を通じて永続化され、この集団的記憶によって都市民アイデンティティは強固に抱かれ、保たれた。しかし本稿ではとりわけ、都市の年代記（chronicle）や歴史記述の伝統のなかで明確に表れる個人の記憶と集団の記憶との相互作用、個人のアイデンティティと集団のアイデンティティとの相互作用に焦点を当てることとする。

一　法人都市における都市民共同体

最初に、この時期の地方中核都市社会に関するいくつかの背景を提示しておきたい。ロンドンは一八世紀の始まりにおいて五〇万人を越える人口を備えたヨーロッパで最大の都市であり、急速に成長を続けていた。しかしながら、イギリスの地方中核都市はずっと小規模のものだったのである。各地域に相当規模の中心都市がいくつもあったフランスと異なり、イギリスではロンドンがそれに続く大きさの地方都市と比べて一〇倍以上の規模を持っていたのである。一六七〇年にはロンドンに続く大きさの都市はブリストルとノリッジであり、各々だいたい二万人の住民がいた。そしてさらに二〇くらいの都市が続き、五〇〇〇から一万二〇〇〇くらいの人口を誇っていた。とはいえこういった数字はデータの信頼性が低いため、暫定的な性質の濃いものである。一八世紀を通じて都市の成長は著しいものがあった。それはロンドンだけでなく、地方においてもである。ロンドンは世紀半ばには六七万五〇〇〇人にまで拡大し、一八〇一年に行われた最初の国勢調査の時点では約一〇〇万人に達していたが、他方で地方都市も成長を示していた。一七五〇年の時点でブリストルは五万、ノリッジは三万六〇〇〇の人口を有し、一八〇一年には人口二万人を越える都市は（一六七〇年にはノリッジとブリストルだけだったのに）少なくとも一七あった。(13)

本稿で主に扱いたいのは、こういった都市の中の下位カテゴリーの一つ、すなわち法人都市（incorporated town）である。これらは法人格を附与する特許状を与えられた都市である。特許状は王権から法人組織、すなわち都市自治体（the corporation）に権限を委譲し、都市自治体は共同体全体の公益のために統治を行い、また不動産などの富を持つことができた。都市自治体は周辺の地主の権力からは独立しており、経済的、政治的な特権を有した。例えば、場代を徴収されずに市を開く権利やイギリス議会の下院（Parliament）に議員を選出する権利などである。一七世紀には、大きめの都市の大半は法人格を与えられていた。初期の都市の繁栄には、法人格に伴う経済的、商業的な特権は不可欠なものだったのである。一七世紀の後半から一八世紀にかけては、こうした伝統的な経済構造や経済的規制は崩れていき、バーミンガムなどのような、法人格を与えられることのなかった都市が目立つようになっていった。しかしながらそういった都市とは異なり、都市自治体における都市民の共同体は、個人・集団のアイデンティティやそれらを維持するうえでの記憶の役割といった問題を追究する際で、とりわけ得るところの大きい題材を提供してくれるのである。

こうした問題について検討するうえでまず、誰が都市民共同体あるいは法人都市共同体に属していたのかを明らかにせねばならない。それは、いかなる意味においても住民の全体と一致するものではなかった。法人格を与えられたバラ（borough［市］）には、どれを取っても同一のものなど全くなかったが、大半の都市においては、都市の享有する市民特権（freedom）を引き請けた成人男性の自由所有権保有者（householder）がいた（市民特権は世襲によって相続したり、徒弟修行を通じて獲得したり、あるいは買い受けたりすることができた）。自由市民（freeman）は、税金を徴収されない自由交易権や、都市の選挙や議会の選挙における投票権、都市の役職に就く権利を持っており、そして都市のチャリティーを享受し、また都市自治体に属する共有地の利用資格を持っていた。都市の中には、女性が市民特権やそれに関連する諸特権を相続し、それらを夫に授けることができるものもあったし、女性を成員と認めていたギルドはいくつもあった。しかし一般的には、都市民共同体において女性は主として受動的な成員であった。都市の儀式や式典に参加したり、あるいは都市のチャリティーを享受したりすることはあったかもしれないが、女性たちが都市民共同体にアイデンティティを抱く場合、それは何よりもまず男性家族を通じて経験されるものであった。(14) 都市民共同体の内部では、都市自治体の行政機関の一員として都市の役職を持つエリート集団がほとんど常に存在した。この都市エリートは寡頭制で、自選によって、あるいは都市の自由市民によって役職に選出された。エリートたちは役職に伴って何らかの諸特権そして社会的地位を有していたが、他方で公益のための責務をも負っていた。(15) 都市民共同体の一員というのは、自動的になれるものではなく、市職に就いている者たち、社会的政治的エリート集団を構成している者たちにとっては自己のアイデンティティを構築するうえでとても意義深いものであった。だが同様に重要なのは、市職に就いた者たちの中には共同体の幅広い人々が含まれることもあったし、市民特権は相当の価値を持ち、同様に幅広く分配されることもあったということである。(16)

二　集合的記憶の維持構築

都市の統治エリートを構成する一員であるということによって、そういった各個人は長い伝統の一部を担っているという感覚、そして記念と記憶とを彼らの時代から次の世代へと受け継いでいく責任を担っているという感覚を強く与えられていた。全ての者が同じ信念を持って義務を引き請けていたわけではなかったが、多くの人々にとって都市民共同体の一員であること、そしてそれに伴う特権や義務は、強力に感じられるようなものだったということは明らかである。(17)良き統治そして「公共の福利」の維持は、歴史的先例の遵守と過去への敬意とに専ら頼むところありとされていたのである。単なる人間と異なり、法人というものは永続する団体である。その構成員は置き換えられるかもしれないが、王室からの命令や議会の法律によって解散させられることがなければ、法人が死することはない。まさにこの永続性こそが、絶え間なく変化、変動にさらされる社会における連続性の象徴として、そして継承されてきた情報を収めておく場所として、法人団体を殊に重要なものとしたのであった。さらに、まさにその法人の年齢が自尊心における重大な問題となった。設立の古さは優越性を主張する手段であり、市長や役人の血統は、この時期に同じく作り上げられていた地主階級（landed gentry）の血統と同様の役割を演じたのである。市庁舎（town hall）には都市エリートの肖像画が架かっており、それはちょうどカントリー・ハウスの廊下に先祖の肖像画が一続き陳列されていたのと同じだった。[18] 記憶の重要性と都市民共同体の持つ過去の意識は、年周期で行われる儀式や、新市長の宣誓就任式典や特許状が与えられた記念日などの日に行われる式典に反映されていた。これらの儀式や式典によって、参加者や観客は自分たちが属する伝統について、そして継承されてきた権利や特権についての思いを新たにしたのである。[19] 聖体の祝日や聖霊降臨日といった、宗教に端を発した都市の儀式は一七世紀には概ね姿を消したが、これらとは異なり、都市民の生活の儀式は一八世紀を通じて、またさらにその先まで続いた。より実践的な面を見ると、これらの儀式には入念な規定が設けられて都市の記録に保管され、特定の役職を持つ人々だけが鍵を持っている重くて頑丈な収納箱に入れられることも多かった。[20]

良き統治や都市の福利のために過去を記念することの重要性は、都市法人の利益のために好んで歴史書を編纂する傾向にとても明確に表れており、この傾向は一六世紀末以降、数多くの都市において見出すことができる。これらの歴史書は事実上、共同体に益する集合記憶の構築・維持という営為の実践に当たるものであり、その共同体の過去、現在、未来に対して責任を有しているという自身の感覚に動機づけられた個々人が引き請けたものであった。例えば、イースト・アングリア地方（East Anglia）で最も重要な沿岸港であるノーフォーク（Norfolk）のグレート・ヤーマス（Great Yarmouth）では、トマス・ダメイ（Thomas Damet）という市書記官（town clerk）が、「グレート・ヤーマス――其の礎と故事の書（Great Yarmouth: the Booke of the Foundation and Antiquitye of the saide Towne）」と名付けた歴史書の編纂を行っている。この作業は一六世紀後半か一七世紀前半に、「此等の物が、今在る此の都市の全てを記念し、今後前記都市の地位維持の備えなるがため在り続けんと望む意図を持って」、授けられた「自由と特権と」善行とを思い出させるものとして行われたものであった。[21] ひと世代後になると、また別の市書記官であるヘンリー・マンシップ（Henry Manship）が「グレート・ヤーマスの歴史（The History of Great Yarmouth）」を一六一九年に編んでいる。(22) マンシップの説明によれば、この作業に従事した動機は「来たるべき後の世代、とりわけ市会組織に選出される人々が、いかに物事が移り行ったかを知っていられるように、また無知の状態に置かれることのないように（今日に至るまで、こういった人々が何も知らないままでいることで都市全体に言いようのない損失を与えてしまったが）」というものであった。(23)

これらの試みは、認知されずに勝手に行われたものではない。どちらの収集物も法人の記録の中で保管され、マンシップはこの尽力を認められて五〇ポンドの報酬を得ている。同様の待遇がナサニエル・ベーコン（Nathaniel Bacon）という、「イプスウィッチ年代記（Annals of Ipswich）」の著者に与えられている。これはイプスウィッチの都市自治体が活用するために一七世紀後半に編纂されたものであった。マンシップやダメイと同様、ベーコンもまた都市エリートの一員であった。彼はイプスウィッチの市書記官にして鍵役人（claviger）であり、一六五四年、一六五八年、一六六〇年のイギリス議会選出議員であった。彼の説明によれば、「年代記」に取り掛かったのは、「統治の本質」を認識している者がおらず、「其れが故に古来の仕来りを正確に遵守することの出来る者が無い」ことを認識するに至ったためであった。良き統治と公益とが永続するためには、先の人々の行動を思い返しまた参照するべきだ、と彼は忠告する。ベーコンや彼のような人々にとって、共同体の都市生活へ十全に参加できているかといったことは、先人たちの行為を記念することにかかっていた。さらには、都市民の義務の中にはこのような情報を後継の人々に受け継ぐということも含まれており、そうして「此の書が精読される事で、此の都市の統治を気に懸ける者らは先人達が何を行ってきたか、そしてどの様な点で失敗したのかを理解し、其の事でより公正にして平和な政体に拠る更に申し分ない統治が見出され」るだろう、と考えられていたのである。(24)

三　都市の記憶を書き継ぐ

一六〜一八世紀を通じて（都市のアーカイヴに所蔵されているのではなく）都市共同体で流通したり個人が所有したりしていた年代記や都市の歴史についての写本を探れば、記憶、都市法人共同体、そして個人の間の関係性について、さらなる証拠を見出すことができる。それらは多くの場合、二人以上の手によるものだった。その写しは注釈を施され、あるいは次の世代に伝えられて最新の情報を与えられた。このことが示しているのは、これらが単なる記録にとどまらず、意識的に行われた記念行為を表すものであったということである。チェスターに残存する年代記のほぼ半数は二人以上の手によって書き継がれたものだ。(25) 都市エリートの中での限定的な流通ではあったが、これを享受していたものは少なくなかったようだ。同一の基本的な歴史についての複数の写しがいくつもの都市に残っており、それらの都市では明らかに個人が市職に就く際に複写を依頼している。例えばチェスターでは、三七の別々の年代記あるいは歴史収集物が同一のものと認められ、コヴェントリーでは少なくともそういったものが一四あった。(26) 失われているものはより多い。例えば一八世紀レスターの歴史家は、都市エリートの所有物として知られていた数多くの異なる版を参照していたが、これらのうち二一世紀まで伝わっているものは無い。(27) 一六世紀末までには年代記の体裁を取った歴史書は少なくとも三〇の異なる都市に存在し、一七世紀を通じて一八世紀に入るまで、これらに加わったり新しい写しが作られたりしたと推定されている。(28) 都市エリートの成員たちは、これらの記録を公的責任というより個人的理由から所有し続け、一族の私文書の中で保管し、後世に伝えた。これは個人のアイデンティティと集団アイデンティティとの間に明確な差異が無かったことの証左であり、この時期の都市社会において特徴的だったものである。(29)

こうした都市の年代記は、近代的な意味での歴史ではなかった。何らかの解釈を説明したり、強いたりするものではなく、むしろ出来事の年代的な記録であり覚書であって、都市民共同体にとっての重要な物事の記録だったのである。歴史相対性といった感覚は全くない。むしろこれらの年代記において、過去の時間は現在から連続したつながりの一部であった。都市の歴史が重要であったのは、単に先例を辿るために用いることができたということによるものではなく、その歴史が連続性と伝統とを表し、都市民たちの共有された目的感覚を象徴するものだったからであった。しかしながら、年代記は本質的に出来事を年代順に列挙した記述から成るものであったにもかかわらず、それでもなおかなりのばらつきの余地があった。ある年代記においてはその題材となる出来事は君主の統治期間によって分けられた一方で、あるものにおいては扱う題材をその都市の毎年の文脈において記録する場合もあった。都市自治体の活動に重点を置いたものもあれば、より一般的な関心事についても同様に記録したものもあった。(30)市の役職名には都市行政の性質やその都市法人のアイデンティティ、その都市の公職の連続性が反映されており、その他のいかなる権限からもその都市民組織が独立していることが象徴されていた。都市民の特典や特許状といったものは、市民たちが自らの努力によって勝ち取った共有財産であり、後背地の農村からだけでなく、より特権の少ない都市の住民たちからも自分たちを区別している諸特権が、言葉で記されているものであった。このことは、都市生活が明白に移ろいやすい性質を有していたことを考えれば、よりいっそう重要である。都市での生活においては、高水準の流動性や移民、死亡率の高さによって作り出された流動型・移動型の社会の中で、都市社会が自らを支えるために過去の感覚が求められたのである。

年代記型の歴史書として最も印象的なものの一つはブリストルにあり、そこには二〇を超える年代記が残っている。これらはまず一九世紀前半、ブリストルの学校教師であり郷土史家であったサミュエル・セイヤー（Samuel

Seyer）が、都市史を自身で書く準備をしていた際に、細大漏らさず一覧にした。[31] この時期においてもセイヤーは、一世紀前にはより多く、おそらく四〇あるいは五〇もの写しが流通していたことを認識していた。セイヤーはそれらの写しを分析し、各々の関係を明らかにすることによって、一七世紀に編集されその後一七～一八世紀にわたって複製され、分配され、さまざまな異なる手によって修正を施され拡張された年代記の「元の」手稿が何だったかを特定しようとした。都市民エリートに加わるための選挙が行われる時点において、年代記や年代誌の写しが入手されたり、あるいは加えられたりすることが多かったのは明らかである。例えばブリストルのアーサー・テイラー（Arthur Taylor）は、「私が一七一五年九月三〇日、市会議員に選ばれた際に、その時の議員名録を」、市長の人名録と共に彼が所有していた版の年代記に加えた。また別の一九世紀の歴史家、ジョン・ラティマー（John Latimer）は、テイラーの持っていた年代記が、一七世紀後半に都市の剣持ちによって複写され、[32] 一八世紀になって異なる者の手によって継承された諸版のうちの一つだということを書き留めている。[33] 都市自治体や都市民生活に関する物事を重点的に取り扱っていることに加えて、ブリストルの残存する年代記や歴史書が持つ顕著な特徴の一つとして、チャリティーの伝統に重点を置いて強調していることが挙げられる。これはチャリティー活動の寄付金とその寄贈者との一覧に表れている。[34] こうした目録・人名録によって遺贈が忘却の彼方へ消えてしまうことが防がれるだけでなく、都市民共同体を下支えしていた慈善、友愛の精神が思い起こされることにもなった。都市自治体においてこうした寄贈は自由市民やその家族に限定されることがとても多かったが、この事実に照らせばチャリティーを施すことも享受することも、より大きな共同体の成員としての役割を実行に移す手段の一つだったということになる。このように、チャリティーにおける寄付金の目録というものは、こうした共同体の一員であることを言葉で書かれた永続的な形で表現するものであり、故人となった寄贈者の記憶が永続化され一種の死後の生を授けられるよう請け合うものだったのである。

これまで見てきたように、手書きによる年代記や年代誌は一八世紀に入り、新聞が出現し印刷物が広範に入手できるようになった後も続いた。確かに、個々人は年代記を更新する際の情報源として新聞をしばしば用いていたことは明らかだし、都市史の中には余白のページを設けて出版され、所有者が購入後に自身の年代誌を続けられるようにしてあるものもあった。ノリッジのとある手書きの歴史書が辿った運命は、都市民の年代記を維持しようという取り組みが続いていたことの証左である。[35] 一七五五年、その歴史書は都市法人の一員であったトマス・ジョンソン（Thomas Johnson）の所有するところであった。彼の主張によれば、これはある写しからベンジャミン・ノッブズ（Benjamin Nobbs）なる教区書記の手によってさらに複写されたものであった。ノッブズはこれを都市民エリートのまた別の一員であるフロマンティール判事（Justice Fromanteel）の手に譲り渡していたが、フロマンティールは「悪筆であった」ため、彼はそれをジョンソンが完成させるという条件でジョンソンに手渡し、ジョンソンは「いくつかの異なる筆跡を見れば分かるように、友人たちの助力を得て完成させた」のだった。ノリッジを発った後、ジョンソンはそれを市書記官のエリシャ・ド・ヘイグ（Elisha de Hague）に譲った。ド・ヘイグは一八世紀以降の都市の性質についての題材を多く加えた。ジョンソンやド・ヘイグのような都市エリートの成員たちにとって、一八世紀になってもなおこうした年代記の複写を所有することが大きな重要性を持ったことは明らかである。これらの年代記・年代誌は、ある意味では都市民としての自己による「自己語りを行う文書」と見ることもできるのである。

四　自己語りを行う文書

日記や回想録、自叙伝などといった、年代記や年代誌より一般的な自分語りを行う文書を見ていくと、都市民共同体そして長年にわたる都市民の伝統の一部を担うということが持っていた、自己構築における重要性を感じ取ることが可能である。日記は、個人もしくは社会が何について記憶しておくことを重要だと見なしていたのかということの記録である。したがってこの文脈においては、実に多くの数の日記が、市職に就いた結果として書かれたようだということは意義深い。例えば、ケンブリッジ（Cambridge）のサミュエル・ニュートン（Samuel Newton）の日記は一七世紀後半から始まっているが、その一日目は都市の市民権を取得した日であり、彼の兄弟、妻、義理の姉妹が同じく市民権を得た日であった。(36)それに続く日記では、規則正しく詳細に都市での一日の出来事が記録されている。彼が公職に認められ、役職名で呼ばれる同僚の仲間に加わったこと。そして、連綿と引き継がれてきた公職における自らの位置付けを参加者に思い起こさせる、毎年引き継がれてきた儀式のこと。市職が大いなる個人の誇りの源であり、ニュートンのアイデンティティを構成する重要な要素だったことは明らかだが、その前提には、彼が自身の個人的な運命を超越するより広い共同体の一員であるという強い意識があった。

また別の法人都市、レディング（Reading）では、ジョン・ワッツ（John Watts）が一七一六年に自由市民となっており、一七二〇年代には二度にわたって市長職に就いた。一七三〇年に彼は個人的に用いる目的で、自分が市長職にあった期間に関する備忘録を書きはじめた。「以下の紙面の諸事は、私自身が二度レディング市長となった時期に行った業務を顧みる機会に、私以外の誰の役にも立たない細かな事柄について私の記憶を新たに出来るようにする為のものである」。(37)その日記では市長としての彼の活動のさまざまな面が扱われ、当時の公職に期待されていた多岐にわたる任務や責任について、また近世都市の権力者たちが直面していたとても幅広い問題について、その内部を鮮明に見ることを可能にしている。だが一八世紀における自己意識の構築、そして自己意識と集団アイデンティティとの関係性といったことを理解するうえで、ワッツがニュートンと同様、とりわけ市職に在った時期周辺に覚書を編纂していたということは重要である。ワッツは彼以前に務めていた全ての市長と過去にレディングから選出された全ての国会議員とについて一覧を作成し、個人的な覚書と共に編纂した。「議会下院にて代表と成り我らが都市自治体の誉れと成りし紳士たち、そして我らが都市の首長たる栄誉に与りたる多くの紳士たちの、歴史的名士録に関して」[38]。ワッツが、自らも伝統の一部を担っているという強い感覚を持っていたことは明らかである。彼らに先立つ人々の名前を記録する中で、ワッツは彼らの記録に栄誉を授けた。だが覚書を編纂する上では、もちろん彼自身の行為に焦点が当てられていたわけだが、同時にまたワッツは、自身の名が将来の世代に絶対に忘れられることのないようにもしていたのであった。「ここで私は、プリニウス（Pliny）の言葉を少し拝借したい。（彼が言うには）彼の思考を要するのに、彼の名前を永遠たらしめんとする望み以上のものは無かった。然るが如き望みは、彼の思う所では、一人の者、少なくとも疚しい所無く、後世の人々に記憶されん事を懼れる事無き者には、相応しい企てなのだった」[39]。

おわりに

ワッツは、在職期間についての覚書や市長一覧と共に、彼の市の歴史に関連した題材についても、他の者たちの役に立ったり関心に適ったりするかもしれないとの希望を持って、収集を行っていた。こうした覚書を編纂するとき、ワッツは前述のトマス・ダメイやヘンリー・マンシップとともに似通った行動を取っていたのであり、それはレディングの都市法人に関係する史料を収集する際にはよりその色合いが濃かった。約一〇〇年が経過した一八一六年、レディングのまた別の住人であるジョン・マン（John Man）は、都市の歴史を出版し、その目的について仲間の都市民たちに「市《バラ》を自治する中で生じてきた様々な変化と都市民が有する権利とについて、従来のものより詳細な説明」をしてやることだと説明した。(40) ここでマンが「都市民が有する権利」に言及しているのは興味深い。フランス革命の一七年後という時期を考えれば、マンは当然、個人の自由権（right to liberty）について言及しているのだと思われるかもしれない。しかしながら、ここまで述べてきた文脈の中で考えるならば、彼が言及しているのはむしろ都市民共同体が継承してきた権利の方だと考える方がふさわしいのではないだろうか。すなわち、自由市民が持つ国会議会・市会の選挙権や自由交易権といった、都市民共同体に関連する諸特権である。これまで見てきたように、こういった諸特権は、王権から共同体に附与されるものであった。これらの権利は個人に備わっているのではなく、相続されるか、あるいは徒弟修行を通じて獲得されたり、買い受けられたりするものであり、また属地的に定められるものだった。(41) マンが彼の都市の歴史を書いていた時点ではすでに都市自治体や継承された諸特権についての考え方は変化しつつあったが、都市民アイデンティティや都市民の伝統に伴う良識（common sense）に訴えかけるという形の話術は、まだとても強い力を持っており、特に選挙の際には、人々を結集するために用いられることも多かった。(42) 都市民たちはその伝統の中で、共同体の福利のため、そして良き統治の永続のために、仲間の市民に対して彼らが分かち合う権利や伝統についての記憶を保持する責務を感じていた。実際、マンもまたその長い伝統に連なっていたのである。

注

（1）Alan Macfarlane, *The Origins of English Individualism: Family, Property and the Social Transition* (Oxford, 1978); Charles Taylor, *Sources of the Self: The Making of the Modern Identity* (Cambridge, 1989); Dror Wahrman, *The Making of the Modern Self: Identity and Culture in Eighteenth-Century England* (New Haven, 2004); Ian Watt, *The Rise of the Novel* (London, 1957).

（2）Michael Mascuch, *Origins of the Individualist Self: Autobiography and Self-Identity in England, 1591-1791* (Cambridge, 1997), p. 22. 一八〜一九世紀における自伝的文書の拡大に関する近年の議論については以下の研究を参照。Emma Griffin, *Liberty's Dawn: A Social History of the Industrial Revolution* (New Haven, 2013).

（3）この主張の古典的な提示は以下の著作に見ることができる。Lawrence Stone, *The Family Sex and Marriage in England, 1550-1800* (London, 1979).

（4）これらの学説の概要については以下の研究を参照。Michael Bounds, *Urban Social Theory: City, Self and Society* (Oxford, 2003), pp. 1-62.

（5）Jonathan Barry, "Bourgeois Collectivism? Urban Association and the Middling Sort," in *The Middling Sort of People: Culture, Society and Politics in England, 1550-1800*, ed. Jonathan Barry and Christopher Brooks (Basingstoke, 1994), pp. 84-112; Phil Withington, "Corporate Citizenship, and State Formation in Early Modern England," *American Historical Review* 112:4 (2007), pp. 1016-1038.

（6）G. Jackson, *Hull in the Eighteenth Century* (Oxford, 1972), pp. 95-129; R. G. Wilson, *Gentleman Merchants: The Merchant Community in Leeds, 1700-1830* (Manchester, 1971), pp. 207-212; N. Rogers, "Money, Marriage, Mobility: the Big Bourgeoisie of Hanoverian London," *Journal of Family History* 24 (1999), pp. 19-34.

（7）R. Grassby, *Kinship and Capitalism: Marriage, Family and Business in the English-Speaking World, 1580-1740* (Cambridge, 2001).

（8）Grassby, *Kinship and Capitalism*, p. 395.

（9）オクスフォードでの家族ネットワークについてのプライアー（M[ary] Prior）による研究も参照。M. Prior, *Fisher Row: Fishermen, Bargemen and Canal Boatmen in Oxford, 1500-1900* (Oxford, 1982); P. Lane, "An Industrialising

Town: Social and Business Networks in Hinckley, Leicestershire, c. 1750-1839," in *Urban and Industrial Change in the Midlands: Trades, Towns and Regions*, ed. P. Lane and J. Stobart (Leicester, 1998), pp. 139-166; Margaret Hunt, *The Middling Sort: Commerce, Gender and the Family in England 1680-1780* (Berkeley CA, 1996).

（10）D. Cressy, "Kinship and Kin Interaction in Early Modern England," *Past and Present* 113 (1986), p. 69.

（11）N. Tadmor, "The Concept of the Household Family in Eighteenth-Century England," *Past and Present* 151 (1996), pp. 111-140. 同じ筆者の以下も参照。N. Tadmor *Family and Friends in Eighteenth-Century England: Household, Kinship and Patronage* (Cambridge, 2001) and "Dimensions of Inequality among Siblings in Eighteenth-century English Novels: the Cases of *Clarissa* and *The History of Miss Betsy Thoughtless*," *Continuity and Change* 7:3 (1992), pp. 303-333. タッドモアの研究によって認められた柔軟性は、やや異なる種類の証拠に基づいたレイ（B[arry] Reay）の研究でも描写されている。B. Reay, "Kinship and the Neighbourhood in Nineteenth-Century Rural England: The Myth of the Autonomous Nuclear Family," *Journal of Family History* 21 (1996), pp. 87-104.

（12）例えば以下の研究を参照。W. H. D. Longstaffe, ed., *Memoirs of the Life of Mr. Ambrose Barnes, Late Merchant and Sometime Alderman of Newcastle upon Tyne*, vol. 50 (Durham, 1867).

（13）Rosemary Sweet, *The English Town 1680-1840: Government, Society and Culture* (Harlow, 1999), chapter 1.

（14）Rosemary Sweet, "Women and Civic Life in Eighteenth-Century England," in *Women and Urban Life in Eighteenth-Century England*, ed., Rosemary Sweet and Penelope Lane (Aldershot, 2004), pp. 21-41.

（15）以下を参照。Sweet, *The English Town*, 特にpp. 33-72.

（16）Mark Goldie, "The Unacknowledged Republic: Office-Holding in Early Modern England," in *The Politics of the Excluded 1500-1800*, ed. Tim Harris (Basingstoke, 2001), pp. 153-194.

（17）Withington, "Corporate Citizenship and State Building," pp. 1016-1018.

（18）Robert Tittler, *The Face of the City: Civic Portraiture and Civic Identity in Early Modern England* (Manchester, 2007).

（19）Robert Tittler, "Reformation, Civic Culture and Collective Memory in English Provincial Towns," *Urban History* 24 (1997), pp. 283-300; また、同著者による*The Reformation and the Towns in England: Politics and Political Culture 1540-1640* (Oxford, 1998); Phil Knowles, "Continuity and Change in Urban Culture: A Case Study of Two Provincial Towns,

Chester and Coventry, c. 1600-c. 1750," PhD thesis, University of Leicester (2001), pp. 33-60.

（20）Rosemary Sweet, "Borough Archives and the Preservation of the Past in Eighteenth-Century Towns," in *Du Papier à l'Archive, du Privé au Public, ed.* Philip Genet (Paris, 2011), pp. 129-148.

（21）T. Damet, *A Booke of the Foundacion and Antiquitye of the Towne of Greate Yermouthe*, ed., C. J. Palmer (London, 1847), p. 3.

（22）Paul Rutledge, "Thomas Damet and the Historiography of Great Yarmouth," *Norfolk Archaeology* 33 (1965), pp.119-133; Idem, "Thomas Damet and the Historiography of Great Yarmouth: part 2," *Norfolk Archaeology* 34 (1969), pp. 332-334. 以下も参照。Robert Tittler, "Henry Manship: Constructing the Civic Memory in Great Yarmouth," in Idem, *Townspeople and Nation: English Urban Experiences: 1540-1640* (Stanford, CA, 2001), pp. 121-139; Idem, *Reformation and the Towns*, pp. 287-291.

（23）H. Manship, *The History of Great Yarmouth*, ed. C. J. Palmer (London, 1854), p. 194.

（24）N. Bacon, *Annalls of Ipswich*, ed. W. H. Richardson (London, 1880), pp. ii, vii.

（25）Knowles, "Continuity and Change in Urban Culture," pp. 117-118.

（26）Knowles, "Continuity and Change in Urban Culture," pp. 103-106.

（27）John Throsby, *The History and Antiquities of the Ancient Town of Leicester* (Leicester, 1791), pp. 84, 182.

（28）Peter Clark, "Visions of the Urban Community: Antiquarians and the English City before 1800," in *The Pursuit of Urban History*, ed. Derek Fraser and Anthony Sutcliff (London, 1983), pp.105-124.　以下も参照。Alan Dyer, "English Town Chronicles," *Local Historian* 12 (1977), pp. 285-295 and M. M. Rowe, "Seventeenth-Century Exeter Annalists," in *Devon and Cormwall Notes and Queries* (1974), pp. 22-24.

（29）個人的なものと都市的なものとのこの結びつきは、手書きで写した歴史書だけでなく都市の公文書をも個人的な財産として扱おうという、都市エリートの中に見られた傾向からも伺うことができる。後年の都市法人において、死亡した都市の役人の家族から文書を回復するための手段を講じねばならなかった事例が見付かることは珍しくない。以下を参照。Sweet, "Borough Archives."

（30）ブリストル中央図書館の手稿一〇一六三番（Bristol Central Library MS 10163）に写しがある、四組の年代記の書式や様式における際だった差異を見よ。

（31）Samuel Seyer, *Memoirs Historical and Topographical of Bristol and it's Neighbourhood from the Earliest Period Down to the Present Time* 2 vols.（Bristol, 1821-3）, vol. 1, p. vii.

（32）〈訳注〉剣持ち（sword-bearer）とは、儀式の際に御剣（sword of state）を都市の行政長官などの前に捧持する役人のこと。

（33）Bristol Central Library MS7950 fol. 90.

（34）Jonathan Barry, "The Cultural Life of Bristol 1640-1775," D.Phil. thesis, University of Oxford（1985）, and "Provincial Town Culture, 1640-1780: Urbane or Civic?," in *Interpretations of Cultural History*, ed. J. Pittock and A. Wear（London, 1991）, pp. 198-234. 寄贈者一覧の含まれる年代記の一覧については、例えば以下を参照。Bristol Central Library Mss 10166 (ii); 10095; 10162. チャリティー活動の寄付金は市庁舎などの公共空間にも掲示された。

（35）Norfolk Record Office MS 453.

（36）J. E. Forster, ed., *The Diary of Samuel Newton Alderman of Cambridge*（*1662-1717*）（Cambridge, 1890）, p. 2. この女性たちは自由権の取得によって交易が可能になっただけで、公職に就くことはできなかった。

（37）K. G. Burton, ed., *The Memorandums of John Watts Esq: Mayor of Reading 1722-23 and 1728-29*（Reading, 1950）, p. 7.

（38）同前掲注37、九頁。

（39）同前掲注37、一〇頁。

（40）J. Man, *The History and Antiquities, Ancient and Modern, of the Borough of Reading in the County of Berks*（Reading ,1816）, p. iii.

（41）これはイングランドの国制についての、そして選挙権などの諸権利の存在についての一つの解釈である。トーリー（Tory）的な歴史観においては、全ての権力そして権利は、王権から市《バラ》に委譲されるものだった。他方で、こういった権利はそれ以前のサクソン時代（あるいはさらに遡りローマ時代）に由来し、それがノルマン征服後に王権に承認されたにすぎず、元来こうした権利はずっと広範かつ一様に分布していたのだという主張もある。より急進的な改革者たちには、男性の普通選挙権を主張する者もあった。

（42）Rosemary Sweet, "Freemen and Independence in English Borough Politics, c.1770-1830," *Past and Present* 161（1998）, pp. 84-115.

第七章　都市民的文脈における記憶・歴史・個人

——近世ロンドンの場合

ヴァネッサ・ハーディング
（菅原未宇訳）

はじめに

本稿の狙いは、一六世紀中葉から一八世紀前半にかけて立て続けにロンドン住民によって書かれたもののうち、年代記（chronicle）と歴史、そしてエゴ・ドキュメントとの関係を明らかにすることで、近世ロンドンにおけるアイデンティティ形成の過程において記憶と歴史、個人と家族がどのように相互に影響を与えていたのかを探ることにある。情報、解釈、手稿文書、印刷物がロンドンに住む個々人の間でやり取りされた。そうして彼らの間で共有され伝達されたロンドンについての文章や歴史叙述の伝統は、より広範な都市的意識形成の一因となった。しかし同時に、多くの場合彼らの叙述は書き手の個人的な意識を示す証拠ともなっており、彼らの生活の状況や公的なアイデンティティのよりどころを明らかにするのである。

一　ロンドンの歴史を書くこと

近世ロンドンは急速に成長し変化する多様で人口の多い首都であった。ブリテン諸島の中ですでに群を抜いて最大の都市であったロンドンは、イングランドの各地方やそれ以外の地域からの移入者の流れを引き寄せ、一五〇〇年には恐らく五万人ほどであった住民数は、一六〇〇年に二〇万人、一七〇〇年までには五〇万人以上にまで膨れ上がった。住民の高い移出入率、高死亡率、社会的流動性や人の入れ替わりの程度の高さは個人と家族の繋がりを弱め、おなじみの社会的、物質的環境の下で具現化される個人のそして共同体の過去についての感覚を弱めたかもしれない。確かにロンドンにおいては人間関係を結ばず匿名的に生き、死ぬことが可能であっただろう。しかしそうでない者にとっては、都市生活の困難が近隣関係や創られた環境との繋がり、例えば夫婦間、親子間、拡大家族間の家族関係や、都市民的な共同体感覚との繋がりを強めることになったように思われる。

様々な組織が都市のアイデンティティと都市民的記憶の永続化に重要な役割を果たした。この拡大する首都の中心に位置するシティ・オヴ・ロンドン［以下、シティと略記］は、都市民的生活と儀礼の長い伝統を有し、そのことで市民権の地位と価値は増していた。市民権はシティのギルドあるいはリヴァリ・カンパニ（公式な行事の際に成員が着用する揃いの制服（livery）・衣装にちなんでそう呼ばれるのだが）の組合員であることと結びついており、それら同職団体は、例えば野外ショー（pageant）や都市民的行事における共同体の視覚的演出への参加を通じて、都市民的な儀礼や伝統の永続化に積極的に関わった。教区生活における行事、特に過去の出来事の記録や共同体に焦点を当てたもの、すなわち人生の段階の画期となる出来事とりわけ葬儀、追悼のための説教、チャリティを集めることや遺産の分与は、公式度は低いが重要であった。

しかし、この時代の都市民的アイデンティティの創出にとって同じくらい重要であったのは、書くことと印刷することの拡大であり、それがいかに知識を共有する共同体を成り立たせたかであった。ロンドンでは国内の他のいかなる場所よりも識字率が高く、個人的な記録作成を含めた読み書きの実践は次第に一般的なこととなっていった。一六世紀を通じてロンドンに住む者の人生は、国家（課税記録や人口調査の形をとって、また洗礼、結婚、埋葬の記録）と個人的に自ら行う執筆活動の両方によって、だんだんと記録されるようになった。市民は、備忘録（commonplace book）から個人的な年間の記録（annal）まで様々な形態で手書きの記録を残した。ロンドンの住民は、商人層により作成され彼らの間で流通した俗語の叙述である手書きの年代記の増加に示されるように、一五世紀以来の都市民的な叙述の長い伝統を有していた。それらの作品は都市民の年代記――代々の市長やシェリフの継承――に地域や国家の出来事を挟み込み、出来事の舞台や焦点としてのロンドンの重要性を強調していた。

一四七〇年代以降、イングランドの印刷業はロンドンを中心とし、一六世紀を通じて繁栄した。一五五七年に書籍文具商カンパニが特許状によって設立され、印刷や製本といった関連職業が発達した。一六〇〇年までにロンドンの印刷所は年間およそ（新刊と再版を含め）二五〇の出版物を発行するようになり、一六四〇年までにその数は年間六〇〇近くまで増加した。印刷物の生産、とりわけ時事的な一過性の流行を扱ったものは一六四〇年代の検閲制度の崩壊に伴って爆発的に増加し、印刷された形態でのニュースや噂話の迅速な流通をもたらした。

年代記は一六世紀に人気を博す出版ジャンルとなり、そのことは多くの歴史研究や古物研究、さらにはその出版競争を促した。一五八〇年代に人気の頂点に達した刊行年代記は、ジャンルとしての衰退をその後迎え、政治的事件の歴史（politic histories）、時事パンフレット（newsbooks）、歴史戯曲、暦、個人的叙述を含めた他の大量の派生形態あるいは焼き直しに取って代わられた。(1) 刊行年代記の最も重要な後継の一つは、すでに年代記や摘要書の著者として成功を収めていたジョン・ストウ（John Stow）により編集された『ロンドン概観（Survey of London）』であった。それは橋や防壁からチャリティ贈与に至るシティの主要な特色の列挙と、通りや建物、教会、記念建造物の歴史を記述、要約したシティの各区ごとの地誌的な踏査報告を合わせたものであった。それは、シティの政府についての熱烈な賛辞（恐らくストウ自身によって書かれたものではないが）で締めくくられた。(2)

一五九八年初版の『ロンドン概観』は、ストウ自身により一六〇三年に改訂、再版された。そして、彼の死後、まず一六一八年にアンソニ・マンデイ（Anthony Munday）によって、続いて一六三三年にマンデイやハンフリ・ダイソン（Humphrey Dyson）その他の者によってさらに大幅に改訂、更新、増補された。ストウの友人であり指名を受けた文筆業上の後継者でもあったマンデイはとりわけ、いくつかのシティのカンパニの野外ショーの脚本家として知られる人物で、公証人のダイソンは、印刷物、特にテューダ朝期の国王布告と制定法の収集家でもあった。一七世紀前半の教養あるロンドン住民は誰もが恐らく何らかの形で、全ての教区教会が一冊所有するよう義務付けられていたためなおさら、『ロンドン概観』を知っていたであろう。一七世紀後半には、例えばジェイムズ・ハウエル（James Howell）の『ロンディノポリス（Londinopolis）』（一六五七年刊行）に見られるように、その内容は広範囲にわたって剽窃されコピーされた。そしてそれは、さらなる再版の企画が次々と立つほど通用し人気を保ち続け、最終的にジョン・ストライプ（John Strype）による巨大な二折判の本として一七二〇年に再版が実現した。(3)

このように都市民的アイデンティティは、市民やカンパニ組合員ならではの行事や社会的実践への参加を通じて、そして手稿や印刷形態の文章を通じて実際に構築されていった。こうした構築過程とその際の媒体は、より私的な形の文章を通じたアイデンティティ構築の進展ともある程度重なり合い、相互に影響を与えていた。一六世紀半ばのロンドン市民であるヘンリ・メイチン（Henry Machyn）の手になる「クロナクル（cronacle）」はロンドンの葬儀と他の公的な見世物の年代順のリストにいくつかの特筆すべき家族の出来事を組み入れたものであるが、より広範な読者を対象にしたものであった可能性がある。それは「公的な出来事の記録であると同時に個人的なメモとして……都市中流階級の野心の仕業として示されうる」ものだった。(4)『ロンドン概観』の中で調査の経過を説明する際「私は読んだ（I read）」、「私は見た（I saw）」、「私は憶えている（I remember）」といった表現が用いられたのみならず、例えば他者の記念建造物に落書きをした者もしくは仲間内の裏切りの実例を批判することによって明確に、また特定の話題を喧伝ないし密かに省くことを通じて潜在的に、著者であるストウ自身が甚だしく投影されていたことは注目に値する。(5)

実際、自己との対話、またある場合はつましいピューリタンのろくろ工であったネーミア・ウォリントン（Nehemiah Wallington）もしくはより中流に属する寡婦キャサリン・オーステン（Katherine Austen）が行ったように神を聴き手として対話を書く者がいた。しかし、内省が個人的なものであるにもかかわらず、これらの叙述は書き手を取り巻く文章に関する環境に非常に影響され、ある程度形作られていた。ウォリントンもオーステンも他の文章や情報源をコピーし、引用し、要約し時には意識的に、時には無意識にそれらを自らの叙述に取り込んだ。有用で価値のある文章は丸写しされ、中にはより長い黙想録が書かれるきっかけを作り出すものもあった。このことから、彼らの叙述は初期の備忘録と言っても良いものだった。オーステンの雑記帳は時代順に記されていたと思われる（現存する「巻M」は一六六四年から一六六六年という特定の時期をカバーしており、それより前の巻の存在を示唆する）ので、宗教的な日記の一種と考えることもできるだろう。ウォリントンの大量の雑記帳は多様な手法を取り、通常は年代ではなく話題で分類されるが、中には「神の慈悲の記録」や「キリスト教徒の成長」のように、私的な出来事を時代順に物語ったものもある。一方「続　神の慈悲の記録」では、一六四〇年代、五〇年代の内戦や

騒擾の中で起こった出来事に関して流布した噂や印刷されたニュースにウォリントンは反応を示している。(6)

二　リチャード・スミス

遺失と残存の可能性（我々はウォリントンやオーステンが実際に記した文書のほんの一部を手にしているに過ぎない）はまた、我々が現在確認することができるよりもはるかに多くの一七世紀のロンドン住民がこうした傾向のものを書いていたことを必然的に意味する。匿名ではなく追跡不可能でもないがあまり知られていないそうした作者の一人は、都市における個人の実例を提示する。多くの異なる、すなわち個人的な、都市民的な、歴史的な、文章を通じたそして書誌研究といった資源から構築されていた彼のアイデンティティが彼の書いたものや活動記録の中から明らかになるのである。彼はウォリントンやオーステン、ましてやピープス（Samuel Pepys）に比肩するようなエゴ・ドキュメントもいかなる公刊された著作も生み出したわけではないし、文学的にはせいぜいマイナーな関心しか持たれないが、ある部分では公的で、ある部分では私的な複合的アイデンティティの材料として彼が手に入るものを何でも利用（ブリコラージュ）したことは、多くの中流のロンドン住民に当てはまることであったに違いない。二つの理由から彼は本論の都市的アイデンティティの分析にとって有用である。それは歴史に関する情報の収集者と伝達者としての彼の役割と、彼自身の叙述とりわけ注目に値する彼の死亡記事として知られる手稿文書のゆえにである。

リチャード・スミスは一五九〇年、国教会聖職者の父とジェントリ家系出身の母との間の長男としてバッキンガムシャに生まれた。(7)彼はオクスフォード大学に進学したが、多くの同時代の進学者と同様に学位は取得しなかった。彼は一〇代のうちにロンドンに上京し、恐らく家族のコネクションを通じてシティの司法機関に職を得た。シティは多くの民事および刑事裁判所、それらに関連する大小様々な監獄を有し、スミスは一六〇八年ないし一六〇九年くらいからシェリフの管轄する二つの監獄のうちの一つであるプルトリ債務者監獄（Poultry Compter）の下級書記として勤務した。彼は一六一〇年代から四〇年代に至るまで債務者監獄の書記であり続け、実際の地位は上がらなかったものの勤続年数を恐らく重ねていった。彼の主要な昇進である一六四四年の債務者監獄次席もしくは主席役人への就任は、当時の政治変動による幸運な棚ぼた人事であった。すなわちその役職は売買されることが普通であったが、現職者が恐らく政治的理由で罷免されるとスミスがその後釜に座ることになった。債務者監獄次席役人は責任と利益を伴った職で、副シェリフすなわちシティの法務官や書記の長として事実上機能していた。その職は手数料の取り分とそこで行われる裁判に伴う役得によって年収数百ポンド相当だと言われていた。スミスは一六五五年まで債務者監獄次席役人として務め、（当時六五歳、職を継がせようとしていた息子ジョンの死を受けて）職を売却し引退した。プルトリ債務者監獄とシティの司法機関はスミスのキャリア全てを通じて中心となっていたと考えられ、彼は法務官、書記、シティの裁判所や監獄の役人の間に広範な知人関係を、また法学院とも縁故を築き上げた。

三　書誌研究と歴史叙述の蓄積

引退前も、そして引退後は特に、スミスは書籍収集への情熱を追求することができた。同時代人が伝えるところによると、スミスは書籍販売業者の店舗を毎日巡回し、ロンドンの書籍販売業者の多くを個人的にあるいは噂を通じて熟知していた。一六七五年に亡くなるまでに、彼はおよそ八〇〇〇点の蔵書を集めた。一六八二年に行われた彼の蔵書の競売は他の収集家によって熱烈に待たれていたのだが、数週間以上にわたって続き、一四〇〇ポンド（今日の貨幣価値では、推定一二万から一三万ポンド）以上の売上となった。

スミスの関心と専門は彼の蔵書がカバーする領域によって明らかとなる。蔵書の半数以上はラテン語で書かれたものだった。彼はブリテン諸島やヨーロッパ大陸の印刷所で印刷された初期の印刷物を大量に所持し、イングランド史、宗教史および教会史、神学、政治史、文献学、法律関係特にシティの法や慣習について、そして科学や医学の諸相についての膨大な実用書のコレクションを有していた。彼は、印刷された端物（ビラなど）やパンフレットを大量に入手し、紙や羊皮紙に書かれた手稿文書を大量に所有していた。彼のコレクションの内容は、現存する印刷された販売カタログを通じて主に知られているが、それは完全に正確な記録とは言えない。なぜなら書籍販売業者が売上のために自らの在庫をスミスのコレクションに付け加えたからだ。[8]しかし、スミス自身の手になるいくつかの断片的なカタログも現存し、それらは、カタログ全体のある部分について彼が確かに所有していたことを立証し、また彼がどのように蔵書をリストし分類していたかを詳細に記録するのである。[9]同様に非常に重要なのは、翻訳や編集、自筆による抜き書きの際に、彼がどのようにコレクションを用いたかの証拠である。[10]販売カタログは、「その点で間違いなく誰よりも勤勉で熱心なほどに」書籍と手稿文書を校合し、刷りを比較し、誤りを訂正し、自筆で「洒落たそして非常に実用的な感想」を書き入れるスミスの実践を示す。スミス自筆のメモは多くの本に残されている。[11]

スミスがいつから書籍を収集し始めたのかは不明であるが、非常に重要な画期は一六三三年のハンフリ・ダイソンの死後、ダイソンのコレクションから多くのものをスミスが入手したことであった。恐らく一五八〇年以前に生まれていたダイソンは、一五九〇年に生まれたスミスよりもいくらか年上であったが、二人は一六三〇年代からセント・オレーヴ・オールド・ジューリ（St Olave Old Jewry）教区内に住むご近所同士であった。ダイソンから彼の蔵書を売却するよう指名を受けた隣のセント・ローレンス・ジューリ（St Lawrence Jewry）教区に住む事務弁護士（attorney）のウィリアム・ジャンパ（William Jumper）もまたスミスの知り合いであった。ダイソンの大量の蔵書の完全なカタログは現存していないが、彼のノートは、自身が有する制定法と国王布告の膨大なコレクションを列挙し、また、そのノートの至る所にイニシャルが現れる「R.S.」がコレクションの大部分を購入したことは確かである。(12)

死に先立つ何年かの間、ダイソンはアンソニ・マンデイと共同で、一六三三年に出版されたストウの『ロンドン概観』の改訂を行い、とりわけシティの法や慣習についての新しい節や記録に寄与したが、それらは間違いなく彼の膨大なコレクションに基づいたものであった。(13) スミスが一六三三年版の『ロンドン概観』に何らかの寄与をした証拠はないが、彼が持つ歴史に関する書物や手稿文書のコレクションは増加し、「ひょっとするとこの国のあらゆる私的なライブラリの中でこの類のコレクションの最良で最大のもの」になった。その結果、「この辺りで最も教養のある人々は頻繁にこれを利用するのを習慣としていた。なぜならこれらはほかの場所では得難かったからであった」。(14)

スミスの蔵書の中には、一五世紀後半から一七世紀前半までに刊行された多くのイングランドの年代記があり、全ての版はなかったとしても主要な著者の作品は全て含まれていた。印象的なことに、彼はジョン・ストウ自筆の批評的注釈が付けられた一五七〇年刊行のリチャード・グラフトン（Richard Grafton）の『イングランド年代記抄訳（Abridgement of the chronicles of England）』を一冊所有していたと考えられる。(15) スミスはまた多くの手稿の年代記を所有し、その中には彼が目次を付け加えたジェフリ・オヴ・モンマスのものも含まれていた。彼はこれらのうちいくつかあるいは全てをダイソンの蔵書販売で買った可能性があるが、彼は間違いなく生涯を通じ歴史に関する著作や文書を集め続けた。

スミスはまた、ロンドンについての歴史叙述の蓄積の中に自らを位置づけ、市民権を通じてではなく（我々の知る限り彼は市民あるいはいかなるシティのカンパニの組合員でもなかった）、シティの司法機関での仕事とシティの法と慣習に対する彼の職業的な関心から、シティとその歴史に自らを関連付けた。彼はコレクションの中にこの種の刊行された著作および手稿の文書を多数有していた。例えば宣誓や先例についての本、シティの特許状や訴訟事件についての本、「シティ・オヴ・ロンドンの慣習や特権について扱った様々な小冊子や文書」、『ロンドンの慣習』として知られる初期の刊行書にシティの特許状に関する（「非常に不完全な」）資料が付属したもの、そして「不思議なことに四折判の紙に書かれた、シティ・オヴ・ロンドンの裁判所における様々な慣習や手続きに関する非常に明瞭な手稿本」などであった。[16]それらは、彼や彼の同僚にとって、好古趣味的なだけでなく実用的な価値が間違いなくあったに違いない。

彼のロンドンの歴史に対する広範な関心は、ダイソンの死後刊行された一六三三年版のストウの『ロンドン概観』や、ハウエルの『ロンディノポリス』（一六五七年刊行）を所有していたことから裏付けられる。スミスは、『ロンドン概観』を更新したストライプの著作に貴重な情報を提供した人物として、彼から謝意を示されている。[17]スミスの貢献は、いわば文章を介した彼の死後に生じたものであったかもしれないが、「これにより一望のもとにカンパニの序列と、それぞれの会館が建っているあるいはかつて建っていた特定の通りや横丁を知ることができるであろう、以前債務者監獄次席役人であったリチャード・スミス氏によって何年も前に書かれたカンパニ概要」[18]やシティの各教会が奉献する聖人についての記述[19]などスミス自身の手になる編集作品もそれには含まれていた。またストライプは、セント・ジャイルズ・クリップルゲイト（St Giles Cripplegate）教区にある記念碑に「リチャード・スミス氏。非常に学識ある古物研究者で、精選された書籍や手稿文書の見事なコレクションを死後に残した」とも記した。[20]ストライプにより古物研究家のジョン・バグフォード（John Bagford）のおかげだとされたセント・ジェイムズ・ウィズイン・クリップルゲイト（St James within Cripplegate）教区の礼拝堂についての情報は、それ以前にスミスが所有していた手稿文書に由来するものであった。[21]

こうしてスミスは、たとえオリジナルな著作を彼自身が出版しなくても、学識者として、そして他の研究者への情報の供給源としての地位を確立した。彼の関心は歴史やロンドンに限定されてはいなかった。彼は間違いなく同時代の出来事に注意を払っていたし、神学上の論争を好み、また科学についての書物やもっと一般的な医学書の良いコレクションを持っていた。しかし先に示したように、概して彼の取り組み方は知について想像を巡らす思索家というよりも書誌研究者のそれであったように思われる。彼は情報を編集し順序づけ、分類しリストを作り不完全な文章を修正することに関心があり、ロンドンとその歴史、慣習、特徴こそが重要な焦点であった。

四　年代記とアイデンティティ――死亡記事

こうした特徴（編集、順序づけ、分類、年代記への関心）は、スミスのもっとも個人的な作品、彼が生み出した中で最もエゴ・ドキュメントに近いものに、強く表れている。それは恐らく五〇年近くにわたって彼が継続し付け加えてきた手書きの編集物で、「存命中に私が顔見知りだった全ての故人について、キリスト教暦一六二八年以降逐次、その中の誰かが亡くなったもしくは埋葬された年月日を書き留めたものであった。この文章は、一八四九年にカムデン協会によって出版された際に刊行書に付けられたタイトルである『リチャード・スミスの死亡記事』として良く知られる。本稿では便宜上、死亡記事と言う言葉を用いる。それはおよそ一九〇〇人ほどの名前とそれぞれの死亡、埋葬の日付の時代順のリストで、通常それ以外の若干の細かい経歴が加えられたものであった。(22)

彼の母方の祖父であるポール・デイレル（Paul Dayrell）の一六〇六年の死について時代を遡る形のメモが最初の記事の前に挿入されてはいるが、記録は一六二八年から始まる。現存する手稿文書は一六二八年まで遡るものではなく、ひょっとすると数十年後のものの可能性がある。すなわち、何らかのそれ以前の文章あるいは文章群から作成した清書として書き始められたと思われ、長い時間を経た編集の過程でより不正確で不規則なものになっている。全ての作業がいっぺんに行われたわけではなかったとしても、記事はだいたい一六六三年まで大きなまとまりとして書き写され、中には追加や修正が後に加えられたものもあった。それ以降の記述形式は様々で、いくつかの記事が連続して書かれている部分もあれば、一度に一つの記事が書かれている部分もあった。一六六〇年代後半までには、より整ってはないがより充実した記述になり、名前を挙げられた個々人についての情報が増加した。スミスの手になる最後の記事は一六七五年二月一九日で、全ての記載事項の最後は、スミスの友人かつ同僚でありその家族が何度か死亡記事にも登場するオーガスティン・ニューボルド（Augustine Newbold）によって書かれ署名された、一六七五年三月二六日のスミスの死についての記述である。

現存テキストの大部分が書き写されたであろう時代、一六六〇年代前半はスミスが引退し、余暇時間を学問や書誌研究につぎ込むようになった時であり、そのほかに知られている彼の叙述の年代とも符合する。しかし彼がこうした編集を開始し、元の原稿あるいは原稿群がどういうものであれ、数十年にわたって書き続けた動機については ほとんど明らかになっていない。一六二八年に、四〇歳近かったスミスは仕事において地位を確立し、世帯主であり家族の父親であった。ひょっとすると彼はより広大な地平に気づき始め、より大きな世界の中で自らを位置づけようとしていたのかもしれない。重要な出来事の中心に自らがいるという感覚に突き動かされたのかもしれない。厳密な意味での最初の記事は、オールド・ジューリにおいて「ジョン・」ラム（John Lamb）博士が「粗暴な群衆によって殺され、そのことでシティが罰金を科された」リンチ事件であった。襲撃者たちから逃れるためオールド・ジューリにある法律家の家にラムが一時的に避難したという事件についての語りがもし正しいとしたら、スミスは事件現場に関して彼の簡潔なコメントが示唆するよりも近くにいたのかもしれない。[23]

『死亡記事』の続く六件は、家族の成員かもしくは著名な人物についてのものであり、後者には、バッキンガム公とブルック卿ファルク・グレヴィル（Fulke Greville）の殺害も含まれていた。「存命中に私が顔見知りだった全ての故人」という題名にもかかわらず、取り上げられた死の多くは、彼が個人的に知っていた可能性がほとんどないと思われる宮廷や政府の公人、教会や法曹界の高官もしくは悪名高い犯罪者のものであった。突然で珍しい不慮の死の犠牲者にもスポットが当てられた。このことは、伝統的なジャンルである家族の記録作成と、例えばメイチンの年代記のような著名人もしくは著名な出来事の記憶とをスミスが混合していたことを示していよう。殺人は、ネーミア・ウォリントンが記録したように神の裁きとしても解釈され得たが、スミスはウォリントンの叙述を特徴づける神意の介在という観念を伝えてはいない。

しかし、ほとんど間もなく焦点は拡大し、スミスはもっと広範囲の個々人について記録し始める。カタログは拡大し、他の関心の基準に合致するような名前を含むようになる。すなわちオールド・ジューリやシティのほかの地区の隣人たち、シティの裁判所に関わる判事や主な法律家、役人たち、書籍販売業者や書籍文具商人たち、数人の学者、友人の友人もしくは家族の友人たちである。つましい商人や小売店主、使用人、子供も数多く書き留められた。対象となる個人の範囲が広がるにつれて、しかしまたある部分ではスミス自身が年齢を重ねるにつれて――つまり彼の職場での年上の人物、年上の家族の成員、年老いていく同世代の人々はだんだん亡くなる可能性が高くなり――記録される死の数は増加した。記録にいくらかの中断がある一六三〇年代、四〇年代には、彼は年平均三〇の死を書き留めた。一六五〇年代までに、激しい数の変動はあるものの（例えば、九八の死の記録は、一六六五年のペストの流行によるものであった）、彼は年間およそ五〇の死を書き留めるようになった。一六七〇年代までに、リストに著名人はほとんどいなくなり、大部分は家族の成員や隣人、シティの商人、地元の人物の死となる。

記述される死の数が増えるにしたがって、詳細な説明もまた増える。一六六〇年代までに、スミスは故人についてのさらに詳しい情報、彼もしくは彼女の死の事情、もしくは葬儀についてしばしば記録するようになる。何人かの死、例えば彼の長男や妻の死などでは、悲しみと落胆の感情表現が喚起される。ほかの死はもっと落ち着いて語られる。時には、短いが通常は肯定的な故人を称える言葉、例えば「公正で正直な、高い社会的地位を持つ男」や「評判の良い、真面目で慎み深く地位の高い女」、「忠実な教会人」などが加えられることもある。批判や酷評はまれである。

スミスの情報源は様々であったに違いない。ある死、例えば近親者の死などについては、直接の個人的な知識であった。スミスが何らかの媒介者を通じてのみ関係している人々、例えばジョン・クロス（John Crosse）を「ニューゲイト市場の正直な肉屋で、彼の顧客である私の弟ウォルタが良く知っている」と書き留めた死の場合などでは、十中八九、会話を通じて伝達されていたであろう。より遠縁の家族の成員に関係した死、例えば彼の義理の姉が住んでいたミドルセックス州のキングス・ラングリ（King's Langley）における、もしくはそこに関連した一五の死については、文通の中で言及された可能性がある。法曹界の死についてのニュースは、たぶん途切れ途切れではあったものの、ギルドホール（ロンドン市庁舎）の裁判所もしくは法学院での雑多な噂話の中で流通したに違いない。というのは、法曹関係者の死のいくつかは「このくらいの時期に」、「この閉廷期間中に」もしくは地方を巡回裁判中に、などおおよその日付とともに記録されているからである。書籍販売業者はまた別の世界で、スミスが商人自身やその家族の死について耳にし、異常な状況を書き留めた。書籍販売業者のピータ・コール（Peter Cole）が一六六五年一二月に首吊り自殺をした際は、「気が狂ったと伝え」られた。(24) かつて書籍文具商であったジョン・ニコルソン（John Nicolson）は一六七三年に亡くなった。「ある者が伝えるには、あらゆる望みを満たしただろうと彼自身十分に認めるだけのお金が、彼の死後残されていたにもかかわらず、みじめな境遇のうちに彼は飢え死にした」。(25)

スミスは、法曹界を通じて何件かのロンドンでの処刑について伝え聞いていたかもしれないが、同時に、公人の処刑は時事パンフレットや片面刷りの印刷物（broadside）のネタでもあった。一六三一年の悪名高いカッスルヘイヴン伯の裁判と処刑は、広範に報じられた。スミスは彼の死を書き留めるのみならず、彼の裁判についての一六四二年の小冊子も所有していた。(26) 一軒の住人七人が全て亡くなった一六六二年のロスベリ（Lothbury）のひどい火災については、スミスだけでなく、（ウエストミンスタ宮殿において数日後にその話を耳にした）サミュエル・ピープス、ピータ・マンディ（Peter Mundy）、トマス・ラグ（Thomas Rugge）、ヘンリ・タウンゼンド（Henry Townshend）らも書き留めた。機会に便乗した少なくとも二つのパンフレットがその話を広めた。(27)

スミスの『死亡記事』は、公になっている情報と個人的に得た知識が部分的に重なり合う世界、また大都市の中で一人の人間が所属可能であった無数の仲間世界の姿を我々に提示することで、公のキャリアから法律家、学者、歴史家、書誌研究者として彼を把握する我々の理解を補完するものである。それはまた、彼の仕事上の関係が減少し地域や家族の関係が優勢になったように、個人のネットワークが時代を経てどのように変化するのかをも示す。一六五〇年代前半のオールド・ジューリからリトル・モーフィールズ（Little Moorfields）への彼の転居が、ほんの数百メートルの距離だが市壁外に位置する新しい教区への移動となり、情報の流れや隣人や近隣関係についての彼の感覚を新しい形にしたということは非常に注目に値する。

『死亡記事』の目的は、依然として謎に包まれている。前述した内容が示すように、家族の成員が六八人取り上げられてはいるが、それは家族の年代記ではなかった。スミス家やデイレル家は名門で、スミスはスミス家の紋章に関する絵入りの手稿文書を所有あるいはことによると編集を行ったが、結婚によって生じた関係あるいは傍系や女系を通じた関係も重要で、最も近しい絆のいくつかを彼にもたらした。『死亡記事』はスミスの手になる他の手稿文書と同様、彼の蔵書の競売の際には含められなかった。つまり家族の中で伝えられていったのであろう。古物研究者や収集家がスミスの書誌研究的作品に関心を持ち、彼のコレクションの中の手稿文書の目録が利用可能になった際、飛びついたことは分かっている。(28)『死亡記事』が後世の我々にとって役に立つのは、歴史研究の世界と私的生活の世界を関連付ける点、そして都市的アイデンティティを発達させる語りになるよう直近の同時代の情報の流れがいかに編成され得たかを明らかにする点である。

注

（1） D. R. Woolf, "Genre into Artefact: The Decline of the English Chronicle in the Sixteenth century," *Sixteenth-Century Journal* 19:3 (1988), pp. 321-354.

（2） John Stow, *A Survey of London* (from the 1603 edition), ed. C. L. Kingsford (Oxford, 1908, repr. 1968).

（3） Julia F. Merritt, "The Reshaping of Stow's Survey," in *Imagining Early Modern London: Perceptions and Portrayals of the City from Stow to Strype: 1598-1720*, ed. J. F. Merritt (Cambridge, 2001), pp. 52-88.

（4） Ian Mortimer, "Tudor Chronicler or Sixteenth-century Diarist? Henry Machyn and the Nature of His Manuscript," *Sixteenth-Century Journal* 33:4 (2002), pp. 981-998; J. G. Nichols, ed., *The Diary of H. Machyn, Citizen and Merchant Taylor of London, from AD 1550 to AD 1563*, Camden Society 42 (London, 1848).

（5） Ian Archer, "The nostalgia of John Stow," in *The Theatrical City: Culture, Theatre and Politics in London, 1576-1649*, ed. David L. Smith, Richard Strier, and David Bevington (Cambridge, 1995).

（6） P. Seaver, *Wallington's World: A Puritan Artisan in 17th-Century London* (Stanford, CA, 1985); David Booy, ed., *The Notebooks of Nehemiah Wallington, 1618-1654, a Selection* (Aldershot, 2007); Sarah Heller Mendelson, "Stuart Women's Diaries and Occasional Memoirs," in *Women in English Society: 1500-1800*, ed. Mary Prior (London, 1985), pp. 181-210; Barbara Todd, "'I Do No Injury by Not Loving': Katherine Austen, a Young Widow of London," in *Women and History: Voices of Early Modern England*, ed. Valerie Frith, (Toronto, 1995), pp. 207-237; Sarah C. E. Ross, ed., *Katherine Austen's Book M. British Library Additional Manuscript 4454* (Tempe, AZ, 2011).

（7） H. Ellis, ed., *The Obituary of Richard Smyth, Secondary of the Poultry Compter: London: Being a Catalogue of All Such Persons as He Knew in Their Life, Extending from AD 1627 to AD 1674*, Camden Society 44 (London, 1849), pp. v-xxi; V. Harding, "Richard Smith or Smyth, Law-officer and Book Collector," *Oxford Dictionary of National Biography* (2004).

（8） *Bibliotheca Smithiana SIVE CATALOGUS LIBRORUM in Quavis Facultate Insigniorum: QUOS In Usum suum & Bibliothecae ornamentum multo Aere Sibi Comparavit Vir Clarissimus Doctissimusque D. RICHARDUS SMITH Londinensis. Horum AUCTIO habebitur LONDINI, in Area vulgo dicta Great St. Bartholomews Close, in Angulum ejusdem Septentrionalem, Maii die 15. 1682. Per Richardum Chiswel, Bibliopolam.*

（9） D 1377 British Library（BL）Harley MS 6207; BL Add MS 21096; BL Sloane MSS 1071, 771; Bodleian Library（Bodl）MS Rawl. D 1377.

（10） Papers of Richard Smith, Folger MS V.a.510, Folger Shakespeare Library, Washington, DC: see http://findingaids.folger.edu/dfosmithr.xml

（11） *Bibl. Smith.*

（12） N. Ramsay, "Dyson, Humfrey（d. 1633）, *book collector,*" *Oxford Dictionary of National Biography,*（2004）;T. C. Dale, ed., *The Inhabitants of London in 1638*（London, 1931）, http://www.british-history.ac.uk/source.aspx?pubid=176, pp. 84-85, 171-172; William A. Jackson, "Humphrey Dyson's Library," *Bibliographical Society of America, Papers* 43（1949）, pp. 279-287.

（13） Julia F. Merritt, "The Reshaping of…," pp. 52-88.

（14） *Bibl. Smith.*, preface.

（15） BL Add MS 21096, f. 132r.

（16） BL Add MS 21096, ff 102v., 107v.

（17） John Strype, *A survey of the cities of London and Westminster...written at first in the year MDXCVIII by John Stow...now lately corrected, improved and very much Enlarged...by John Strype*（London, 1720）, Preface ch. 3, p. vii.

（18） Ibid., 5.15.247.

（19） Ibid., Preface ch. 6, p. xxix and 5.1.7

（20） Ibid., 3.6.86.

（21） Ibid., 3.6.81; *Bibl. Smith.*, Manuscripti diversis voluminibus p. 367 no 25; BL MS Harley 6207, f. 111.

（22） Cambridge University Library Mm.iv.36; BL MS Sloane 886 は、一七世紀後半もしくは一八世紀前半の年代の、完璧ではないもののかなり正確に作られた明瞭な写しである。エリス（Ellis）によって活字化されたのはこの稿で、彼はオリジナルが残っていることを知らなかった。H.Ellis, op. cit.

（23） H. Ellis, op. cit., p. 3; A. Bellany, "The Murder of John Lambe: Crowd Violence, Court Scandal and Popular Politics in Early Seventeenth-century England," *Past and Present* 200（2008）, pp. 37-76.

（24） H. Ellis, op. cit., p. 35.

（25） H. Ellis, op. cit., p. 70.

（26） Bodl MS Rawl D 1377, f. 108.

（27） H. Ellis, op. cit., p. 57; Samuel Pepys, *The Diary of Samuel Pepys, 1660-69*, ed. R. Latham and W. Matthews（1970-1983）, p. 296 and n.4; Bodl MS Rawl D 1377, f. 116v; *A great and wonderful discovery of The Bloudy Villains, and inhumane Murtherers, committed to Newgate and other places; since that great and lamentable Fire, at Mr Delaun's house in Lothbury... London, printed for J. J [...], 1663.*

（28） E. G. Duff, "The Library of Richard Smyth," *The Library* 8（1907）, pp.113-133.

第八章　オスマン社会における都市の記憶と自己語り史料

――一八世紀末～一九世紀初頭のイスタンブルとサラエヴォ

秋葉　淳

オスマン帝国史において、あるいは中東・イスラーム史全般において、日記、自伝、回想録、手紙など、自己を語る史料は稀であると長らく考えられてきた。しかし、近年その評価は大きく変わりつつある。従来の評価の見直しに先鞭をつけた研究の一つに、C・カファダルによる一九八九年の論文「自己と他者」がある。[1] 一七世紀のスーフィー導師[2]によって書かれた日記を中心に分析したこの論文の中で彼は、一六～一八世紀のオスマン社会において、日記、旅行記、自伝、捕虜の手記、さらには日々の夢の記録など様々なジャンルの自己を語る史料が書かれてきたと論じた。一方、D・レイノルズ編『自己を解釈する』（二〇〇一年）は、自伝というジャンルがアラブ文学の伝統として根づいていたことを、説得力をもって明らかにした。[3] その後、自己語り史料の発掘とそれに関する研究は進み、それらが例外的な存在でないことが確認され、新たな視角から分析が行われている。そのなかで明らかにされてきたことの一つは、自伝や日記といった、それ自体が自己を語る史料類型に限らず、年代記、辞典、伝記集、あるいは写本の欄外の書き込みなど、さまざまなタイプの史料の中に「私」を見いだすことが可能だという点である。

近年では、ヨーロッパ史研究で「一人称叙述（first person writings）」や「エゴ・ドキュメント（ego-documents）」と呼ばれる文献に関心が高まっていることを背景に、R・エルガーとY・キョセによって中東のエゴ・ドキュメントをテーマにした論文集『自己を語るさまざまな仕方』（二〇一〇年）[4]の刊行に続いて、F-J・ルッジウ編の自己語り史料に関する比較研究の論集（二〇一三年）[5]にオスマン帝国史やアラブ史の研究者が論稿を寄せている。また、これら論集とは別に、日記などの自己語り史料を用いた興味深い研究が現れているのも最近の傾向である。[6]

さて、本書のテーマである都市と個人の記憶に関して言えば、何よりもまず、アラブ・イスラームの文学的伝統において、都市史、都市の地誌、そして伝記集（人名録）は、早くも九から一〇世紀にかけて確立したジャンルであって、それらの作品がきわめて豊富に存在することを指摘しておかねばならない。これら三つのジャンルはときに結合し、例えば、ダマスクスの歴史と地誌、そしてダマスクスにゆかりのある人物の伝記集を含む『ダマスクス史』が一二世紀にイブン・アサーキルによって書かれた。人物伝は、全八〇巻にも及ぶこの大作の主要部分を占めたのであった。[7]

しかし、これらの著作は本質的に、イスラームの学識者たるウラマーの、ウラマーによる、ウラマーのための著作であった。伝記の対象も、多くはウラマーであった。識字率のごく限られた社会で、ウラマーは唯一の文人集団であり、彼らは同時に都市の名望家であった。彼らこそが、都市の記憶をつくり出し、継承する担い手だったのである。ただし、一〇世紀以降、イランから中央アジアにかけて文語ペルシア語が発達すると、ペルシア語の韻文と散文に熟達した書記官僚が、アラビア語を操るウラマーとは区別される文人の社会層を形成するようになった。こうしてペルシア語の都市史や、詩人伝などの伝記集を編纂する伝統が成立した。

これら双方の伝統を継承したオスマン帝国では、特定の都市（町）の歴史書は、トルコ語圏では一九世紀になるまできわめて例が少ない。(8) たしかに年代記や伝記集は編まれ続け、それらにおいて首都イスタンブルの中心性は明らかであるが、イスタンブルの歴史やイスタンブルの人物伝として編まれたものではなかった。これはオスマン帝国の中央集権的性格を反映しているのと同時に、トルコ語圏すなわちバルカン・アナトリアの都市名望家層の性格が、アラブあるいはイラン地域と質的に異なっていたことと関係しよう。

さて、オスマン帝国史を対象とする本稿では、一八世紀末から一九世紀初頭にかけてイスタンブル及びサラエヴォにおいてそれぞれ書き記された「日記」あるいは「年代記」を採り上げる。これらは、いずれも自己語り史料の特徴をもつと同時に、都市の記憶に関わっている。以下では、これらの史料を紹介しつつ、自己の語られ方、著者がこれらを書き残した動機やその背景などを検討し、同時期のオスマン帝国の歴史的・社会的文脈に位置づけることを試みる。

一　イスタンブルのある礼拝導師の「日記」

第一の史料は、イスタンブルのソアンアー街区(9)の集会モスクのイマーム（礼拝導師）であったハーフズ・メフメト・エフェンディの「日記」である。(10) この著作の原本である自筆本には、第一葉裏から第二八葉を使って、一八〇七年から一八一五年に至る出来事がおおよそ時系列にそって記録されている。それ以降の第二九から第四八葉までと、冒頭の第一葉には、一七八五年から一八一五年にかけての出来事が時系列と無関係に記載されている。

記載事項のほとんどに日付が記されていることが、これを現代の研究者が「日記」と名付けた理由であろうが、この著作が一般的な意味で「日記」と言えるかどうかは問題がある。第一葉表は後から書き加えられた可能性が高いが、それ以外の部分も、必ずしもその日その日に書かれたのではないと考えられることから、「日記」とは言いがたいであろう。実際、著者自身は、これを帳簿あるいは帳面を意味するジェリーデと呼んでいる。

このイマームの「日記」に記されている事項の過半は、当時の政治的事件、戦争、反乱や暴動、火事や疫病などの災害、そして官僚やウラマーの任免の記録によって占められている。著者自身がウラマー組織の末端に位置していたことから、ウラマーの任免の記録はとくに詳細である。これらの事項は、同時代の修史官（国家の公的な記録を書くべく任命された歴史家）によって著された年代記の内容とおおよそ一致する。実際、修史官は前任者の残した草稿をもとに史書を編纂するとともに、後任のために同時代の出来事を記録することを任務としていたので、ハーフズ・メフメトの「日記」は、年代記の草稿のような性質をもっていると言える。とくに、第一葉裏から第一〇葉ほどまでの記述は、一八〇七年から一八〇八年の出来事をカバーしているが、その時期とはスルタン・ムスタファ四世の廃位とマフムト二世の即位、それに続いて新スルタンを擁立したアレムダル・ムスタファ・パシャに対する反乱と彼の殺害が起こるという政治的な激動のあった二年間であり、「日記」もそれらの事件を詳しく追っている。(11)しかし、この「日記」を特徴づけるのは、著者の身の回りの出来事、とくに彼の家族と彼の居住していたソアンアー街区の住人（政府の要人から砂糖屋やギョズレメ売りまで）(12)の死亡、誕生、結婚、任官などの記録である。とくに最後の何葉かはほとんど死亡及び誕生の記録で占められ、そのかなりの部分がソアンアー街区の住人である。

この「日記」には、著者自身についての記述は多くない。第四〇葉に、ソアンアー・モスクのイマームが一八一〇年に書籍商ギルドの長に選任され、三年後に退任したという記事に続けて、確認するかのように、自身の同モスクのイマーム職就任（一七八五年）及びハティーブ（金曜礼拝時の説教師）職就任（一七九〇年）について一人称で書かれている。[13] ここから彼が書籍商であったことがうかがえるが、この副業（本業？）に関してこれ以上語れることはない。[14] モスクでの職務とそれに付随する役職から得られる俸給については第四六葉に記載があり、それは、その次の行に一八一三年にソアンアー・モスクのワクフ（宗教寄進財産）の管財人職を得たとあることと関係があろう。そのほかには、自分の家の修繕とそれにかかった費用、引越し、家の購入と売却、そして「音の鳴る時計」を買ったなどという記事があるにすぎない。

家族については、まず第一葉に二人の息子のクルアーン（コーラン）学習が段階を追って記録されているのが目を引く。そのうちのメフメト・エミンについては、別のページにクルアーン暗誦をソアンアー・モスクで披露した際に多くの人が集まったこと、その翌年（一八一二年）にクルアーン読みとしてワクフから俸給を得るようになったことが記されている。それ以外には、子どもの誕生や死、最初の妻の死、そして再婚などの記録がある。計五人の息子の誕生が記録されており、誕生の日付と時刻（ときに分まで）に続いて、一例を除いて神への祈禱文が書き加えられている。一八一四年一〇月に産まれた息子の記事では、妻ジェミーレの陣痛が一〇時間二五分続いたことが記されているのが興味深い。一方、乳幼児のうちに死亡した子供三名については、誕生の記事全体が線で消されている。

最初の妻ヴァーヒデは一七九九年に死んだが、死亡の日付と時刻に続いて、結婚していた期間として六年一一か月という記載がある。第四三葉から第四五葉まで連続する死亡記事の中にこの妻と彼の三人の息子の死亡の記録が書き込まれているが、息子については「私の息子」ではなく「ソアンアー・モスクのイマームの息子」や

「イマーム・エフェンディの息子」という表現が使われているため、他と区別なく並んでいる印象を与える。[15] 息子の死亡記事には年齢の記載があることが他と異なる点であり、先のメフメト・エミンが、クルアーン読みに指名されて約半年後に死亡した際には、「疫病によって」という理由と死亡時刻が記されている。[16] 全般的に、著者の筆致は淡々としており、悲しみ、喜び、驚きなどの感情の起伏が明示的に表現されることはまずない。この点は、他のオスマン時代の自己語り史料においても指摘されているように、[17] 彼らがそういった感情をもたなかったわけではなく、文学的伝統、すなわち実際の感情の表出と文字での表現の慣習の違いに起因するものと言える。

ハーフズ・メフメトの「日記」には、イスタンブルの外で起こった戦争やその他の事件についての記述も多い。現地語の新聞の存在しなかった時代にそうした情報をどのようにして彼が入手したのか興味が尽きないが、この「日記」の世界の基点は、あくまでも著者の住むソアンアー街区にあり、同街区の住民に政府の要人がいることが、外部の事件と街区とを結びつける役割を果たしていると言えよう。なかでも、セリム三世を退位させた反乱（一八〇七年）で殺害された改革派官僚のイブラヒム・ケトヒュダー[18]と、書記官長としてロシアとの交渉に当たるなどしたガーリブ・パシャ[19]の動向は、政治的事件や任免の記事で言及されるとともに、ソアンアー街区にある彼らの家や、同街区に住む彼らの家族についても記されている。彼らのような政府要人だけでなく、ソアンアー街区にはさまざまな官職に就いた人物や、政府の要職にある人物に仕えていた者が居を構えており、「日記」のなかの彼らの任免や、本人あるいは家族の生没に関する記載から、ハーフズ・メフメトが彼らの動向に強い関心を持っていたことがうかがえる。

ハーフズ・メフメトは何のためにこの「日記」を書いたのであろうか。誰かに読ませるためというよりも、自分のための備忘録のようにも思われる。また、死亡、誕生、結婚の記録は、彼のイマームとしての職掌に由来するとも考えられるかもしれない。たしかに、婚姻と葬儀はイマームの重要な任務であった。「日記」の最も古い記録が、彼がイマームに就任した一七八五年であるのは、それを証明しているように見える。時代は下って一九世紀後半にも、イスタンブルのカサプイリヤス・モスクの代々のイマームとカサプイリヤス街区の区長（ムフタール）らが、同街区における婚姻、ワクフ、人々の移動や生死などの記録をつけた帳簿を残していたことが知られている。(20) 一般的に、街区の中心にあるモスクのイマームが街区のイマームとして街区人口の把握、移住者あるいは一時的滞在者の管理などに責任を負っていたとされる。(21)「日記」の記述からは、ハーフズ・メフメトとは別に、街区のイマームであるメフメト・エサト・エフェンディなる人物がいたとも読めるが、文脈から判断すると、この両者は同一人物であった可能性が高い。(22) しかし、この時代には街区のイマームにも人口の異動や婚姻に関して公的な帳簿を作成して保管する義務はなかった。それゆえ、ハーフズ・メフメトがある程度まとまった形で記録を残したのは任務としてではなく、個人的な熱意によるものである。カサプイリヤス街区の事例とは違って、彼が街区の記録を次世代に残そうと考えていたかどうかは定かではない。おそらく彼は、自分にとって特筆すべき同時代の出来事を記録しておきたかったのであり、その中には政治的・社会的事件と同時に、彼の生活の中心である街区と家族に関わる出来事も含まれたのである。どちらも彼にとっては記憶すべき事柄であったに違いない。

もう一点、ハーフズ・メフメトがこの「日記」をつけ始めた動機として考えられるのは、先述した一八〇七〜〇八年の政治的動乱である。実際、「日記」の本来の書き始めの時期はこの頃あるいは少し後の時期である可能性が高い。この動乱は、スルタンを廃位に追い込んだ一七三〇年のパトロナ・ハリルの反乱(23)以後、約八〇年ぶりに首都で発生した廃位事件であった。彼がこの事件に多数のページを割いていることや、ソアンアー街区にもその衝撃が波及していたことも先に指摘した。こうした事件が個人に深い影響を及ぼし、出来事の記録を残すことへ向かわせたという可能性は、次のサラエヴォの事例との関連で重要である。

二　サラエヴォの代書屋の「年代記」

もう一つの例は、サラエヴォで代書屋を営み、そのかたわらモスクのイマーム兼説教師、初等学校の教師などを務めていたモッラー・ムスタファによる「年代記」である。[24] 著者自身はこの著作を、さまざまなテクストが一つに綴じられた雑録や合本を意味するメジュムーアと呼んでいるが、それは実際に、「年代記」に相当するテクスト以外に詩や民話などが書き留められているからである。「年代記」は内容的に二つの部分から構成されており、第一部は一七五六～五七年の記述から始まり、一八〇〇～〇一年までの出来事が時系列にそって記されている、狭い意味での年代記あるいは同時代史の部分である。[25] 年のみで月日の記載のない項目も多い。後半部は死亡録であり、冒頭にヒジュラ暦一一七一年以前（一七五七年九月一五日以前）に死んだ人物の名前が（時系列と関係なく）並べられ、その後は一八〇四～〇五年まで一年区切りでその年に死亡した人物が記録されている。[26] この時代の年代記は、年ごとに事件史を記述してからその年に死んだ人物の短い伝記を最後にまとめて書き、翌年に移るという形式をとるものが多かった。モッラー・ムスタファのこの「年代記」は、死亡録が別にまとめて書かれるという点で異なっているが、一年単位で物故者をまとめているという点で、年代記の形式に即していると言える。

モッラー・ムスタファは、サラエヴォ内またはその周囲で生じた日々の出来事を、直接あるいは間接的な体験や見聞をもとに記している。その内容は、戦争、暴動、行政官の赴任、軍隊の出発、徴税、疫病、火事、悪天候といった比較的大きな事件から、殺人、事故、物価、巡礼団の出発、同職組合によって企画されたピクニックといった日常的・平凡な出来事など、広汎にわたる。自分自身やその生活についての記述も所々に現れ、また、事件や人物に対する彼自身の評価もしばしば記されている。また、死亡録の部分では、彼が直接見知っている人物が大多数を占め、各人の特徴や性格、あるいは著者による人物評がごく短く付け加えられている。このように、彼の「年代記」には、備忘録的なハーフズ・メフメトの「日記」よりも、作者の個がはっきりと刻印されており、「自己語り史料《エゴドキュメント》」と呼ぶに相応しい文献である。それと同時に、公式の史料には現れない一八世紀末〜一九世紀初頭のサラエヴォの社会生活を知るための第一級の一次史料である。

モッラー・ムスタファは、「年代記」全体からするとごく一部にすぎないが、先述のイスタンブルのイマームと比較すると、自分自身についての記述を多く残している。[27] われわれは、彼が一七五九年にモスクのイマーム兼説教師となり、その任務を続けるかたわら、一七六三年にガーズィー・ヒュスレヴベグ・モスクの隣にある時計塔のふもとに店を構えて代書屋業を始めたことを知ることができる。途中に断絶があるものの、彼は晩年まで代書屋業を続けた。店を拡張したり、移転したり、また、祝祭時に店の飾り付けをしたりしたことなども記されている。彼のこの生業に関して注目されるのは、一七八八年の対オーストリア戦争時に、前線にいる夫や息子への手紙を書いてもらうために彼のところに多くの女性がやってきたという記述であろう。[28] 彼がイマームをしていたモスクと並んで、彼の店にもまた多くの客が訪れたことがうかがえ、こうした人々から彼は町の様子を聞いていたものと考えられる。疫病がはやった際には、彼はコーヒーハウスで人々に死者の数を聞き回って情報を集めた。その際、彼は、サラエヴォに一〇〇の街区があり、各街区での死者を八〇人と見積もって合計八〇〇〇人という推計を、自分の街区で八〇人程度死者が出たとする多数の証言によって補強し、それ以上が死んだと言う者は計算がわからない愚か者だと評している。[29] なお、この年（一七八二～八三年）の疫病では、著者の二人の娘も命を奪われた。[30] 自身の子どもの誕生や死亡の記事は、前述のイマーム・メフメトと共通する特徴をもっている。息子や娘の誕生の「喜び」は、イマームの場合と同様に、生まれた時刻を正確に記すことによって表され、[31] その一方で、家族の死は淡々と述べられる。[32]

上述の疫病による被害者の推計の例に見られるように、著者モッラー・ムスタファの合理的・批判的態度は、この「年代記」の注目に値する特徴である。たとえば、サラエヴォの法官（カーディー）が断食月（ラマダーン）に日の出前に砲を撃たせ、それ以後は食事をとらないよう命じた際、[33] サラエヴォ市民は当初好意的に受け入れたというが、著者は「私は全く気に入らなかった」とはっきりと述べる。実際、しばらくして人々は大砲に不満を抱くようになり、何の役にも立たないと言い出し始めたという。[34] 彼は概して教条主義的な傾向に批判的であり、厳格主義的イスラームを唱える「カドゥザーデ派」[35] や、「狂信者《ムタアッスブ》」を非難の対象として描いている。町に興行に来た曲芸師（あるいはレスラーか）をカドゥザーデ派の者たちが追い返したため、人々はこぞって隣町まで見に出かけたというエピソードは興味深い。モッラー・ムスタファは、「許可を与えなかった者たちは人々に大変な骨折りをさせた。カドゥザーデ派からは見世物は来ないで厄介事が生まれる」と記している。[36]

死亡録の部分はかなり網羅的で、そこに名前の記されている物故者は、全体で約四〇〇〇名にも上る。疫病のはやった一一九七年（一七八二～八三年）には、三〇〇名もの死者の名が書き留められている。著者自身は「友人」や「会って話した人」の死亡録としているが、実際には「顔見知り」の範囲をはるかに超えているようである。キリスト教徒やユダヤ教徒も挙げられているが、女性はごく少数である。この点はイスタンブルのイマーム、ハーフズ・メフメトの「日記」とは対照的で、「日記」における死亡録では非ムスリムは見当たらないが、女性は一割以上の頻度で現れる。この相違は、モッラー・ムスタファがサラエヴォという都市の社会空間に目を向けているのに対し、ハーフズ・メフメトが街区という、より親密な空間を中心に記録をつけていることに由来するものと、とりあえず言うことができよう。

モッラー・ムスタファにとって、この「年代記」を著した目的は明確である。彼は冒頭に、「私はサラエヴォの町とボスニア州のいくつかの出来事を記し、またその日付を記す。なぜなら、『書かれたものは永続し、覚えたものは失われる』と言われるからである」[37]と記している。すなわち、彼が記録を残した目的は、記憶を永続するためである。それは個人的な日記や備忘録ではなく、彼より後の世代の人間に読んでもらうことを想定して書かれたものであると言える。彼が同時代史と死亡録を一七五七～五八年に書き始めた動機も、比較的明確である。その年は、サラエヴォで一〇年にわたって続いた混乱が収束した時期にあたる。その間、サラエヴォでは暴徒たちによる騒擾が相次ぎ、官憲や地方名士たちも権威を失い、無秩序の状態にあったという。そしてようやく治安の回復した一七五七年にモッラー・ムスタファは、まず回顧的に混乱期を振り返って記述し、それから同時代の出来事を書き連ねていった。長期の社会的混乱は、彼に強い危機意識を抱かせたに違いなく、それが彼を、町の出来事とそこに生きた者たちの記録をとることに突き動かしたのであろう。おそらくは、平穏で秩序ある生活が決して当たり前でないこと、そして死が生と隣り合わせであることを後世に伝えたいがために[38]、彼は町の人々の営みを記録しようと決意したのである。上述のように、イスタンブルのハーフズ・メフメトの場合も同様に、政治的混乱がきっかけとなった可能性がある。また、カファダルの紹介する一七世紀のスーフィー、セイイド・ハサンもまた、日記の冒頭に疫病の流行によって家族や友人を失った事実を記しており、その喪失感が彼につかの間の日常を書き留めるよう促したのではないかとされる[39]。

モッラー・ムスタファの「年代記」は、自筆本一点しか知られていないため、たしかに広く読まれたわけではないであろう。しかし、特筆すべきは、この市井の年代記作者が町の人々の死亡録と同時代史を合わせて書き残し、サラエヴォの記憶を保存しようと意図したという事実である。

おわりに

サラエヴォのモッラー・ムスタファの「年代記」のユニークさは、著者の声がテクストの中に挿入されていることではなく（実際、それはオスマン朝期の年代記に広く見られる）、著者が中間層に属していた点である。たしかに彼は学問を修め、教養のある人物であったが、マドラサ教授、裁判官あるいは地方官などのようなエリートではなかった。また、街区の代表者であり、一時期書籍商ギルドの代表でもあったハーフズ・メフメトは、名士的存在だったとしても、帝国の支配組織の末端に組み込まれていたにすぎない。

一八世紀以前のオスマン朝において、年代記は比較的高い地位にあるウラマーや、中央政府の書記官僚によって著されるのが通例であった。だが一八世紀には、オスマン社会の各地で年代記作成の「民衆化」というべき新しい現象が観察されるようになる。その最も顕著な事例は、ダマスクスの床屋であったイブン・ブダイルであり、彼は自らの見聞をもとに一八世紀半ばの約二五年間（一七四一〜六二年）をカバーするダマスクスの年代記を著したのであった。彼の年代記の研究を最近発表したD・サジュディーは、イブン・ブダイルのほかにも、一八世紀のオスマン朝下のシリアで非ウラマー層の著した年代記が存在することに注意を促している。[40] 具体的には、二人の兵士、シーア派農園主の父子、ナーブルスのサマリア教徒の書記、[41] ギリシア正教徒の司祭であり、彼らは皆アラビア語で同時代の出来事の記録を著した。サジュディーは、こうした非ウラマー層年代記作者の出現という新しい現象を「ヌーヴォー・リテラシー」と名づけている。「ヌーヴォー・リテラシー」という用語で彼女は、従来エリートの文化の外部にいた社会層の中で識字率が上昇したということを言わんとしているのではなく、新しい社会集団における、（著作者《オーサー》としての）権威《オーソリティー》の上昇を問題にしているのである。

なお、一八世紀のオスマン社会における識字率について、確たるデータが存在するわけではない。そもそも「識字」をどう捉えるかということ自体が研究者の間で問題となっており、もはや識字率は単純に算出できるものではないが、近年の研究では、一八世紀（あるいは一七世紀から）にオスマン社会で読者層が拡大し、ものを書く人々も増えたことが論じられている。[42] これには、社会階層の流動化、都市中間層の成長といった背景を想定することができる。しかし、非識字と識字の間に多様な階調が存在していたにせよ、本書の他の章で扱われている地域と比べれば、同時代のオスマン社会において、読むことや書くことのできる人の割合が小さかったのもほぼ確実である。ムスリムによる最初の活版印刷所が開設されたのは一八世紀前半のことであったが、本格的に普及するのは一九世紀に入ってからである。書記能力は読む力とは違って特殊な技術と見なされ、それゆえにこそ、モッラー・ムスタファのような代書屋業が繁盛したのであった。

さて、サジュディーの扱った著者たちは皆、同時代の年代記、すなわち、自身の生涯の間に起きた事件の記録を著した。このジャンルは、「ヌーヴォー・リテラシー」を身につけた新しい識字層にとって容易に応用できるものであった。サラエヴォのモッラー・ムスタファもまた、まさにこの新しい識字層として特徴づけられる。イスタンブルのハーフズ・メフメトの場合は、自身の著作を人に読ませる意思があったかどうか定かでないので、この範疇に入らないかもしれない。しかし、彼の「日記」にも年代記的要素が含まれていたことを考え合わせれば、ここで述べた傾向の一部と見なすこともできるだろう。[43] 重要なのは、一八世紀後半のイスタンブル、サラエヴォ、そしてシリアで、著者の周辺で生じた出来事を記録するという行為が、従来の特定の社会層を越えて広がり始めたことである。これらの著者たちは、彼らの住む町や街区の記憶に意識的であったのである。

サジュディーの指摘によれば、イスタンブルにおいては、一八世紀に伝記集の編纂が衰退した代わりに、墓標が伝記に取って代わったのだという。[44] たしかに、E・エルデムの研究が示すように、墓石に墓碑銘を刻む慣習が一八世紀のイスタンブルで多様な社会層の間に広まり、墓石はより装飾的に、墓碑銘はより長くなって故人を識別できるように変化していった。[45] ハーフズ・メフメトとモッラー・ムスタファが故人を記憶にとどめるべくその名前を書き付けていたのは、イスタンブルにおける墓碑の変容と同じ背景をもつものと考えられるのである。

注

（1）Cemal Kafadar, "Self and Others: The Diary of a Dervish in Seventeenth Century Istanbul and First-Person Narratives in Ottoman Literature," *Studia Islamica* 69（1989）: 121-150. また、Suraiya Faroqhi, *Approaching Ottoman History: An Introduction to the Sources*（Cambridge: Cambridge University Press, 1999）, 163-167 も参照。

（2）スーフィーとは、スーフィズム（イスラームの神秘思想、修行を通じて内面的な信仰を追求する思想・信仰形態）の実践者。

（3）Dwight F. Reynolds, ed., *Interpreting the Self: Autobiography in the Arabic Literary Tradition*（Berkeley and Los Angeles: University of California Press, 2001）.

（4）Ralf Elger and Yavuz Köse, eds., *Many Ways of Speaking about the Self: Middle Eastern Ego-documents in Arabic, Persian, and Turkish*（14th-20th century）（Wiesbaden: Otto Harrassowitz, 2010）.

（5）François-Joseph Ruggiu, ed., *The Uses of First Person Writings: Africa, America, Asia, Europe*（Brussels: Peter Lang,

2013).

（6） オスマン帝国史の分野では、Derin Terzioğlu, "Man in the Image of God in the Image of the Times: Sufi Self-narratives and the Diary of Niyazi-i Misri (1618-94)," *Studia Islamica* 94 (2002): 139-166; Selim Karahasanoğlu, *Kadı ve Günlüğü: Sadreddinzade Telhisi Mustafa Efendi Günlüğü (1711-1735) üstüne bir İnceleme*（『裁判官とその日記――サドレッディンザーデ・テルヒースィー・ムスタファ・エフェンディの日記に関する研究』）(Istanbul: İş Bankası Kültür Yayınları, 2013) などがある。

（7） オスマン朝以前の時代にアラビア語で書かれた地方史・伝記集（人名録）については、佐藤次高「歴史を伝える」（林佳世子・枡屋友子編『記録と表象――史料が語るイスラーム世界』東京大学出版会、二〇〇五年、五五―七九頁）、谷口淳一「人物を伝える――アラビア語伝記文学」（林・枡屋『記録と表象』一一三―一四〇頁）、森山央朗「地方史人名録――ハディース学者の地方観と世界観」（柳橋博之編『イスラーム　知の遺産』東京大学出版会、二〇一三年、六一―九四頁）。

（8） この点については、林佳世子「トルコ」（羽田正・三浦徹編『イスラム都市研究――歴史と展望』東京大学出版会、一九九一年）。

（9） ソアンアー・モスクは、現在の旧市街、ベヤズト広場から路面電車の通りをはさんで反対側（南側）に位置する。

（10） Hafiz Mehmed Efendi, *Ceride*（『帳簿』）（スレイマニエ図書館 Zühdü Bey 453）; Kemal Beydilli, *Osmanlı Döneminde İmamlar ve bir İmamın Günlüğü*（『オスマン時代のイマームとあるイマームの日記』）(Istanbul: Tarih ve Tabiat Vakfı, 2001). なお、ベイディルリは写本の見返し（きき紙）を1aとしているが、本稿では第一葉の表を1aと表記し、括弧内に刊本のページ番号を示す。

（11） 第三〇葉～第三三葉で、再びこの時期の出来事が採り上げられている。

（12） チーズやひき肉などを挟んだクレープ。

（13） Hafiz Mehmed, *Ceride*, 40b (215).

（14） Ibid., 40b (214-215). 死亡録の中に書籍商が何人か見られる。

（15） Ibid., 43a, 44a-44b (221, 225-226, 228). 客観的な書きかたのせいか、刊本の編者は、三人の息子のうち二人を別人であるソアンアー街区のイマームの息子と解釈している。Beydilli, *Bir İmamın Günlüğü*., 89. なお、第四四葉で言及される Ahmed Neş'et は、第三〇葉に誕生記事のある Ahmed Reşîd と同一であると考えられる。誕生日が犠牲祭の三日目、すなわちヒジュラ暦一二二五年第一二月一二日であるので（刊本には誤解がある）、一二二七年第六月一一日における死亡時の年齢（一七か月二八日）が一日の誤差をもって合致するためである。

(16) Hafiz Mehmed, *Cerîde*, 44a (226).

(17) Nelly Hanna, "Self Narratives in Arabic Texts 1500-1800," in Ruggiu, *The Uses of First Person Writings*, 146-148.

(18) イブラヒム・ネスィーム・エフェンディ İbrahim Nesim Efendi（一八〇七年没）のこと。大宰相の首都不在時に代理を務める要職である大宰相用人（サダーレト・ケトヒュダース）に二度就任した。Mehmed Süreyyâ, *Sicill-i Osmânî*, vol. 1 (Istanbul: Matbaʻa-i Âmire, 1308), 148.

(19) メフメト・サイード・ガーリブ・パシャ Mehmed Said Galib Paşa（一七六二〜一八二九）は三度の書記官長職ののち、一八二三年に大宰相に就任した。*Diyanet Vakf İslâm Ansiklopedisi*, vol. 13 (Istanbul: Türkiye Diyanet Vakfı, 1996), 330, s.v. "Galib Paşa, Mehmed Said" (Orhan F. Köprülü).

(20) Cem Behar, *A Neighborhood in Ottoman Istanbul: Fruit Vendors and Civil Servants in the Kasap İlyas* Mahalle (Albany: State University of New York Press, 2003), 19-20.

(21) Beydilli, *Bir İmamın Günlüğü*, 8-9.

(22) Hafiz Mehmed, *Cerîde*, 46b (230-231). 刊本の編者はメフメト・エサト・エフェンディを「日記」の著者とは別人と見なしている。Beydilli, *Bir İmamın Günlüğü*, 89.

(23) 一七一八年に始まる平和と文化的爛熟の時代、いわゆる「チューリップ時代」を終焉させた事件である。

(24) Kerima Filan, ed., *XVIII. Yüzyıl Günlük Hayatına Dair Saraybosnalı Molla Mustafa'nın Mecmuası*（『一八世紀の日常生活に関するサラエヴォのモッラー・ムスタファの雑録』）(Sarajevo: Connectum, 2011). また、Kerima Filan, "Life in Sarajevo in the 18th Century (According to Mulla Mustafa's Mecmua)," in *Living in the Ecumenical Community: Essays in Honour of Suraiya Faroghi*, ed. Vera Constantini and Markus Koller (Leiden: Brill, 2008), 315-345 も参照。

(25) 実際には、第四葉〜第五八葉表、第一一七葉裏〜第一二〇葉表、第一四四葉表〜第一五五葉表の三部に分かれている。

(26) 第五八葉裏〜第九八葉裏、第一二三葉表〜第一四三葉裏。

(27) 興味深いことに、彼も「音の鳴る時計」の購入を書き留めている。Filan, *Molla Mustafa'nın Mecmuası*, 114 (21a).
(28) Ibid., 189 (56b).
(29) Ibid., 169 (42a).
(30) Ibid., 166 (41b).「〔疫病は〕一〇か月ほどの間に、いつも町の民衆の女子供を襲った。そして小生の子どもも死んだ。二人とも女〔の子〕だった」
(31) Ibid., 79 (9b), 83 (12a), 112 (19b), 119 (24a), 136-137 (32b).
(32) Ibid., 166 (41b), 234 (62a), 253 (70b), 261 (74b).
(33) イスラーム教徒はラマダーン月に、夜明けの礼拝の呼びかけ（アザーン）の時点から断食に入り、日没まで続けるものとされている。おそらくここで言う号砲は、夜明け前の食事の終了の合図として、アザーンより前に撃たれたものと思われる。
(34) Ibid., 172 (43a).
(35) 一七世紀初頭に活躍した厳格派説教師メフメト・カドゥザーデの支持者たちを指し、イスタンブルでは一七世紀に何度か台頭した。サラエヴォにおけるカドゥザーデ派については、Filan, "Life in Sarajevo," 335-337 参照。
(36) Filan, *Molla Mustafa'nın Mecmuası*, 220 (154a). 同様に曲芸師が拒否された事件が、二〇年前の一七七九年にも起きていた。
(37) Ibid., 69 (6a). 二重カギ括弧内に引用された格言は、アラビア語で書かれており、一三世紀の著名なシーア派学者ナスィール・アッディーン・アットゥースィーに帰せられるようである。Jonathan Berkey, *The Transmission of Knowledge in Medieval Cairo* (Princeton: Princeton University Press, 1992), 25.
(38) 死亡録の冒頭部分には、「……彼らの魂に神の慈悲を祈るため、そして私自身の備えをし、私の命の恵みに感謝するために彼らの名前を記した」とあり、また別の箇所では、「……皆が自分の備えをするように、教訓とするように、そして自分自身を死者たちの一人と見なすように」と述べられている。Filan, *Molla Mustafa'nın Mecmuası*, 225 (58b), 238 (64b).
(39) Kafadar, "Self and Others," 143.
(40) Dana Sajdi, *The Barber of Damascus: Nouveau Literacy in the Eighteenth-Century Ottoman Levant* (Stanford: Stanford

University Press, 2013).

（41）サマリア教徒とは、ユダヤ教から分裂したサマリア派の人々を指す。

（42）Nelly Hanna, *In Praise of Books: A Cultural History of Cairo's Middle Class, Sixteenth to the Eighteenth Century* (Syracuse: Syracuse University Press, 2003); Id., “Literacy among Artisans and Tradesmen in Ottoman Cairo,” in *The Ottoman World*, ed. Christine Woodhead (London and New York: Routledge, 2012), 319-331; Tülün Değirmenci, “Bir Kitabı Kaç Kişi Okur?: Osmanlı'da Okurlar ve Okuma Biçimleri Üzerine Bazı Gözlemler（「1冊の本を何人が読むか――オスマン朝下の読者と読書形態に関する考察」),” *Tarih ve Toplum: Yeni Yaklaşımlar*（『歴史と社会――新しいアプローチ』）13 (2011): 7-43. 林佳世子は一八世紀を書籍への関心が高まった時代だとしている。林佳世子『オスマン帝国五〇〇年の平和』（講談社、二〇〇八年、二八五頁）。

（43）イスタンブルでは、低位のカーディー（裁判官）やワクフの収入係が、自己語りの要素の少ない、より純然たる同時代年代記（あるいは同時代を含む年代記）を著している。Şem'dânî-zâde Fındıklılı Süleyman Efendi, *Şem'dânî-zâde Fındıklılı Süleyman Efendi Târihi Müri't-tevârih*（『シェムダーニーザーデ・フンドゥクルル・スレイマン・エフェンディ史　諸史の指示針』), ed. M. Münir Aktepe, 3 vols. (Istanbul: Edebiyat Fakültesi Matbaası, 1976–81); Feridun M. Emecen, ed., *İstanbul'un Uzun Dört Yılı (1785-1789): Taylesanizâde Hâfız Abdullah Efendi Tarihi*（『イスタンブルの長い四年間（一七八五〜一七八九）――タイレサーニーザーデ・ハーフズ・アブドゥッラー・エフェンディ史』）(Istanbul: Tarih ve Tabiat Vakfı, 2003); Câbî Ömer Efendi, *Câbî Târihi: Târîh-i Sultân Selîm-i Sâlis ve Mahmûd-ı Sânî: Tahlîl ve Tenkidli Metin*（『ジャービー史――セリム三世とマフムト二世の歴史　校訂版』), ed. Mehmet Ali Beyhan (Ankara: Türk Tarih Kurumu, 2003).

（44）Sajdi, *Barber of Damascus*, 35.

（45）Edhem Eldem, “Urban Voices from Beyond: Identity, Status and Social Strategies in Ottoman Muslim Funerary Epitaphs of Istanbul (1700–1850),” in *Early Modern Ottomans: Remapping the Empire*, ed. Virginia H. Aksan and Daniel Goffman (Cambridge: Cambridge University Press, 2007), 233-255.

[追記]　本研究はＪＳＰＳ科研費２６２８４１０６の助成を受けたものである。

第九章　集合記憶の構築と自己

――ヴェネツィアにおける近世の都市民意識の誕生

ドリット・ライネス
（木村晶子訳）
（高田良太校閲）

一　家系と集合記憶

重層的な記憶がいかに入念に作られたのかを遡って調べて行くと、近世ヴェネツィアにおいて、二つの独特な現象が結びついていることが示唆される。すなわち、当時存在していた権力のあり方を、主要な役割を演じていた人々を通して指し示すこと、そして同時に家や国の文書庫に残された記述作品を分析することである。こうした記述作品には、非公式のものも公式のものもあり、さらによい作品は、一連の異なる声から単一の主要な声が立ち現れてくる過程そのものを描く。

本稿では、ヴェネツィアの社会がその理想を伝えるためにいかに記憶の再収集と忘却を利用し、自らの歴史叙述の形を作ったかに焦点を当てる。さらには、記憶の形成において役割を果たした主要人物たちが一体誰であったのかを明らかにするとともに、集合的な叙述の転換期となる、記憶の再収集の過程が抑制的であった時代や、他のタイプの記憶法が現れ始め、時に公的な叙述に対抗した時代に光を当てることとなる。

千年に及ぶ記憶は耐えられないような重荷となり得る。共同体の原初形態が多くの別個の移民集団によって形作られたものであり、それぞれの集団がそれぞれ自身の物語を所持しているという場合には、なおさらである。あらゆる共同体の都市民が都市民としての自己を形成するうえでの主要な要素の一つが記憶であると考えるならば、その時には、ヴェネツィアが一〇〇〇年にわたって生きながらえてきたなかで産みだした「記憶の創作物」のすべての領域、すなわち年代記から個人の日記、家系誌から公式の歴史編纂物までにおよぶ見取り図をつくることによって、私たちは家系の記憶の形成のために個人の記憶が様々な段階を経ることとなり、そして今度は回り回って家系の記憶が集合的自己についての叙述へと作り込まれて行く、そうした過程を跡づけることができる。主として教養ある教会人集団（時には宮廷に仕えた）が出来事の中心的な語り手であったような他の中世ヨーロッパ社会とは違って、ヴェネツィア社会は商人の社会という特徴のために高い識字率を誇っていた。このことは同時に過去と現在の経験を紙の上に書くという習慣をより広く普及させた。しかし、家系［通例、familyには家門という訳語が充てられ、政治体としても機能しうる男系の親族集団を主に指す。しかし、ヴェネツィアの場合には女性にも相続権が広く認められていること、政治的主体としての具体的な動きを検出しにくいこと、以上の理由から家門としては定義しにくい。そのため、本稿では婚姻と血縁によって結びつき同じ姓を名乗ることで一定のまとまりをもつ集団、家系をfamilyの訳語にあてた］が社会の基本的単位であり、出身家系を通してかろうじて個人が社会的にも政治的にも存在する権利を得ていた、そのような社会においては、個人の記憶は都市の歴史を語る代表的なものとしては受け入れられなかったが、都市民にふさわしい振るまいの模範としては使用され得た。ヴェネツィアの支配階級の人びとは事実、自らの声以外の外部の声を封じ込め、一五世紀に二つのジャンルを創り出した。すなわち、①ヴェネツィアの公職に人生を捧げた人物以外の個人を歴史的な行為者としては完全に無視した、重要な出来事の連なりをたどったいくつかの年代記を時代順にならべた総体としての公的な歴史、②ヴェネツィア市民の内面に共和国の理想を伝え、都市民としての自意識を創り出す目的で、自らの歴史と記憶を利用した個々人と各家系によって生み出された様々な創作物、である。

二　中世の記憶

しかし近世のヴェネツィアの叙述史料を理解して、そして個々人と各家系を表現する史料よりも集合記憶の型にはまった史料のほうがより大きな成功をおさめた理由を理解するためには、必然的に、急速に発展した年代記の構造がヴェネツィアの物語と歴史の理想を形づくり、何世紀にもわたってその理想を涵養した時代である中世を出発点としなければならない。ヴェネツィアの中世の年代記記述についての我々の知識は部分的なものにすぎない。しかし、二つの異なるタイプを識別することができる。すなわち、支配者の手になる「大年代記（annales maiores）」であり、ここでは宮廷助祭ヨハネスによって書かれた年代記のことを指す。ヴェネツィアの歴史を、その起源からドージェ（最高執政官）ピエトロ二世・オルセオロ（Pietro II Orseolo）（九九一～一〇〇九）[1]の統治時代まで叙述した年代記である。そしてそれよりは後の時代に成立した、単一の共同体あるいは民族集団の出来事を叙述する年代記「小年代記（annales minores）」[2]は、たとえばグラード（Grado）の年代記やアクイレイア（Aquileia）の年代記、アルティーノ（Altino）の年代記のことをいい、これらの史料は全て一一世紀から一三世紀に書かれたものである。[3] どちらのタイプも都市民意識の発展の指針としての一種の都市民形成（Bildung）については無関心である。支配者側の史料は権力を求めるドージェとヴェネツィアの主張を揺るがないものとすることには大きな関心を示していても、一方で、後世になると過度に強調されるようになる、五世紀のヴェネツィアの人びとによるフン族の王アッティラ（Attila the Hun）からの逃避行と、潟湖に浮かぶ島々に自らの支配を確立する経緯を物語ることを通じて表現された自由と独立の理念については、わずかに触れているにすぎない。単一の諸集団の手になる史料はカロリング朝の慣習［『フランク人年代記』や『サンベルタン年代記』などにみられる年代記編纂の伝統を指すと思われる］に従っていて、むしろ将来的な編集作業を見越した準備作業としての意味合いの強い作品であった。この史料はたいていは、他の資料から写されたとおぼしき引用とともに、教皇、ローマ皇帝、グラードの総大司教といった人物の一覧が繰り返し現れるという構成をとる。[4]

一一七二年には大評議会の成立をみることとなる、一一四三年に始まったヴェネツィアのコムーネ期には、ある種の統一された出来事叙述の傾向をもった最初の試作品が現れた。[5] 重要な新機軸となったのは、支配者のある種の集合的な事績録（res gestae）における紋切り型（eikon-imago）としてのドージェ像を通して、ヴェネツィア史を物語ろうとする試みであった。これは一つには、ドージェの在位期間を別々の構成単位として歴史を分ける、均一的な叙述法のためであった。しかしこの叙述は、個人としてあるいはヒーロー像としてのドージェの人格にではなく、作者が強調したいと願う美徳を体現する存在としてのドージェの人格にシンパシーを示している。[6] それから一世紀後の、一二六七年から一二七五年の間に、マルティノ・ダ・カナル（Martino da Canal）という一人の都市民によって書かれた、都市ヴェネツィアとその住民に捧げられた最初の叙述が現れた。そこでは支配者階級の視点は無視され、出来事にのみ重きが置かれ、それらに作者自身のコメントが付されていた。[7] 公的な資料はほとんど使用せず、より多くの他の種類の資料を使って記された、都市ヴェネツィアの歴史へのある種の慎重な考察がなされたことの証となるこのタイプの叙述は、より個人に踏み込んだ叙述を実験的に試みたおそらく唯一の同時代史料として残存することとなった。実際に、一三一〇年の支配階級に対する反乱と、その後の一三五五年におけるドージェ自身による政府転覆の企みという結果につながった一四世紀前半の混乱した政治的出来事は階級の閉鎖化を招くとともに、政治的構造の中心的存在であった諸家系の権力が、主権政治機関である大評議会の一二九七年の改革（セッラータ）において確立された合議制統治の原則とは相容れないのだとする判断が下されるという、かなり奇妙な状況を生じさせることになった。

三　共和国の叙述と貴族家系の叙述

ヴェネツィアの統治者であったドージェ、アンドレア・ダンドロ（Andrea Dandolo）は『詳細に記述された年代記（Chronica extensa）』を一三四三年から一三五二年の間に書いたが、彼は彼の時代以前に記されたすべての年代記を、不完全であるか、ある人物あるいは一つの民族集団の理念だとして廃棄した。[8] ドージェははるかに野心的な計画を温めていた。すなわち、広く普及している様々な叙述から統一的なものを作り上げることである。そうする時に、彼は潟湖の社会が移民を起源としていることとそれぞれの民族の共同体の間の長く続く分離状態を、忘却へと押しやることを望んだ。[9] パトリック・ギアリ（Patrick J. Geary）が「過去が現在へと生き続けるための遺物」[10] と呼んだように、「記憶の幻影」はすでにヴェネツィア社会に取り憑いていた。ヴェネツィアのアイデンティティを一つにするという目的へと現実を（再）構成しようとする意図をもって絶え間なく努力を続けるなかでは、集合的忘却だけでなく集合的記憶もまた有用であった。何を歴史のゴミ箱に追いやるべきで何を強調し称賛するべきなのか、ということをめぐってダンドロは差し迫ったジレンマを抱えていた。彼は選考の段階に入ったが、その方針は公的記録のみが「真実」の証拠となるという前提に基づいていた。それゆえ彼は、他の有益な資料を全て廃棄してしまったのである。彼が廃棄してしまった資料は都市生活に光を当てたかもしれないし、彼が示そうと望んだヴェネツィアの歴史叙述を完成させるものだったかもしれないというのに。(11)

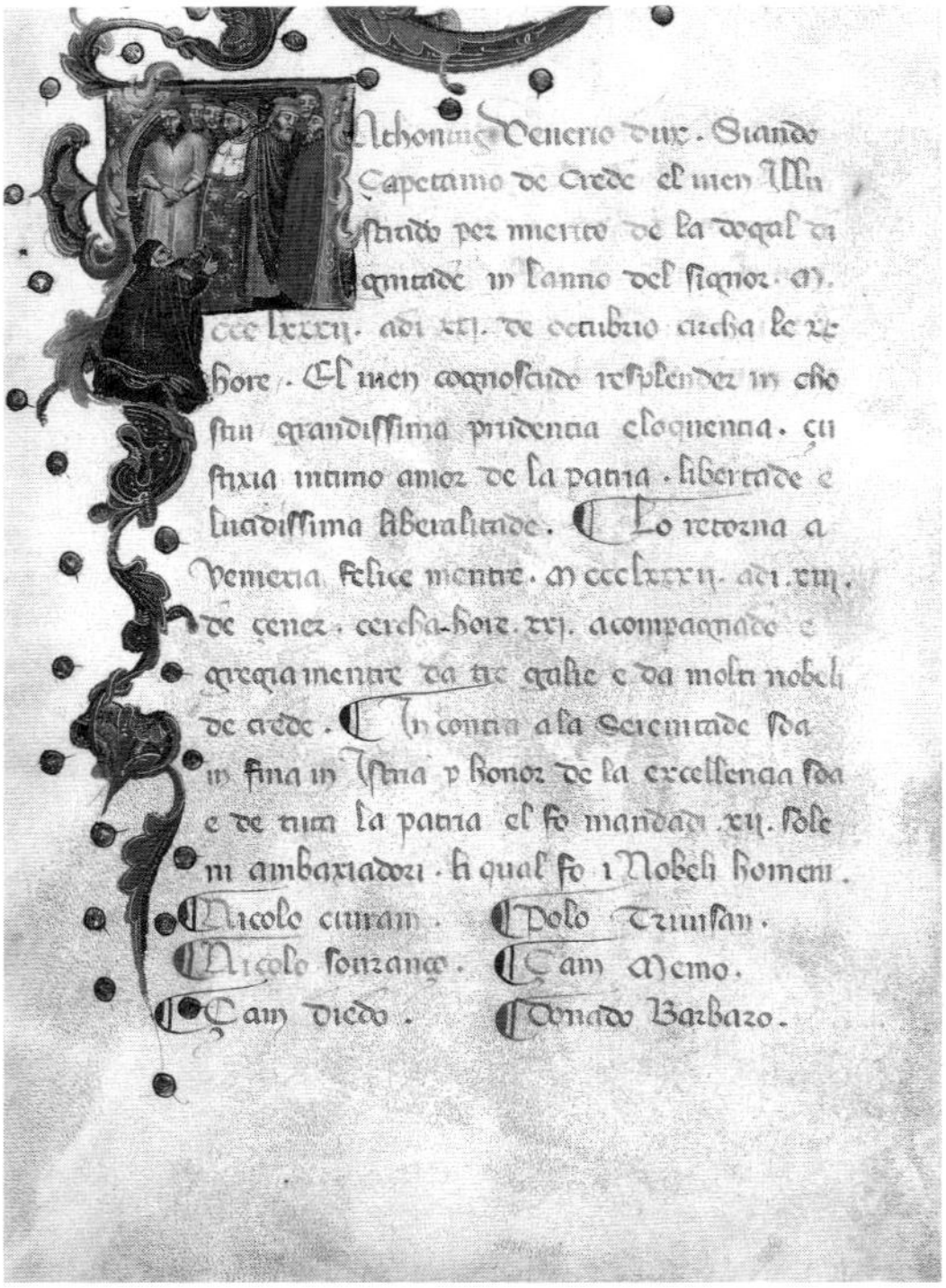

図1　ラファイン・カレジーニ『年代記』。1383-1386 年の間に書かれた。国立マルチャーナ図書館（ヴェネツィア）蔵。閲覧番号 Cod. Marc. It. VII, 770（=7795）。不許複製。

おそらくドージェの人物像を主要テーマとした特異な直線的な物語を作成しようとするダンドロの努力に対する反応として、エリート家系は彼ら自身の叙述とヴェネツィア史におけるその役割を記すことを断念できなかった。フィレンツェの家門たちとその家門を構成する個々人が日記をつける伝統を有していたのとは対照的に、(12)ヴェネツィアの家系は記憶を通したヴェネツィアの歴史の集合的叙述という形を選んだ。彼らはそれぞれの家系の短い叙述的な簡略的歴史、すなわちある種の見出付きの年代記を作成し、それらをすぐに参照できる形の年代記の末尾に付け加えた。この斬新さはその構成にあった。つまり、簡単に移動できる短くも有益な部分でできた「データベース」であり、これは簡単なテクスト操作のための対象となった。それぞれの家系の簡略史は複数の分類学的カテゴリーからなる構造を有しており、事実、実験的な場へと変化した。すなわち、基本的なテクストの構造を損傷することなくあるカテゴリーを除外、付加、あるいは変更することで操作されてきた可能性がある。(13)事実、継続的に事実情報が推敲されていった結果生まれてきた作品は、ヴェネツィアの貴族たちがヴェネツィア社会の成立に関する統一的な物語を作り出すために、継続的に様々な民族の歴史的叙述を操作してきた、そのやり方をはっきりと示している。この操作によってヴェネツィアの原初の社会が移民から成っていたという性質は完全に消され、祖先から受け継がれた権利に基づく社会的政治的な優位が、複数の家系で構成される選ばれた集団のために主張された。

歴史的叙述に対するこれら二つの挑戦的なアプローチ、すなわち一方は尚書局の記録を基にした公的で非個人的なタイプの叙述と、もう一方は特定家系の明確な特権的身分を強調した集合的で家系的なタイプの叙述間の緊張状態が、何らかの形で新しいジャンルの登場の素地をお膳立てすることになった。商人の手紙、うわさ話、議会審理や公的記録により多く基盤をおいた一五世紀の年代記は直ちに成功を収めた。マルティノ・ダ・カナルの一三世紀の年代記はおそらくその時代の先頭を行っていた。彼の個人的なコメントは、政治的成熟にまだ達しておらず、脆弱なままである制度に対する攻撃として理解された。ヴェネツィア共和国は一五世紀を迎えてようやくこの手の政治的成熟を誇ることができるようになるのである。この新しいジャンルにおいては、ヴェネツィアの起源とヴェネツィア人のアイデンティティについての神話を扱った部分に、イデオロギーに基づいて構造化された時系列的叙述は押し込められ、その一方で同時代人にとって最近の時代を扱った部分においては、ウーディネ（Udine）からブレシア（Brescia）までの本土の領域を段階的に征服していったことによって成立した、勝ち誇った都市国家にして帝国の、生き生きとしたそして時には華麗な姿が描写された。この広大な領域、さらに挙げればイストリア（Istria）、ダルマティア（Dalmatia）、そしてギリシャ（Greece）という地域もまた、ヴェネツィアの覇権の下に等しく置かれ、情報の伝達と、商人と支配者にとっての有益な商品のための安全な停泊地をかたちづくった。そして年代記のこの新しいジャンルは、情報の伝達のリズムと圧倒的な量によって、そしてヴェネツィアはもはや潟湖に浮かぶ小さな島ではなく広大な帝国の首府であるという自覚によって大きく左右されるものとなった。

四　帝国の記憶

一四〇二年の枢密尚書局の創設は、本土の征服が進み他の部署から機密記録を隔離する必要性が生じた時期に符合する。その時点から先は尚書局に雇われた者とわずかな人のみが元老院と十人委員会の記録に対する日常的なアクセス権を持つのみであった。この決定は確実にヴェネツィアの歴史を正確に叙述することを願う年代記作者を限定することになった。(14)

書くことや過去をひもとくことを好む人文主義者の嗜好性、成長する都市民意識、これらすべては熱狂的な年代記の執筆活動を引き起こすものであった。人びとは日記をつけ始め、中世の慣習であった年代記的慣行（chronico more）に従って、日記のなかに筆写された一つないし複数の年代記の詳細を歴史的部分として加えた。それらを引き継いだ人は日記部分を編纂し直し、ドージェ伝の形式を主要な構成として維持し、関連性の少ない事実を消去することによって形をよりコンパクトにし、テクストをより精巧なものに変えた。ドージェ、アンドレア・ダンドロの大きな仕事はそのようなものとして書き継がれることはなかった。それは生の資料を欠いていた。つまり急使による手紙、大使の報告書、そして行政府の布告といった国家の記録である。

一五世紀の間と一六世紀前半には数百もの年代記が書かれた。神話的過去の奴隷であったヴェネツィア帝国は、巨大な領域を征服したという並はずれた業績を語るために、今度は現在へとその目を向けた。もし、その時までは年代記を通じて過去の叙述を「管理し」なければならなかったのだとしても、ヴェネツィア帝国は、これからは大部分は支配的エリートの成員によって書かれた日記を通して、同時代の叙述を操作しようとした。日記の書き手の一部は自分の名前を明かすことはなかったが、なかには自分の名前を記したものもいた。だが、こういう話をすると驚かれるかもしれないが、書き手はめったにその叙述にいかなる個人的な証拠も残すことはなかったのである。彼らは時には様々な状況に厳しくコメントを記したが、彼ら自身の話はしなかった。こうした作品の例としては、ヴェネツィアの起源から一四五八年までの歴史を取り上げたジョルジョ・ドルフィン（Giorgio Dolfin）（一三九六～一四五八）の年代記や、一〇九四年から一四三三年までを取り上げたアントニオ・モロジーニ(15)（Antonio Morosini）（一三六八～一四三三年以降）の『年代記』があがる。さらにいえば、一六世紀初頭に日記をつけていた人々のなかでも最も著名な人物のひとりである、ヴェネツィアの貴族マリン・サヌード・イル・ジョーヴァネ（Marin Sanudo il giovane）（一四六六〜一五三六）も一例としてあげられる。三七年間（一四九六〜一五三三）にわたる記録、手紙、布告、行政官のリストの細部までの正確な収集と筆写からなる五八巻にも及ぶ彼の作品は、今日でも歴史研究の要となるものである。[16] 同様に、貴族出身の商人ジローラモ・プリウーリ（Girolamo Priuli）は主として同時代の商人の手紙に基づいた、別の『日記』（一四七六〜一五四七）の著者となったが、彼は一五〇九年にヴェネツィアが惨敗しほとんどすべての本土領を失うに至ったカンブレー同盟戦争時において、同胞たちが管理能力を発揮できなかったことに対する激しい批判に強く傾いている。[17]

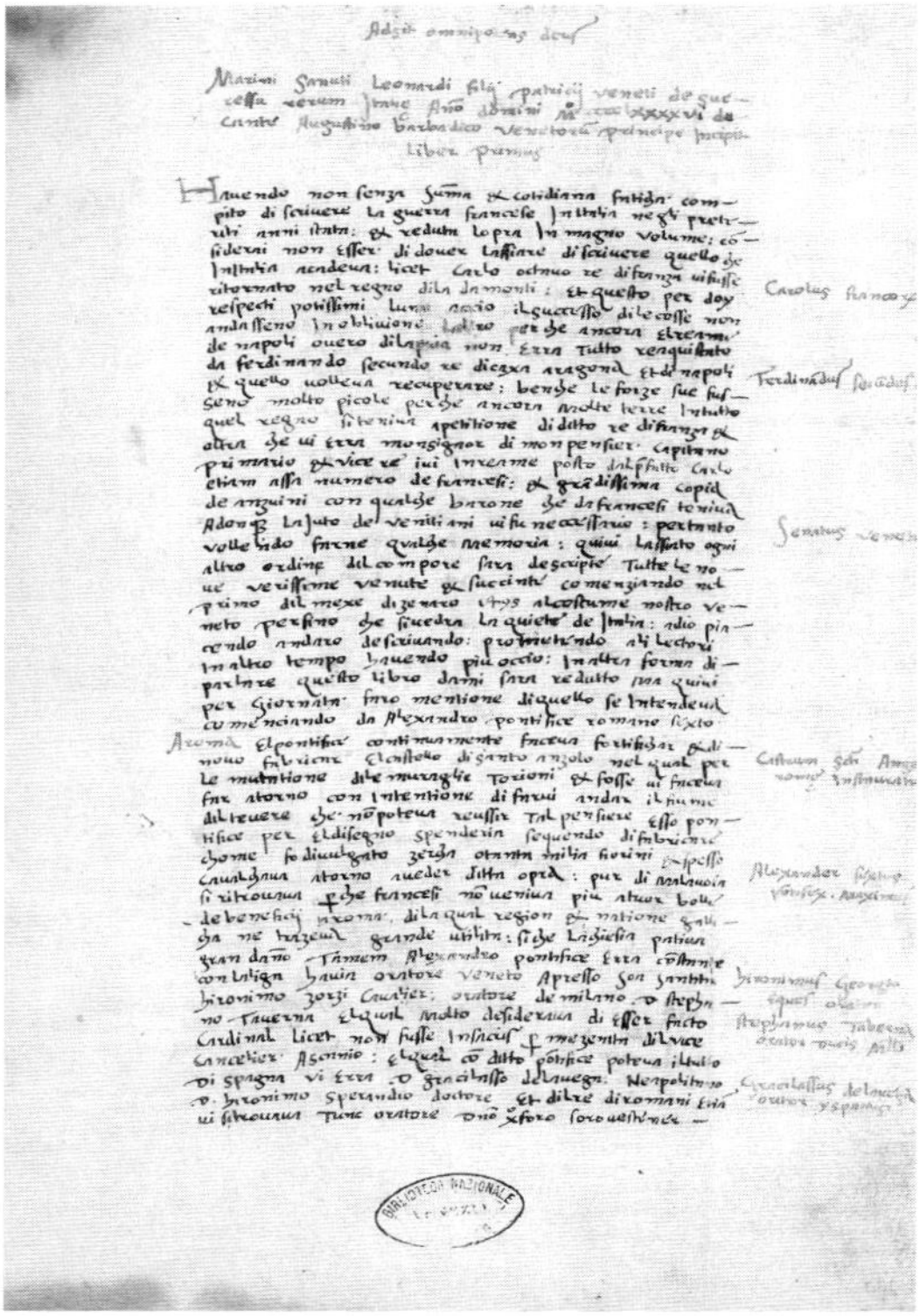

図2　マリン・サヌード（1466-1536年）『日記』の最初のページ。国立マルチャーナ図書館（ヴェネツィア）蔵。閲覧番号Cod. Marc. It. VII, 228（=9215）。不許複製。

しかし帝国は（ドージェ、ダンドロが行ったように）その力と領域的征服を正当化するために、事実を集めた公認の物語なしでいられるほどの余裕はなかった。フィレンツェの人文主義者らの活動がにわかに活況を呈し、尚書官レオナルド・ブルーニ（Leonardo Bruni）、ポッジォ・ブラッチョリーニ（Poggio Bracciolini）、バルトロメオ・デッラ・スカーラ（Bartolommeo della Scala）(18)の手によって国家的性格をもった歴史書が編纂されるという事態に直面したヴェネツィア政府は、修辞学の素養と説明能力を必要としており、高名な人文主義者であるフラヴィオ・ビオンド（Flavio Biondo）に協力を求めた。それが得られなかったために、彼らは一四八七年に『長いヴェネツィア史（Decades rerum Venetarum）』を発表した最初の公的な歴史編纂者であるマルカントニオ・サベッリコ（Marcantonio Sabellico）に今度は目を向けた。(19)それ以来、公的歴史編纂は主として外交と国際関係を扱うということがはっきりとしてきた。歴史編纂者として任命された人物はすべて政治家か外交官であった。一方、熱意は薄れていたものの、一六世紀の間には年代記の一種であるドージェ伝が依然として作成され続けていた。一六世紀末に書かれたフランチェスコ・モリン（Francesco Molin）の日記のように、いくつかの日記はいまだに書き綴られてはいたが、そのジャンルへの関心は失われていた。(20)

公的歴史編纂と非公式の年代記記述の間で確立した弁証法は、歴史を述べる過程における個人の役割をはるかに大きく減じた。国際関係をますます密におおっていく網の目のなかで主要な役割を演じることになったのは、潟湖に浮かぶ島であるとともに共和国としての帝国であることを目指した、都市ヴェネツィアであった。それはまるでヴェネツィアがすべての貴族とエリート家系を共和国的平等の名の下で統合していることを表しているかのようであった。一四九〇年代当時、本土領の都市を支配する行政官たちを称賛する文章が、小冊子に印刷されていた。こうした文章の発行は、ヴェネツィアの公正な支配の範例として、行政官の従うべきルールを収録する場合に限って許された。在任期間中にあるいは死後に称賛を送るべく書かれたドージェ（だけでなく知識人たち）への追悼演説、ならびに称賛演説と頌徳演説には、現実の姿を描写する以上に範例を表す機能もあった。[21] すべては最高の目標のために抑制されていた。すなわち国家への奉仕である。「帝国」という概念は勝利の都市という概念の同義語となっており、「共和国」はその有名な行政府の形態の同義語となっていた。ヴェネツィアの神話は一六世紀半ばにその絶頂期にあった。ヨーロッパはその神話を讃え、そのように長きにわたる存続を謳歌することができた政治的制度の基本原理を理解しようとした。ヴェネツィア自身は自らの神話を深く信じるようになっていた。さらに意見の相違につながるあらゆる兆候を消し去ると同時に、フン族のアッティラ王から逃れた富裕で高貴ないくつかの家系によってこの都市が創建されたのだと主張する、起源の再発明を行った。

五　一六世紀の新しい動向

一五七三年のトルコへのキプロス島の譲渡に終わったキプロス戦争の結果は、ヴェネツィアでは無能な支配階級の失敗とみなされていた。ヴェネツィアの貴族階級はその名声に対する大きな痛手を被ることとなり、意見の相違はますます明らかとなってきた。ヴェネツィアは富をもたらす主要な源泉の一つを失い、同時に政治的にも経済的にもヨーロッパという劇場での重要性を減じていることがはっきりとした。支配的エリート内部での論争は激しくなった。公的な歴史編纂者たちによる公的な叙述に挑む経路のひとつは、一六三〇年に創設された「無名な者たちの」（Incogniti）アカデミーという知的サークルを主催した、貴族のジャンフランチェスコ・ロレダン（Gianfrancesco Loredan）という名士の周りに集った知識人集団からなる組織であった。その狙いは既存の文学と歴史ジャンルを嘲笑することにあり、正しい情報とつくり話をまぜこぜにしたり（フェッランテ・パッラヴィチーノ（Ferrante Pallavicino））、公的な作品にかわる代替作品を執筆したりした（ジローラモ・ブルソーニ（Girolamo Brusoni））。しかしアカデミーの成員たちが敢えてヴェネツィアのもうひとつの歴史を書くことはまったくなかった。(22)

時を同じくして、支配的エリートは自らが貴族身分を持つのだという認識を深めていき、一五〇六年と一五二六年に公布された条例は貴族の出生と婚姻とをより丁寧に管理する制度へとつながっていく。こうしたなかで、貴族家系は自分たちがヴェネツィアの歴史において独占的な役割を果たして来たのだとする確信を強めていった。一六世紀以降一七世紀を通じて、ヴェネツィアの生活のなかで決定的な構成要素として貴族家系が勝利を収めることになったことは、極めて明白なことだ。系図学者によって書かれた家系史を叙述する印刷本、家系の成員の生涯を通じて語られる手稿本形式の家系史、さらにはグリマーニ家の肖像付きで、その家系の偉業を余すところなく叙述した歴史書さえもが、貴族邸の図書館を訪れるすべての人たちの前に広げられた。こうしたエピソードの全ては、家系の概念が前面に強く押し出され、都市ヴェネツィアによる公的な叙述の独占に対して挑んでいたという事実を物語っている。(23)

ヴェネツィアの政治制度がゆっくりと弱体化し、役職を務めるべき、支配的エリートに適切な人数の成員がいるというような基本的な必要性へ応えることができなくなるにつれて、またもはや崩壊する制度から富を引き出すことができないのだと諸家系が感じ始めるにつれて、当時の出来事を叙述することが止まることとなった。実際、最後の公式の歴史編纂者であるピエトロ・ガルツォーニ（Pietro Garzoni）は一六九二年に選出されたが、一七三五年の彼の死後に、その職務が別の同僚に引き継がれることはなかった。(24)より分析的で懐古的な性格をもった別の歴史書のタイプが現れると、人びとは日記を書き留めることへ再び戻っていった。薬剤師、貴族、学者、法律家はそれぞれ自分自身の方法で書いた。すなわち都市における日常生活について思いついたことを日々書き込んだり、あるいはヴェネツィアの最後の五〇年をテーマとして扱ったりした。[25] しかし、このようなジャンルでさえ個人的あるいは私的な記憶を表現したものとしてみなすことはできない。一八世紀には、二人の有名な人物が大胆にも彼ら自身の個人的な物語を書いた。冒険家であり著述家でもあったジャコモ・カサノヴァ（Giacomo Casanova）と劇作家のカルロ・ゴッツィ（Carlo Gozzi）である。[26] ヴェネツィアにおいて自己は私的で個人的な領域の問題とみなされた。人はその感情を私信に記すことができたかもしれないが、彼の自己認識に関するかぎり、それが地理的・政治的な双方の意味でヴェネツィアと結びつくことは避けられなかったのである。

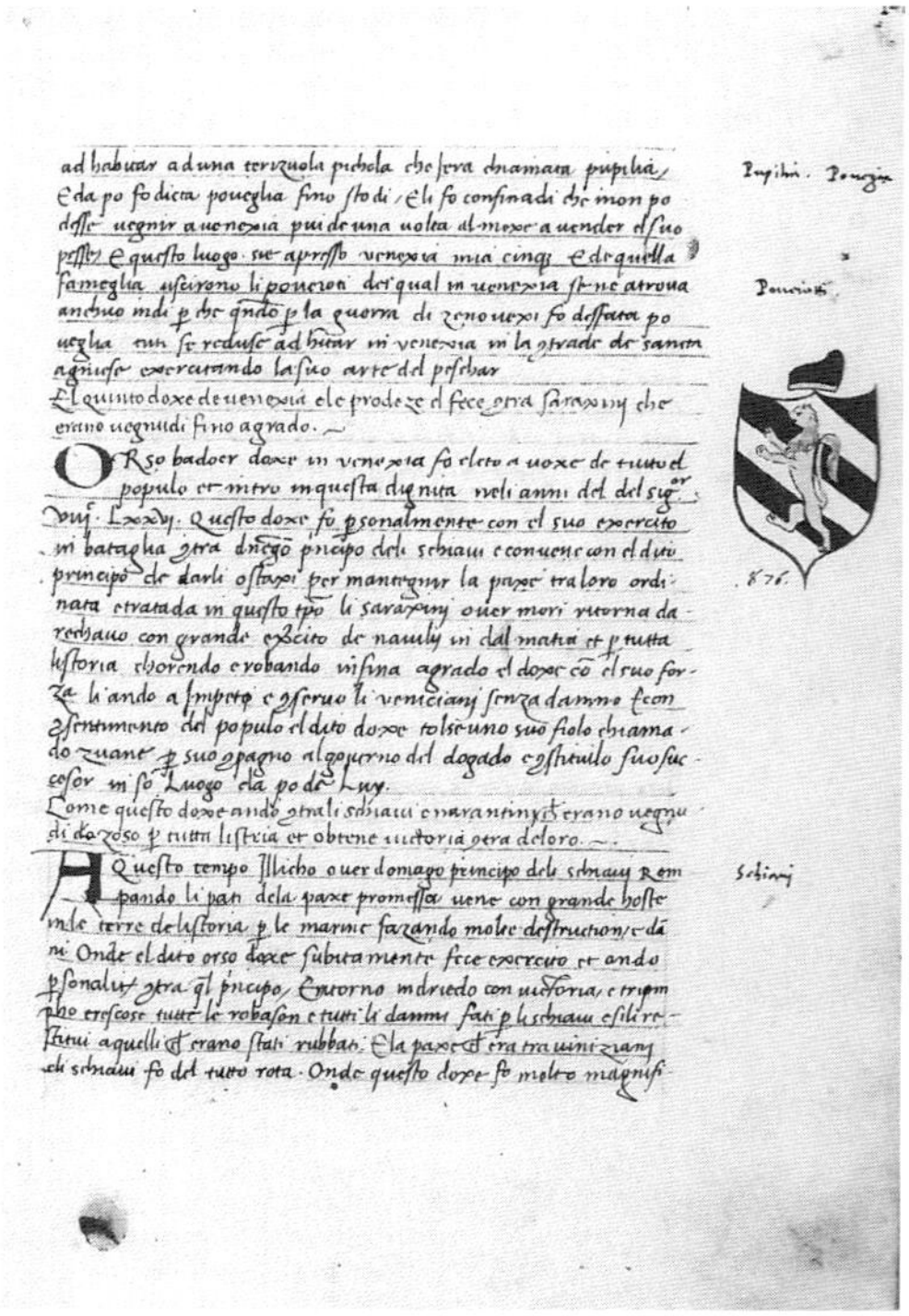

図3 『ヴェネチャーナ年代記とフォスカラ年代記』。16世紀初頭に書かれた年代記。国立マルチャーナ図書館（ヴェネツィア）蔵。閲覧番号 Cod. Marc. It. VII, 2773。不許複製。

六　集合的性格の理由

もしかするとここまでのところで、私は集合記憶の形成とその結果として近世のヴェネツィアの歴史の集合叙述が生じていくことつながる、複雑な過程の説明に集中しているだけであったかもしれない。そうであるならば、私は今こそ以下の疑問を理解しようと努める時にきたように思う。資産と富とを殖やし維持することと尊敬に値する振るまいを身につけることとに全面的な関心を寄せる「ブルジョワ」的精神なるものによって特徴づけられ、行動のための最大限の自由を手にするように励む、そうした個人の起業家精神の発達を、商人で構成された都市共同体は通常であれば促すものだ。ではなぜ、そのような共同体は変化して、社会とその政府の象徴が集合性と地理的場所としての都市に行き着いてしまうような閉鎖的な共同体になってしまったのだろうか。理解するのは非常に難しいのだが、個人性と自己が大事なものとされて称賛された他のイタリア都市国家（たとえばフィレンツェの人文主義者、レオン・バッティスタ・アルベルティ（Leon Battista Alberti）が一五世紀後半に著した「伝記」が自己を称賛する典型であるように）[27]に直面した後にはとくに、ヴェネツィアはいかなるかたちであれ個人性が過剰に露出することを激しく非難し、ヴェネツィアが確立しようとしていた調和のとれた風土を破壊する存在とみなした。さらに、統治する支配的エリートに関するヴェネツィアの立法では、貴族が政治的社会的な特権身分を手にできるかどうかは、法的にはその両親にかかっていることが明確に示されている。貴族であれば個人的関心を押さえつけて、まずは国家への関心を、次いで家系への関心を優先することが望まれた。婚姻すら個人ではなく家系の選択に従った。個人の経歴は家系の関心と財産力に従って決定された[28]。

ヴェネツィア人には厳格な社会秩序と共同体のための自己犠牲こそが社会的・政治的変動に対する唯一の保証

となるのだとする信念がある。中世とルネッサンスには、包括的な自己の定義への傾向が見られたが、[29] どうやらそれがヴェネツィア人の頑なな信念を弱らせることにはつながらなかったようである。集合記憶とその叙述法はその論理に従わなければならなかった。一線を越えてしまいかねない状況が出現することは確かにある。通常それは「場違いな」野心によって作り出されるし、逆に、ドージェ伝の範例を経由して知れ渡った有徳の行動が高揚して作り出されてしまうこともある。しかし、こうした状況が出現する兆候はすべて、何世代もかけて消し去られてきた。この結果、最終的に行き着くこととなったのは、ヴェネツィアの社会秩序形成に対して必ずしも相反するものではないが主流となる考え方にとって替わる可能性をもった、そのような声が、広いスペクトルのなかで拡散してしまって弱まってしまった状態である。ヴェネツィアの共同体の論理にしっかりと埋め込まれている集合的で調和実現的な構成要素は、共同体の成員のもつ個人的傾向や個人的願望よりもはるかに強いことが明らかとなった。ヴェネツィアにおいては「自己」が表出するためには大きな困難があった。共和国が数世紀にわたって構築してきた階層的な構造によって厳しく抑制されていたのである。

注

（1） G. Fasoli, "I Fondamenti della Storiografia Veneziana"（「ヴェネツィアの歴史編纂の基層」）, in *La storiografia veneziana fino al secolo XVI. Aspetti e problemi*（『一六世紀以前のヴェネツィア歴史編纂——様相と問題』）ed. A. Pertusi (Firenze, 1970), p. 13; Giovanni Diacono, *Istoria Veneticorum*（『ヴェネツィア史』）ed. L. A. Berto (Bologna, 1999).

（2） これら二つのタイプについては: M. McCormick, *Les Annales du Haut Moyen Âge*（『初期中世の年代記』）(Turnhout, 1975), pp. 16-17.

（3）　*Cronica de Singulis Patriarchis Nove Aquileie*（『グラードの単一の総大司教の年代記』）、一一世紀前半に編纂、また *Chronicon Altinate*（『アルティーノ年代記』）（一〇八一年から一二〇四年まで）については、*Cronache Veneziane Antichissime*（『最古のヴェネツィア年代記』）ed. G. Monticolo, vol. 1 (Roma, 1890), p. xiii; Fasoli, "I Fondamenti"（「基層」）, p. 13; A. Carile—G. Fedalto, *Le Origini di Venezia*（『ヴェネツィアの起源』）(Bologna, 1978), p. 44; *Origo Civitatum Italiae seu Venetiarum*（『イタリアとヴェネツィア文明の起源』）ed. R. Cessi, *Fonti per la Storia d'Italia*（『イタリア史資料集』）vol. 73 (Roma, 1933) 参照のこと。*Chronicon Gradense*,（『グラードの年代記』、一二三七年から一二四九年の間に書かれたChronicon Altinate（『アルティーノの年代記』）の断篇については、*Cronache Veneziane Antichissime*（『最古のヴェネツィア年代記』）p. xiv. を参照のこと。

（4）　Fasoli, "I Fondamenti"（「基層」）, p. 13; R. Cessi, *Le Origini del Ducato Veneziano*（『ヴェネツィア公国の起源』）(Napoli, 1951), p. 79; McCormick, *Les Annales*（『年代記』）pp. 15-16.

（5）　一二二〇年以降に記された *Annales Veneti*（『ヴェネツィア年代記』）についてはH. V. Sauerland, "Annales Veneti Saec. XII"（「一二世紀のヴェネツィア年代記」）, *Nuovo Archivio Veneto*（『ヴェネト史学会報・新版』）7 (1894), pp. 5—8; G. Monticolo, "Gli Annali Veneti del Secolo XII nel cod. 8 della Raccolta del Barone von Salis Presso la Biblioteca Civica di Metz"（「フランス、メッツ市図書館所蔵サリス男爵家第八号写本収録の一二世紀のヴェネツィア年代記」）, *Archivio della R. Società Romana di Storia Patria*（『王立ローマ自国史協会紀要』）17 (1894), pp. 237-245 参照のこと。一三世紀初頭に記された *Annales Venetici Breves*（『ヴェネツィア小年代記』）については、*Annales Venetici Breves*（『ヴェネツィア小年代記』）ed. H. Simonsfeld, *Monumenta Germaniae Historica, Scriptores*（『モニュメンタ・ゲルマニアエ・ヒストリカ、著作家』）vol. 14 (1883), pp. 69-71; A. Carile, *Aspetti della Cronachistica Veneziana nei Secoli XIII e XIV*（『13—14世紀におけるヴェネツィアの年代記叙述の諸様相』）in *La Storiografia Veneziana*（『ヴェネツィアの歴史編纂』）p. 76を参照のこと。

（6）　一二三〇年頃書かれた *Historia Ducum Veneticorum*（『ヴェネツィアのドージェの歴史』）は、*Historia Ducum Veneticorum* ed. H. Simonsfeld, *Monumenta Germaniae Historica, Scriptores* vol. 14 (1883), pp. 72-88を参照のこと。G. Cracco, *Il Pensiero Storico di Fronte ai Problemi del Comune Veneziano*（『ヴェネツィアのコムーネの問題に対峙する歴史的思考』）in *La Storiografia Veneziana* p. 46; C. Beremond and J. Le Goff, *L'Exemplum*（「『判例説教』」）(Turnhout,

1982）を参照のこと。

（7）G. Fasoli, "La 'Cronique des Veneciens' di Martino da Canal"（「マルティノ・ダ・カナルの『ヴェネツィア人の年代記』」), in *Studi Medievali*（『中世研究』）3rd ser., 2:1 (1961), pp. 42-74.

（8）異なる版について：A. Carile, *La Cronachistica Veneziana* (Secoli XIII-XVI) *di Fronte alla Spartizione della Romania nel 1204*（『ヴェネツィアの年代記記述（13—16世紀）と一二〇四年のロマニア領域の分割』）(Firenze, 1969); D. Raines, "*Alle Origini dell'Archivio Politico del Patriziato: La Cronaca 'di Consultazione' Veneziana nei secoli XIV-XV*"（『ヴェネツィアの政治的文書集成の起源——一四・一五世紀ヴェネツィアの「参照用」年代記』), *Archivio Veneto* 150 (1998), pp. 5-57.

（9）最初のドージェへの選出に対しての言及でダンドロは、それぞれの民族の素性について言及せず、潟湖に浮かぶ島々に住む「多くの人びと」について話している。*Andreae Danduli Chronaca Extensa*（『アンドレア・ダンドロの詳細に記述された年代記』）ed. E. Pastorello, *Rerum Italicarum Scriptores*（『レルム・イタリカールム・スクリプトーレス』）vol. 12, pt. 1, 2nd ed. (1939), pp. 105-106.

（10）P. J. Geary, *Phantoms of Remembrance: Memory and Oblivion at the End of the First Millennium* (Princeton, 1994), p. 7.

（11）M. Pozza, "La cancelleria"（「尚書局」), in *Storia di Venezia III: La Formazione dello Stato Patrizio*, ed. G. Arnaldi, G. Cracco and A. Tenenti（『ヴェネツィア史、第三巻——貴族国家の成立』）(Roma, 1997), pp. 365-387.

（12）C. Klapisch——Zuber, *La Maison et le Nom. Stratégies et Rituels dans l'Italie de la Renaissance*（『家門とその名前——ルネッサンス期イタリアにおける戦略と儀礼』）(Paris, 1990), pp. 19-36を参照のこと。

（13）一三五五年から一三五七年に記された作者不詳の最初の年代記は、現在国立マルチャーナ図書館（BNM), 閲覧番号Cod. Marc. Lat. X, 36a（=3326）である。一三五七年にピエトロ・ジュスティニアンによって編纂されたもうひとつの年代記はフランス国立図書館（BNF), 閲覧番号Cod. Lat. 5877 (autograph of Pietro Giustinian）である。A. Carile, "Note di cronachistica veneziana: Piero Giustinian e Nicolò Trevisan"（「ヴェネツィアの写本記述についての小文——ピエトロ・ジュスティニアンとニコロ・トレヴィサン」), *Studi Veneziani*（『ヴェネツィア研究』）9 (1967), pp. 103-1269及び; Raines, "Alle origini"（「起源について」), pp. 24-26及び; R. Cessi and F. Bennato, eds., *Venetiarum Historia Vulgo Petro Iustiniano Iustiniani Filio Adiudicata*（『俗にジュスティニアーニ家の息子である、ピ

エトロ・ジュスティニアンを著者とすると言われているヴェネツィアの歴史』）（Venezia, 1964）pp. xvii-xviii; D. Raines, "*Social Debate and Harmful Publication: the Family Chronicles of the Venetian Patriciate* (Eleventh-Eighteenth Centuries)", in *Scripta Volant, Verba Manent. Schriftkulturen in Europa Zwischen 1500 und 1900. Les Cultures de l'Écrit en Europe entre 1500 et 1900*（『一六―二〇世紀ヨーロッパの記述文化』）ed. A. Messerli and R.（Basel, 2007）, pp. 281-311を参照のこと。

（14） G. Trebbi, "La Cancelleria Veneta nei Secoli XVI e XVII"（「一六―一七世紀のヴェネツィアの尚書局」）, *Annali della Fondazione Luigi Einaudi*（『ルイージ・エイナウディ財団年報』）14（1980）, pp. 65-125.

（15） G. Dolfin, *Cronicha dela Nobil Cità de Venetia et dela sua Provintia et Destretto*（Origini-1458）*Cronicha dela nobil cità de Venetia et dela sua provintia et destretto*（origini –（『高貴なる都市ヴェネツィアとそのプロヴィンスと地区の年代記（起源から一四五八年まで）』）, ed. A. Caracciolo Aricò, 2 vols（Venezia, 2007-2009）; *Il Codice Morosini: Il Mondo Visto da Venezia*（1094-1433）（『モロシーニ写本集――ヴェネツィアから見た世界（1094-1433）』）, ed. A. Nanetti, vols. 1-4（Spoleto, 2010）.

（16） G. Cozzi, "Marin Sanudo Il Giovane, Dalla Cronaca alla Storia"（「マリン・サヌード・イル・ジョーヴァネ。年代記から歴史へ」）, in *Ambiente Veneziano, Ambiente Veneto*（『ヴェネツィアの環境、ヴェネトの環境』）, ed. G. Cozzi（Venezia, 1997）, pp. 87-108; A. Caracciolo Aricò, "Marin Sanudo il Giovane: Le Opere e lo Stile"（「マリン・サヌード・イル・ジョーヴァネ――その作品と形式」）, *Studi Veneziani* n. s., 55（2008）, pp. 351-390.

（17） *I Diarii di Girolamo Priuli: aa. 1494-1512*（『ジローラモ・プリウーリの日記――一四九四年～一五一二年』）in *Rerum Italicarum Scriptores*（『レルム・イタリカールム・スクリプトーレス』 2nd ser., vol. 24, pt. 3（1912-1941）.

（18） D. J. Wilcox, *The Development of Florentine Humanist Historiography in the Fifteenth Century*（Cambridge, MA, 1969）, pp. 1-31, especially pp. 2-7.

（19） G. Cozzi, "Cultura Politica e Religione nella 'Publica Storiografia' Veneziana del '500"（「一六世紀ヴェネツィアの『公的歴史編纂』における政治的文化と宗教」）, *Bollettino dell'Istituto di Storia della Società e dello Stato Veneziano*（『ヴェネツィア都市国家歴史社会研究所紀要』）vols. 5-6（1963-1964）, pp. 215-294.

（20） S. Maggio, *Francesco da Molino Patrizio Veneziano del '500 e il Suo Compendio*（『フランチェスコ・ダ・モリーノ、

一六世紀ヴェネツィアの貴族と彼の概要』), Ph.D. thesis, University of Trieste, 2008.

(21) D. Raines, *L'invention du Mythe Aristocratique. L'image de Soi du Patriciat Vénitien au Temps de la Sérénissime*（『貴族の神話の発明。ヴェネツィア共和国時代のヴェネツィア貴族の自己像』）(Venezia, 2006), vol. 1, pp. 181—236.

(22) M. Miato, *L'accademia degli Incogniti di Giovan Francesco Loredan, Venezia*（1630-1661）（『ジョヴァンニ・フランチェスコ・ロレダンの無名な者たちのアカデミー、ヴェネツィア（1630-1661）』）(Firenze, 1998).

(23) Raines, *L'invention*（『発明』）, vol. 1, pp. 495-521; vol. 2, pp. 770-790.

(24) A. Stouraiti, "Una Storia della Guerra: Pietro Garzoni e il Suo Archivio"（「戦争の歴史——ピエトロ・ガルツォーニと彼の関連文書」）, in *Venezia e la Guerra di Morea. Guerra, Politica e Cultura alla Fine del '600*（『ヴェネツィアとモレア戦争——一七世紀末の戦争、政治、そして文化』）, ed. M. Infelise and A. Stouraiti (Milano, 2005), pp. 242-270.

(25) 薬剤師の日記はBNM, 閲覧番号Cod. Marc. It. VII, 1620 (=7846), "Libro de Memorie [composto da Antonio Benigna]"（「備忘録〔アントニオ・ベニーニャによって執筆〕」）, 1714-1760; *Notizie d'arte Tratte dai Notatori e dagli Annali del N. H. Pietro Gradenigo*（『貴族ピエトロ・グラデニーゴによって記された注釈本と年代記から抜粋された芸術に関する論評』）, L. Livan, ed., *Miscellanea di Studi e Memorie*（『論文と研究報告紀要』）vol. 5 (1942); "Memorie degli Ultimi Cinquant'anni della Repubblica di Venezia di Antonio Lamberti"（「アントニオ・ランベルティによるヴェネツィア共和国最後の五〇年の記憶」）, in BNM, Cod. Marc. It. VII, 1454—6 (=9345-7), Giovanni Rossi, *Documenti*（『文書集』）, vols. 31-33.

(26) G. Casanova, *Histoire de Ma Vie*（『我が生涯の物語』）(first published in 1822-9); C. Gozzi, *Useless Memoirs* (1777, published 1797).

(27) L. Boschetto, "Tra Biografia e Autobiografia. Le Prospettive e i Problemi della Ricerca Intorno alla Vita di L. B. Alberti"（「伝記と自伝の間。レオン・バッティスタ・アルベルティの伝記に関する研究の観点と問題」）, in *La Vita e il Mondo di Leon Battista Alberti*（『レオン・バッティスタ・アルベルティの人生と世界』）(Firenze, 2008), vol. 1, pp. 85-116.

(28) J. C. Davis, *Una Famiglia Veneziana e la Conservazione della Ricchezza: i Donà dal '500 al '900*（『ヴェネツィアの一家系とその財産、16—19世紀——ドナ家とその富の維持』）(Roma, 1980); V. Hunecke, *Il Patriziato Veneziano alla*

Fine della Repubblica: 1646—1797: Demografia, Famiglia, Ménage（『共和国終焉期の1649-1797年におけるヴェネツィア貴族——人口動態、家系、世帯』）(Roma, 1997).

（29）C. Morris, *The Discovery of the Individual: 1050-1200* (London, 1972); A. J. Gourevitch, *La Naissance de l'Individu dans l'Europe Médiévale*（『中世ヨーロッパの個人の誕生』）(Paris, 1997).

◉終章◉

都市民の語りと記憶
――個と社会のあり方

三浦　徹

一　論点を共有する

『自己語りと記憶の比較都市史』と題する本書は、国文学研究資料館の「文書資料の多元的複眼的比較研究」の最終年度、二〇一四年九月に行われた研究集会「近世都市における個人と集団の記憶」をもとに、執筆されたものである。企画者であり本書の編者である渡辺浩一氏によれば、キーワードは、都市、個人と集団、記憶、だという。その背景には、当該比較研究で扱ってきた、契約、裁判、文書という問題群が控えている。

図1は、研究集会当日に七本の報告をききながら、総合討論の司会として、論題の整理のために作成したものである。自己語りの資料（エゴ・ドキュメント）の種別、伝播、内容、意図は、様々である。都市にかかわる過去の事件や人物の記録でありながら、それを現在の読者（都市住民）に示し、あるべき未来を語るという、時間軸でいえば、三つの時限にまたがっている。空間軸でみていくと、当該の都市や自分の住む街区という場が主題に

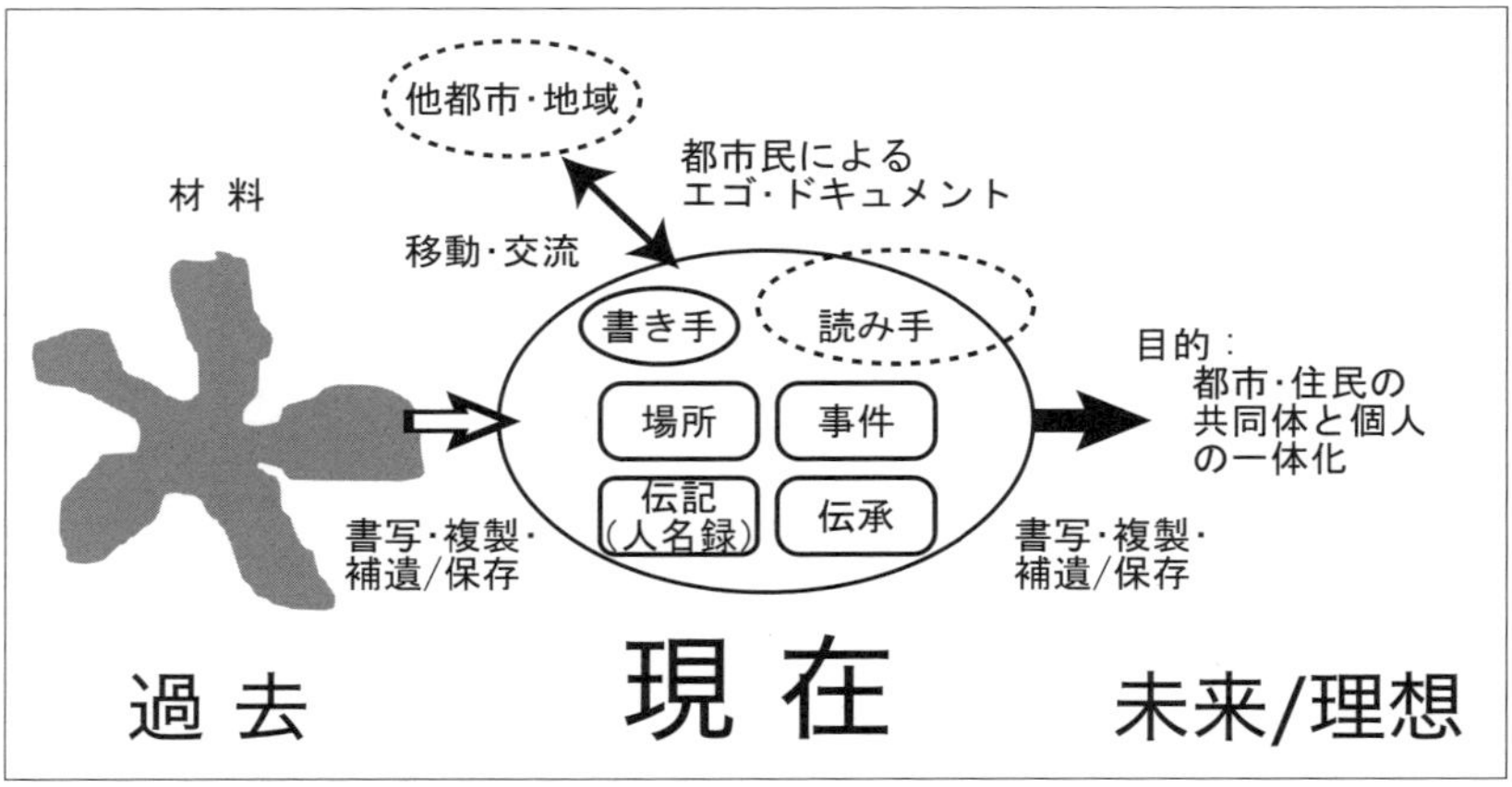

図1　エゴ・ドキュメントの位置

なるわけであるが、他所との違いを意識し、自分の都市や場の特徴を示すことに注力している。それは、特定の時間・空間での定点観測ではなく、時間と空間をこえ、「自己」（都市、集団、個人）の向かうべき方向を示すところに、自己語りの資料（エゴ・ドキュメント）の特徴があるといえるだろう。

図2は、本論集で扱われた自己語りのテキストを、種別・流通、著者、内容、目的という四つの座標（観点）で整理したものである。まず種別については、都市年代記が、ヨーロッパ（イギリス、フランス、イタリア）とオスマン社会に、共通してみられる。これに対し、日本や中国では、都市の歴史は、単独の著作としてではなく、地誌のなかで著されることが多い。今回の金報告では言及されていないが、韓国の場合も同様である。この違いは、それぞれの地域における都市や都市民の位置の違いとして考察する必要がある。

第二に、著者については、いずれも当該都市に暮らす住民であり、階層としては、都市へのアイデンティティ（帰属意識）をもつ名士（有力市民）であり、文筆に秀で、情報や知識をもつ有識者といえる。第三に内容については、「事件」（出来事）のほか、

図2　比較の座標軸

	種別流通	著者と階層・身分	内容／語り	目的／メンタリティ
江戸（岩淵）	名所案内／年代記／書簡筆写、出版	町人・名士／滞在者・流入者（医師、豪農）	名所案内、日常生活（食、行事）、言葉	江戸、江戸っ子の理想像、出身地との対比
フランス地方都市（ルッジウ）	日記／回想録／自伝家族用	法律家／商人／手工業者	場所よりも時の流れ、街区よりも都市政体	政治社会的舞台としての都市／個人の意志
韓国ソウル（金）	文集家内、筆写	文人（両班）	詩、回想、交遊、政論、日記	交友＝垂直的水平的ネットワーク
日本地方都市（渡辺）	文書資料／覚書整理保管、地誌編纂	町人名士／商人	事件／文書の複製／個人の生活	家・地縁集団・都市の繁栄と自己実現
イングランド地方都市（スウィート）	年代記／日記複写、保存	都市エリート／市職者（市長含む）	事件、法人都市での市民の生活（慈善、儀礼など）	法人都市コミュニティが継承してきた権利の確認
ロンドン（ハーディング）	都市年代記印刷、手稿、複写	市民、官吏	建築物、事件、人名録・死亡録、回想	都市のアイデンティティ、都市史と個人史の結合
ヴェネチア（ライネス）	年代記（公的、私的）	知識人／支配エリート（司祭、貴族、学者、法律家など）	事件、外交、ドージェ伝、公的記録（の複写）、日記	都市共和国＝社会秩序と集合的調和が個人よりも優越
オスマン：イスタンブルとサラエヴェ（秋葉）	年代記／日記	ウラマー（礼拝導師、街区長、代書屋）	事件、災害、官職任免、家族・近隣者の生涯、行事、死亡録	中間層の都市年代記、近隣意識
明清中国（臼井）	地方志／年代記／伝記／個人文集書写、出版	紳士（知識人、科挙官僚、進士含む）	事件、詩文、碑文、書簡、政論	記録・発信、子孫への伝授、子孫による継承、関係の連鎖

場所や人物についての情報が扱われる。しかし、対象となる場所や人物の範囲については特色がある。フランス（ルッジウ論文）やイングランド（スウィート論文）の地方都市やヴェネチア（ライネス論文）では、主たる関心は政体

としての都市におかれるのに対し、イスタンブルとサラエヴォ（秋葉論文）では、身近な街区の建物や人びとが関心となっている（ただし、中東の場合でも、後述するように都市全体が主たる関心となる著作もある）。中国や韓国の場合は、都市や地域を語る場合でも、宗族（一族、同族集団）という単位が関心の軸となっている。

第四点として、語り手の意識や目的はいかなるものだろうか。フランスの地方都市では、単なる場所の記憶ではなく、式典など政治的社会的舞台としての都市、そこへの個人（自身）の関わりが関心であり（ルッジウ）、イングランドの地方都市の場合も、法人都市での市民生活や権利を確認することに関心が注がれる（スウィート）。ヴェネチアの場合は、都市共和国としての秩序や調和が前景に押し出され、個々人は後景にしりぞいている（ライネス）。これらと対照的なのは、中国や韓国の事例であり、そこでは、集合体としての都市や都市民よりも、家族や個々人のあいだでの情報や意見の交換や伝授が関心の核にある。両者の中間にあるのが、日本やオスマンの都市であり、江戸やイスタンブルといった大都市であれ、サラエヴォや三木や川越といった地方都市であれ、街区や町といった身近な共同体（近隣団体）から都市全体へと広がる連続的な集合意識の形成がみられる。ハーディング論文が紹介する、ストウの『ロンドン概観』とスミスのロンドン誌のコレクションと死亡録の編纂は、都市の記憶の生成という点で興味深い。ロンドンでは、一六世紀にはや年代記の出版が流行し、一五九八年に出版された『ロンドン概観』は、ストウ自身によって、さらにその死後も改訂され、継受されていく。それは、時代はくだるとはいえ、江戸や三都についての名所案内や年代記の刊行と平行する現象とみることができるだろう。他方、スミスのコレクションと死亡録の編纂は、後述するアラブの都市史と類似点をもつ。地方都市とは異なり、江戸やロンドンやカイロといった巨大都市では、都市政体といった制度よりも、人々の交流やそこにおける情報が、集合としての都市の意識形成に不可欠であったことを物語っている。

二　イスラームの都市史

イスラーム世界において、都市史というジャンルを確立したのは、ハティーブ・アルバグダーディー（一〇七一年没）の『バグダード史』である。同書は、刊本で一四巻という大部の著作で、その第一巻が地誌、残りがバグダード出身またはバグダードで活躍した人物七八〇〇名のアルファベット順の伝記集（人名録）という構成になっている。バグダードは、アッバース朝第二代カリフ、マンスールの命によって四年の歳月と一〇万の労働者を動員し、七六六年に新都が完成した。三重の円形の城壁に囲まれた独特の都市は、行政と交易の中心となり、市域は郊外に拡大し、一〇世紀には一万の通り、六万の公衆浴場、三〇万のモスクをもち、人口は一〇〇万ともいわれた。地誌は、このようなバグダードの建設とその後の発展、主要な建築施設や街区の状況について、先行する歴史書などをもとに叙述する。人名録は、同様に先行する伝記集や歴史書をもとに、当該人物の事績を述べる。いずれも、著者の独自な叙述というよりは、先行する史料を、バグダードという都市にひきつけて、編纂（再構成）したものといえる。ラスナーの研究によれば、『バグダード史』より以前に、特定の都市を対象とした地誌としては、ファダーイル（美点、名跡）と題するものがあり、同様に特定の都市に係る地誌や伝記集も存在した。これらに比べ、『バグダード史』は膨大な人名録をアルファベット順に編纂している点に特徴があり、地誌の叙述には著者の時代の変化が述べられておらず、著者の関心は、人名録にあるとみる。人名録で扱われる人物の大半は、法学者やハディース（ムハンマドの言行録）学者であり、バグダードの知的風土への誇りの反映であり、知識人（ウラマー）の学問・教育上のニーズに応えるものであるとする。(1)

一一世紀以降、イランからアラブ地域まで、大小の都市史（地誌、伝記集）が著述された。(2)『バグダード史』につづく大著は、イブン・アサーキル（一一七六年没）の『ダマスクス史』で、地誌と人名録からなっている（秋葉論文一九八頁参照）。ダマスクスでは、モスクなどで本書の朗読会が催され、また地誌（モスクやマドラサなどの宗教施設ごとの歴史を含む）のスタイルが継承され、イブン・シャッダード（一二八五年没）は、ダマスクス、アレッポ、パレスチナ、ジャジーラ（北イラク、東シリア）の地誌を著した。一六世紀には、ヌアイミー（一五二一年没）がダマスクスの宗教施設を主題とする地誌を著し、マドラサ（大学）や修道場などの起源と位置と歴代の教授等の伝記を総覧する。二〇世紀初めに、バドラーン（一九二七年没）が、ヌアイミーの地誌を引き継ぎ、マドラサの現状を補う『廃墟への語り』を著した。ヌアイミーの地誌は、学術の中心としてのダマスクスのマドラサと教授の情報を語り伝えるだけでなく、一五一六年にシリアを征服したオスマン朝は、これらの宗教施設やそのワクフ財（寄進財）を調査するにあたり、ヌアイミーに著書の提供を要請しており、実用的な記録としての役割もっていた。他方、バドラーンの著作動機は、知の中心であったマドラサが、管財人らの不正によって私物化され、消滅の危機に瀕していることにあった。その序文では、「私はこの著作を始める前には、すべてのマドラサのワクフ（寄進財）を調査し、完全にそれを叙述するという考えが心の中にあった。いざ著作を始めてみると、それは空をつかむにも等しいという感覚にとらわれた。というのは、ほとんどのマドラサは、遺構となり埃以外なにも見出せず、名前や場所について、書物のなかに書かれていること以外に見つけることができないからであった」と述べる。彼の地誌によれば、一六世紀初頭に存在した一五二のマドラサのうち、二〇世紀初頭に現存するものは一七％、遺構が残るものが二七％であり、他は廃墟ないしは消滅してしまったのである。(3) 同様の宗教施設の興亡は、エジプトのカイロについても見ることができる。一五世紀に、マクリージー（一四四二年没）が『エジプト地誌』を著し、カイロの七三のマドラサや他の宗教施設の歴史を叙述した。一九世紀後半に、アリー・ムバーラク（一八九三年没）がこれを引き継ぎ、『新編地誌』を著した。両書を比べると、カイロにおいても、一五世紀から一九世紀までの間に、二〇％以上のマドラサが廃墟化あるいは消滅している。(4)

以上のようなアラブ圏の都市史の著作から、著者であるウラマーの関心は、学術の中心としての都市、都市の宗教施設（とりわけマドラサ）とそこでのウラマーの活動が焦点であり、それを記すことは実用的な情報（どのマドラサでなにが学べるか）としての意味をもっていた。他方、宗教施設の衰退は、学術の衰退を招くという危機意識が、著作動機となったことがわかる。

三　年代記と日記の自己語り

イスラーム史の年代記は、個人の著作（ナラティヴ）であり、世界史であれ、都市史であれ、先行史料にもとづく、客観的な叙述が基本形となっている。年代記の嚆矢とされるタバリー（九二三年没）の『使徒たちと諸王の歴史』は、天地創造から九世紀までの歴史をあつかうが、個々の事件の叙述について、情報源（当該情報の伝承の経路）を記している。これは、コーランにつぐイスラーム法の規範（スンナ）とされる預言者の言行についての伝承（ハディース）を収集・編纂するさいに、誰が誰に伝えたのかという伝承者の系譜（鎖）を示すことによってその真偽が判断され、この史料批判の方法が援用されたのである。一三世紀のイブン・アルアシール（一二三三年没）の『完史（歴史における完全さ）』では、いちいち系譜を記すことはなくなっているが、それでも折に触れ、「某曰く」という形で情報源を記し、自身の情報や見解を述べる場合には「私見」であることを付記する形式がとられた。マムルーク朝（一二五〇～一五一七年）時代には、多数の年代記が著述されたが、先行する時代は先行史料により、同時代は自身で情報を吟味し、客観的事実の叙述と主観的な見解が区別されていた。

マムルーク朝の末期に、日々の出来事を日記のように叙述する年代記が登場する。(5) エジプトを中心としたものとしては、イブン・イヤース（一五二四年没）の『華の驚異』が名高い。カイロの宮殿を中心とする為政者（スルタンや軍人出身の大臣ら）の動向が、日々綴られている。定番の記事は、外交や戦争（国内・国外への派兵）、官職の任免（人事異動）であり、これらは、カイロの市門をとおり城砦に出入りする行列などの人の動きから、市民は情報を把握することができた。さらに記事は、賄賂による任官や左遷理由など人事の背景についても述べる。著者は、マムルーク軍人の子孫とはいえ、政治に直接かかわるエリートではない。それでも、政治の裏側の情報が、噂の形で市内に流布していたことを物語っている。先行する年代記では、スルタンの治世ごとに、死亡した人物の伝記がまとめて記されていた、当該書では、日々の出来事のなかに死亡記事として、当該者の伝記を述べるスタイルをとっている。いずれにしても、人物に強い関心があり、人物に即して情報が整理され、流通していた。

同時期のダマスクスでは、イブン・トゥールーン（一五四六年没）の年代記と地誌が知られている。イブン・トゥールーンは、郊外のサーリヒーヤ街区に生まれ、同地で一生をすごした市井のウラマーで、出世の道を歩まず、生涯を学問・教育と著述に過ごした。(6)『サーリヒーヤの歴史』は、自身が生まれ育ったサーリヒーヤ街区の成立と発展を綴る都市史である。サーリヒーヤ街区は、一六世紀の時点で、一五五のモスク、三〇のマドラサ、四九のスーフィーの修道場をもつ「大学町」であり、経済施設として、九の市場、一三の隊商宿をもち、約一〇〇〇世帯、人口は五〇〇〇人程度（ダマスクス全体の約一割）を擁し、「それ自体でひとつの都市」（イブン・バットゥータ）といわれた。同書は、二部構成となっており、前半は、サーリヒーヤの成立までの歴史と宗教施設ごとの歴史をまとめた地誌であり、後半はサーリヒーヤに関わる人物の人名録で、先行する都市史の基本スタイルを踏襲しているといえる。叙述は、先行する歴史書、人名録、地理書からの引用・編纂であり、必要に応じて、簡潔に「ｘｘ曰く」という形で出典が示される。他方で、宗教施設の現状については、著者自身の見聞にもとづいた描写が特徴になっている。イブン・トゥールーンの師であり、サーリヒーヤに最初に移住したクダーマ家のイブン・アルミブラド（一五〇三年没）は、これに先行するサーリヒーヤ史を著したが、当該書は現存せず、一八世紀にイブン・カンナーン（一七四〇年没）が抜粋した著作が残されている。「聖なる場」としてのサーリヒーヤの特性ゆえのことではあるが、特定の場（都市、街区）の美点を語り継ぐという精神（伝統）を如実に示している。(7)

年代記『友人たちの戯言』は、自筆の写本のみが残されているが、一部に脱落がある。現存写本は、著者がわずか四歳の一四七九年からオスマン朝の支配下にうつった一五二〇年までのもので、年月日ごとに日記のように事件が綴られている。記事内容としては、天候、火事水害、戦争外交、官職任免、逮捕処罰、課税、会議集会、殺人盗賊、建築、訃報、物価貨幣、巡礼に区分することができる（表1参照）。官職任免と訃報が一〇から三〇パーセントをしめるとともに、これらの分類にあてはまらない雑報が三割程度をしめている。なかには市井の三面記事のような出来事も含まれている。叙述（語り）は、著者の同時代の事件であるため、引用や出典をのべることはなく、直書きで誰がなにをしたという客観形式で叙述される。他方で、ごく稀ではあるが、著者自身の官職の任免や行動（ハディース朗読会への出席など）が一人称で語られることがある。一五一七年には、著者をマドラサの教授ないし管財人職につけるようオスマン朝スルタンに紹介しようという申し出にたいし、アッラーが選ぶことである、といって自ら断ったと述べている。(8) 他方で、政治的な事件や為政者等の行動に対する自身の意見や批判が述べられることはまれで、その場合でも、アッラーよ、不正をなすものから助けたまえ、といった祈願の形で述べられることがおおい。このような一人称の語りがみられることは、前代までにみられない特徴といえ

表1　年代記の内容構成(イブン・トゥールーン『友人たちの戯言』)

年	天候・作物	火事・水害	戦争・外交	官職(文官)	官職(軍官)	逮捕・処罰	課税	会議・集会	殺人・盗賊	建築	訃報	物価・貨幣	巡礼	その他	合計(件数)
899/1493-94年	0	4	4	3	6	3	0	3	3	0	4	2	2	13	47
比率	0.0%	8.5%	8.5%	6.4%	12.8%	6.4%	0.0%	6.4%	6.4%	0.0%	8.5%	4.3%	4.3%	27.7%	100.0%
907/1501-02年	2	0	3	5	4	7	6	4	1	1	4	0	4	43	84
比率	2.4%	0.0%	3.6%	6.0%	4.8%	8.3%	7.1%	4.8%	1.2%	1.2%	4.8%	0.0%	4.8%	51.2%	100.0%

る。

同じく、マムルーク朝末期の詳細な年代記として、イブン・タウク(一五〇九年没)の日録がある。[9] ダマスクス国立図書館に所蔵されている著者自筆の写本にはタイトルはなく、アラビア語の仮タイトルや校訂本では「日録」とされている。著者の経歴について知られることは少なく、公証人を生業としていて、日録のなかには、婚姻や奴隷の売買にかかわる公証人としてのメモ書きもみられる。写本は、さながら著者が日々走り書きをしたような乱雑な書体で、判読はきわめて難しい。校訂本が出版されているが、アラブ人研究者も読解に苦労する代物である、したがって、本書が広く講読されたり、筆写されることはなく、その存在だけが知られていたと考えられる。[10]

オスマン朝時代になると、都市を舞台にした年代記の執筆は下火になり、かわってヒジュラ暦の一〇〇年を単位に伝記集(人名録)が編纂される。ヒジュラ暦一一世紀(西暦一五九二〜一六八九年)を対象にしたムヒッビー(一六九九年没)の『記録の精髄』、一二世紀(一六九八〜一七八五年)を対象としたムラーディー(一七九一年没)の『真珠の糸』が著名で、この伝統は現在まで引き継がれている。

他方で、一八世紀には、イブン・カンナーン(前述)とブダイリー

（一七六二年以降没）が日記形式の年代記を著した。ブダイリー（イブン・ブダイル）は、理髪師の家にうまれ、彼自身も市内で床屋を営んでいた。秋葉論文が紹介するように（一九八―二一二頁）、都市史の著者がいわゆる知識人以外の職人や農夫らに広がったことはこの時期の大きな変化である。ブダイリーの詳しい経歴は不明であるが、その著作を詳細に研究したサジュディーによれば、著者は床屋を訪れるウラマーやスーフィー（教団員）との関わりをもっており、そのような人脈を通じて、情報を集め、著作することを覚えたと考えられる。また、自分の息子をサイイド（預言者の子孫）と呼び、自分の家系を権威づける意識も垣間見ることができる。(11)

シリア方言を多用し、叙述されている内容は、訃報（伝記）や政治事件のほか、民衆の日常ややくざ者の動きなど市井の動向に強い関心をもち、生き生きと描写されている。一七四五年には、パンの不足と物価高に憤った民衆が決起し、総督の館とカーディー（裁判官）に訴え出て、これをカーディー側が制圧しようとしたため、投石し武力衝突となった。(12)あるいは、売春婦が市場や街区の路地にたむろし、総督は彼女たちを取締るために街区の長の協力を仰ぐなど、取締りに躍起になっていた。売春婦のボスは、財を蓄え、カーディーに暴言をはいたため、殺害された。(13)また、ゾラブと呼ばれるやくざ者が徒党をくんで総督に対抗し、しばしば武力衝突が起こっていた。

興味深いことは、現在刊本として巷間で知られているテキストは、ムハンマド・アルカーシミー（一九〇〇年没）が編集（改変）した写本が元になっていることである。サジュディーは、ダブリンの図書館に所蔵される著者ブダイリーの自筆稿本と考えられる写本と照合し、編者カーシミーによる加筆・削除といった改変が行われていることを明らかにしている。たとえば、伝記記事では、著者がとりあげる市井の人物の情報を編者が削り、為政者には賛辞を書き加える。為政者の建設工事による住民の被害（資材や水の不足）を編者が削る。床屋の著者の

市井の視点と、著名なウラマーである編者の上からの目線との違いは明白である。(14)

四　自己語りと記憶にみる都市と個

シンポジウムにおいて、韓国史を専門とする金は、中国の社会学者費孝通の二つの社会類型論を紹介した。「差序格局」は、個々人のあいだの差異によって統合がなされる社会であり、もうひとつは「団体格局」で、団体を単位にして統合される社会である。費の所論では、前者が中国社会を、後者がヨーロッパ社会を想定している。費の所論は、一九四八年に刊行された『郷土中国』のなかで提示され、岸本美緒がその比較伝統社会論のなかで紹介し、また日本語訳が刊行されている。(15) 日本語訳の第四章「序列構造」と第五章「私人を結びつける道徳」から、抜粋して所論を紹介してみよう。

「西洋社会の組織は束ねられた柴のようなもの」で、「彼らは大概、僅かの人々で一つの団体を結成する。団体には一定の境界があり、誰が団体の人であり、誰が団体外の人であるかは、曖昧にではなく必ず明確にわけねばならないものである」。これに対し、中国の社会構造は西洋の形態とは異なり、「ひとかたまりの石を水面に投げた時に一輪ずつ推し広がって発生する波紋のようなものである。個人は全て彼の属する社会の影響が推し広げる輪の中心である」「われわれの社会で最も重要な親族関係はこのような石を投げて同心円状の波紋が生じるような性質のものである。……このようなネットワーク（網格）は蜘蛛の巣のようであり、中心に自己がある」。

では、社会はどのように統合されるのだろうか？「団体構造における個人間の連携は一つの共同の枠組みに依っている。先ずこの枠組みがあり、各個人はこの枠組みの上で結びつき、相互の関係が発生する」。これに対し、序列構造の中国においては、「自分を中心とする社会関係ネットワークの中においては、最も重要なのは自ずと「己を克《せ》めて礼に復《かえ》る」ことである。……社会の範囲は「自分」から拡大していくもので、拡大する過程には各種のルートがあるが、最も基本的なのは親族……親子と同胞であり、これに対応する道徳的要素は孝と弟である。拡大するもう一つのルートは友人で、対応するのは忠信である。……序列構造の中には私人の関係を越える道徳観念は一つもない。……このために中国の道徳と法律は、全て施行対象と「自己」の関係によって在る程度伸縮を加え得るものなのである」。

図3は、この所論にもとづき、二つの社会類型を私が図に描いたものである。ここで注意しなければいけないことは、どちらの社会類型であれ、個人と集団が存在し、団体構造の社会においても、団体をこえた個人間のつながりも存在していた。

中東・イスラーム社会は、どちらの類型になのだろうか？　米国の歴史学者ラピダスは、「ヒエラルヒーとネットワーク」という題名の論文で、階層秩序（ヒエラルヒー）型の中国社会と対比し、イスラーム社会をネットワークというメタファーを用いながら「形式をもたず構造化されない相互関係の社会」と規定している。[16] 図化すれば、図3Cのように個人間の関係がタテヨコナナメに多元的に結ばれる網の目状（ネットワーク）ということになる。都市や国家や種々の団体組織が存在し、社会的機能をもっているが、ヨーロッパの団体のような固定的なメンバーシップや規約をもつことはなく、個人間の関係によって、組み替えられていく。他方、費の描く中国社会のように、個人間の差序（道徳、人倫）が秩序や組織原理となることはなく、個人間の関係は双務的で水平的な契約関係を基調としている。差序構造の説明で、ネットワークの訳語が用いられているが、形態としては、蜘蛛の巣状、つまりウェッブといえるが、外縁にいくほど水紋のように関係は弱くなっていく。以上の三種類の社会

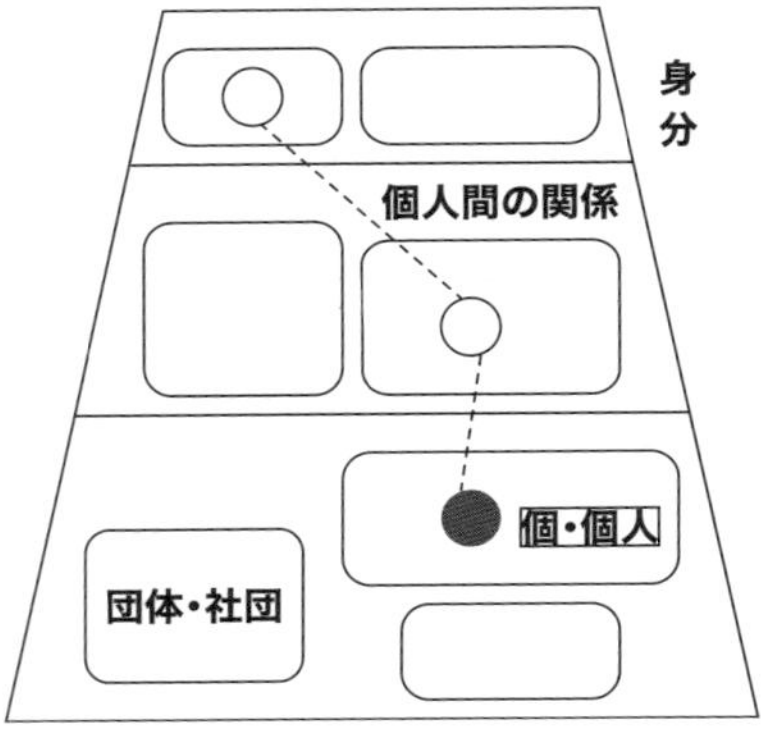

図3–A　団体（構造）型＝ブロック型

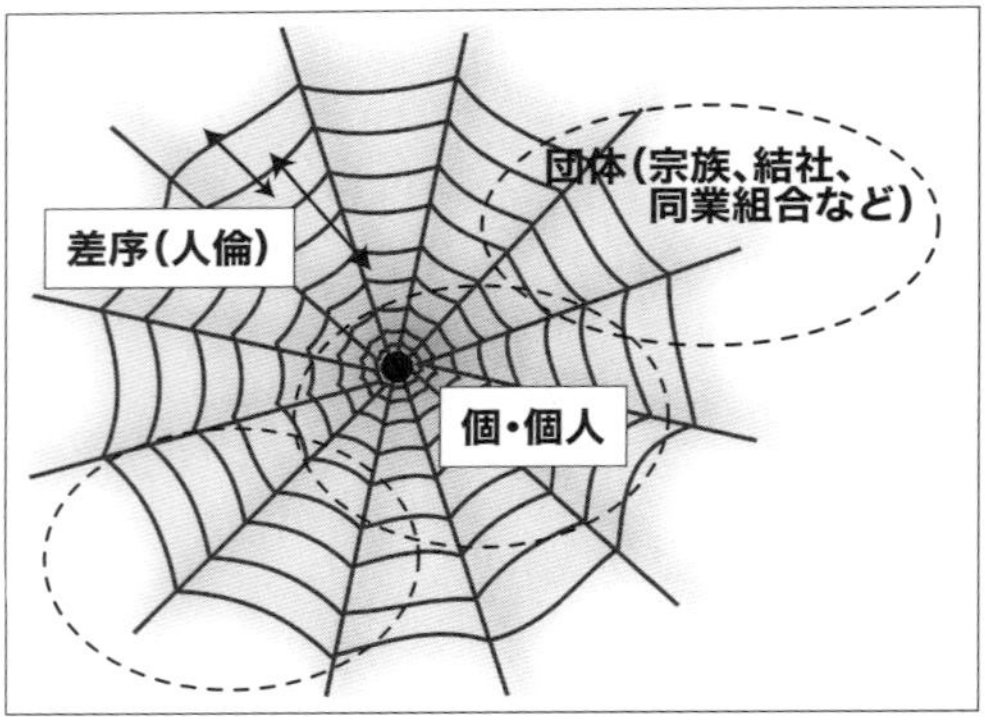

図3–B　差序（人倫）型＝ウエッブ型

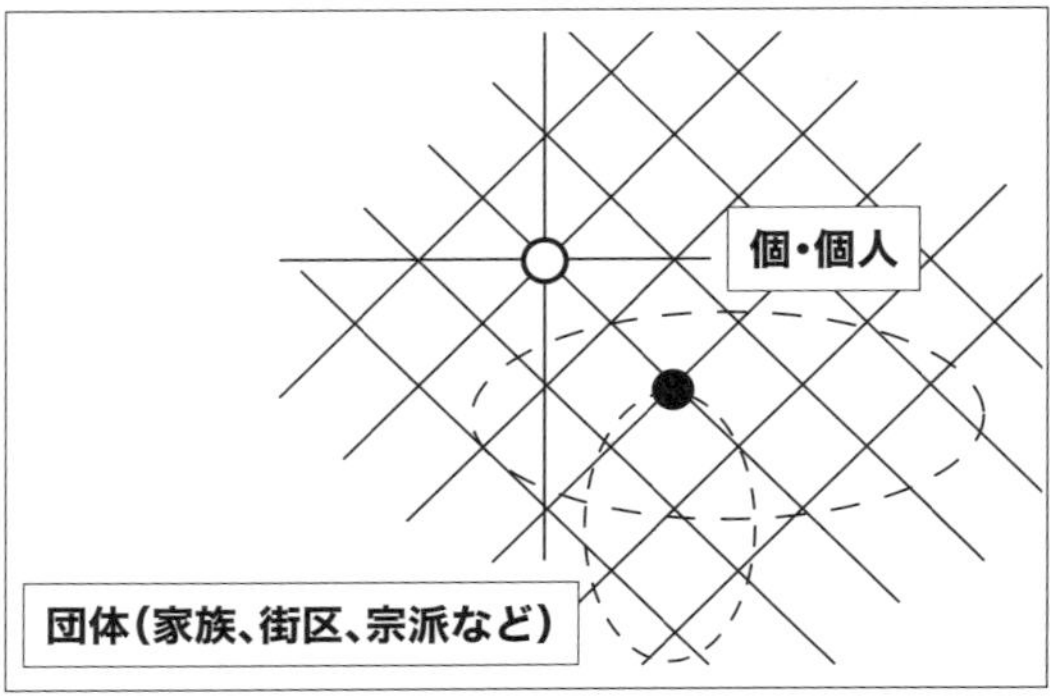

図3–C　契約型＝ネットワーク型

類型は、人と人をむすぶ絆に着目するなら、団体型、差序（人倫）型、契約型と呼ぶことができ、全体の形態としては、ブロック、ウエッブ、ネットワークということになる。

エゴ・ドキュメントに描かれる個人と集団（都市）との関係を、この三つの類型を用いて読み解くと、なにが見えてくるだろうか。さきに指摘したように、ヨーロッパ（フランス、イギリス、イタリア）の資料（ドキュメント）では、いずれも都市政体が先にあり、そこへの個人のコミットメントが語られている。この点で、団体型の社会意識を反映しているといえる。これと対照的なのが、中国と韓国の資料である。そこでは、都市は国家や県の中心ではあっても、地理的社会的に独立した団体ではなく、地方志や個人文集のなかの主題となることはあっても、単独の資料群（類型）を形成することはなかった。費の所論を援用するならば、個を中心として広がる人脈の集合として場として都市が意識されているといえる。

中東・イスラームの資料は、都市史というジャンルが独立している点ではヨーロッパと共通し、他方でそこにおける関心が個人とその関係にあるという点で中国や韓国と共通し、両者の中間にあるといえる。社会類型（個と社会の関係性）という点では、個と個人間の関係が基軸であり、団体は後景に退いているが、神（アッラー）の存在を大前提とし、神のもとでの契約によって成立する国家（ウンマ）を基盤とするという点では、ヨーロッパ（キリスト教世界）と共通性をもつ。他方、個人間の関係を律するものは双務的な契約関係とそれを体系化したイスラーム法（シャリーア）であり、個人間には、上下の差序より「対等性」「水平性」が強調される。人名録の記述は、客観的な伝記記事が主であり、個人の私生活（住まいや家族や趣味）やエピソードが語られることはまれである。では、中東・イスラームの自己語りは、どこに向かってなされたのか？　イブン・トゥールーンやブダイリーは、自己や自己の家族や友人を語り、為政者や名士への批判や評言を織り込んでいる。そこには「都市民」や「街区住民」としての意識をみることができるが、根底にあるものは、良き（あるべき）ムスリムとしての行為や規範である。あるべき団体の規範や個人間の差序（人倫）ではなく、イスラームが定める（異教徒をふくむ）個人間の公正な関係である。ウラマーの出身ではない一介の町の床屋が、年代記を著すようになったのも、このような人間関係や社会意識が個を育てたといってよいだろう。

では、近世日本のエゴ・ドキュメントはどのように位置づけられるのだろうか？　東アジアの儒教世界の一角を占めるという点でも、強い身分制と家制度という点でも、中国や韓国と同じ類型が予想されるわけであるが、このシンポジウムにおいて金は、日本をヨーロッパと同じ団体型と指摘した。たしかに、日本の家（家族）制度は、長子単独相続という点で、同居共財産を原則とし、家産を分割する場合には均分を原則とする中国とは異なり、むしろ（近代以前の、ゲルマン法の法定相続にもとづく）ヨーロッパの家族や相続に近いともいえる。また、渡辺浩一は、播州三木や川越などの資料をもとに、「家・地縁集団・都市全体・統治者を貫いて繁栄と存続を希求する意識が、自己実現と矛盾なく接合している」（渡辺一五三頁）と指摘しているが、都市（団体）の構成員としての自己意識、自己実現という点で、ヨーロッパのエゴ・ドキュメントとも、またその社会類型とも共通する。

本書で扱われた自己語りの資料から、個人と社会のあり方について、以上のようなスケッチ（見取り図）を描くことができる。しかしそれは、ヨーロッパ、中東・イスラーム、中国、韓国、日本の社会を、三つの類型に分類することが目的ではない。このスケッチは、あくまで本書の寄稿者の報告や分析をもとにしたものであり、母体である報告は報告者自身の関心や専門に沿ってまとめられた個と社会の像であり、紙数の関係で扱いえなかった資料も多々あるからである。したがって、他の「自己語りの資料」を持ち寄ることで、今回のスケッチとは異なる「個と社会」の像をうることも可能であろう。比較研究の類型とは、ある地域、ある社会、ある個人を類型にあてはめることを目的とするものではなく、あくまで発見の道具（フィルター、鏡）である。本書で提示された分析の手法を、さまざまな地域の資料に援用することで、個と社会と語りの三角関係とそれが向かうヴェクトル（方向）について、議論のさらなる深化が期待できる。

注

（1）Jacob Lassner, *The Topography of Baghdad in the Early Middle Ages*, Detroit, 1970.

（2）森山央朗「「地方史人名録」伝記記事の特徴と性格――中世イスラーム世界のウラマーが編んだ地域別人物記録の意図」（『東洋学報』九〇―四、二〇〇九年）参照。

（3）三浦徹「ダマスクスのマドラサとワクフ」（『上智アジア学』一三、一九九五年）参照。

（4）三浦徹「中世イスラム都市の諸相」（『都市・建築・歴史』東京大学出版会、二〇〇六年）三一九頁参照。

（5）日記形式の都市史としては、十一世紀後半のバグダードを描いたイブン・アルバンナーのものがあるが、現存する写本は二カ月分のみである。清水宏祐「都市生活者の見た世界――アルプ・アルスラーン時代のバグダード」（『都市におけるエスニシティと文化』一三―一四、東京外国語大学海外事情研究所、一九八九―九〇年）参照。

（6）Cf. Stephen　Conermann, "Ibn Ṭūlūn: Life and Works", *Mamlūk Studies Review*, 8/1, 2004.

（7）Toru Miura, *Dynamism in the Urban Society of Damascus: The Ṣāliḥiyya Quarter from the Twelfth to the Twentieth Centuries*, Leiden, 2015、苗村卓哉「一五―一六世紀ダマスクスにおけるウラマーの学習過程――イブン・トゥールーンの事例を中心に」（山本正身編『アジアにおける「知の伝達」の伝統と系譜』慶應義塾大学出版会、二〇一二年）を参照。

（8）Ibn Ṭūlūn, *Mufākahat al-khillān fī ḥawādith al-zamān*（『時代の出来事についての友人たちの戯言』）, Cairo, 1962, II, p. 76.

（9）Ibn Ṭawq, *al-Taʿlīq: Yawmiyyāt Shihāb al-Dīn Aḥmad b. Ṭawq*（『覚書：イヴン・タウクの日録』）, ed. Jaʿfar al-Muhājir, vols. 1-4, Damascus, 2000-07.

（10）Cf. Torsten Wollina, *Zwanzig Jahre Alltag: Lebens-, Welt- und Sebstbild im Journal des Aḥmad Ibn Ṭawq*, Bonn, 2014. Stephen Conermann, "Some Remarks on Ibn Ṭawq's (d. 915/1509) Journal *Al-Taʿlīq*, vol.1 (885/1480 to 890/1485)", in id. ed., *Mamlukica: Studies on the History and Society of the Mamluk Period*. Bonn, 2013.　これらの研究者は、イブン・トゥールーンやイブン・タウクの日録を、「エゴ・ドキュメント」として、論じている。

（11）Dana Sajdi, *The Barber of Damascus: Nouveau Literacy in the Eighteenth-century Ottoman Levant*, Stanford, 2013.

(12) Aḥmad al-Budayrī al-Ḥallāq, *Hawādith Dimashq al-Yawmiyya 1154-1175AH/1741-1762AD*(『西暦一七四一―六二のダマスクスでの日々の出来事』), ed. Aḥmad ʿIzzat ʿAbd al-Karīm, revised by Muḥammad Saʿīd al-Qāsimī, Cairo, 1959, pp.63.

(13) *ibid*.p.58.

(14) Sajdi, *op.cit.*, Chapter 6: Cutting the Barber's Tale を参照。

(15) 費孝通『郷土中国』(鶴間和幸ほか訳、学習院大学東洋文化研究所調査研究報告第四九号、二〇〇一年(原著は一九四八年刊行))。岸本美緒・宮島博史『明清と李朝の時代』(世界の歴史一二、中央公論社、一九九八年)。

(16) Ira M. Lapidus, "Hierarchies and Networks: A Comparison of Chinese and Islamic Societies", in *Conflict and Control in Late Imperial China*, ed. by Frederic Wakeman, Jr. and Carolyn Grant, Berkeley, 1975. 三浦徹「ソシアビリテ論とネットワーク論」(二宮宏之編『結びあうかたち』山川出版社、一九九五年)参照。

あとがき

本書は、人間文化研究機構連携研究「人間文化資料の総合的研究」研究班「九～一九世紀文書資料の多元的複眼的比較研究」（研究代表者渡辺浩一）の研究成果の一つである。二〇一四年九月に国文学研究資料館で行われた国際シンポジウム「近世都市における個人と集団の記憶」がもとになっている。七つの報告原稿に加えて、当日にコメントしていただいた臼井佐知子氏、秋葉淳氏、三浦徹氏に新たに寄稿していただいた。秋葉氏を紹介して下さったのは三浦氏である。さらに、この国際シンポジウムのプロシーディングの性格が強い、Vanessa Harding and Koichi Watanabe, eds., Memory, History and Autobiography in Early Modern Towns in East and West, Cambridge Scholars Publishing, 2015 のハーディング氏による序章も加えた。御執筆いただいた方々にまずは感謝申し上げたい。

本書の直接の契機は、二〇一二年九月に開催された海外招聘研究会「〈私的な書物〉へのアプローチ」である。報告者の一人であるフランソワ・ジョゼフ＝ルッジウ氏を紹介して下さったのが岩淵令治氏である。ここで渡辺は初めてエゴ・ドキュメントという研究動向を知り、それを部分的に取り入れた記憶論のシンポジウムを構想した。

二〇一三年三月にイギリスへ渡航し、シンポジウムの構想をハーディング氏とローズマリー・スイート氏に個別に会って説明し、賛同を得た。この時通訳して下さったのは菅原未宇氏である。スィート氏を紹介して下さったのは川名洋氏（イギリス近世都市史、東北大学教授）である。本書序章の原型はこの渡英の行きの飛行機のなかで書き上げた。
さらに、同年七月には、報告予定者がロンドンに集まって個々の報告内容について相談した。そのメンバーはハーディング・スイート・渡辺に加え、ハーディング氏にご紹介いただいたフィリッポ・デ・ヴィーボ氏（近世ヴェネツィア史、ロンドン大学講師）、および金炫栄氏の五名であった。この時通訳して下さったのは石津美奈氏（近世イギリス経済史、前LSE（ロンドン大学経済学校）研究員）であった。その後ヴィーボ氏は報告できなくなったため、彼はドリット・ライネス氏を紹介して下さった。

このようにして目次に見られるような執筆者が揃ったのである。紹介の労を取っていただいた三人の方、また通訳して下さった御二方には心から感謝申し上げる。

執筆者の母語は多様であるが、ハーディング、ルッジウ、スウィート、ライネス各氏の原稿は英語で書かれた。それぞれ、菅原氏、舟橋倫子氏・坂野正則氏、加太康孝氏、木村晶子氏・高田良太氏が翻訳もしくは校閲して下さった。金氏のハングル原稿は田中俊光氏が翻訳された。渡辺の稚拙な疑問に丁寧にお付き合い下さった各位に篤く御礼申し上げたい。

準備段階の招聘研究会やシンポジウム、さらには本書編集の実務を担って下さったのは、プロジェクト研究員の方々である。二〇一二年度は大澤広晃氏（イギリス帝国史、南山大学講師）、二〇一四年度は荒木二朗氏（日本近世村落史、明治大学非常勤講師）と佐々井真知氏（中世ロンドン史、中部大学講師）であった。特に、荒木氏と佐々井氏はプロジェクトの最終年度にあたり、本書だけではなく、『契約と紛争の比較史料学』（吉川弘文館）および前掲英語図書の編集もあったので大変なご迷惑をお掛けした。深甚なる謝意を表したい。

以上にお名前を記すことができなかった方々も含めて、本書刊行の喜びをともに分かち合いたい。

最後に、本書を刊行して下さった勉誠出版の吉田祐輔氏に篤く感謝申し上げる。

二〇一五年一〇月

渡辺浩一

執筆者・翻訳者紹介

編　者

渡辺浩一（わたなべ・こういち）

人間文化研究機構国文学研究資料館・総合研究大学院大学文化科学研究科教授。専門は日本近世史。

著書に『日本近世都市の文書と記憶』（勉誠出版、二〇一四年）などがある。

ヴァネッサ・ハーディング（Vanessa Harding）

ロンドン大学バークベック校ロンドン史教授。専門は近世ロンドン史（とくに人口・死・家族）。

近刊としては"Family and Household in Early Modern London," in *The Age of Shakespeare*, ed. Malcolm Smuts (Oxford, forthcoming 2016) がある。

執筆者

岩淵令治（いわぶち・れいじ）

学習院女子大学教授。専門は日本近世史。

著書に『江戸武家地の研究』（塙書房、二〇〇四年）などがある。

フランソワ=ジョゼフ・ルッジウ（François-Joseph Ruggiu）

パリ第四・ソルボンヌ大学近世史教授。専門はフランス近世史。

著書に*L'individu et la famille dans les sociétés urbaines anglaise et française au XVIIIe siècle* (Paris, 2007); with Jean-Pierre Bardet, *Les écrits du for privé en France de la Fin du Moyen âge à 1914* (Paris, 2015) などがある。

金　炫栄（キム・ヒョンヨン）

韓国国史編纂委員会教育研究官。専門は朝鮮時代史。

著書に『通信使、東アジアをつなげる』（韓國學中央研究院出版部、二〇一三年）などがある。

臼井佐知子（うすい・さちこ）
東京外国語大学名誉教授。専門は中国明清史・近代史。著書に『徽州商人の研究』（汲古書院、二〇〇五年）などがある。

ローズマリー・スウィート（Rosemary Sweet）
レスター大学都市史教授。専門はイングランド近世都市史。著書に *Cities and the Grand Tour: The British in Italy, c.1690–1820* (Cambridge, 2012) などがある。

秋葉　淳（あきば・じゅん）
千葉大学文学部准教授。専門はオスマン帝国史。著書に『近代・イスラームの教育社会史――オスマン帝国からの展望』（共編著、昭和堂、二〇一四年）などがある。

ドリット・ライネス（Dorit Raines）
ヴェネツィア大学准教授。専門は図書館史・アーカイヴズ史・文書史。著書に *L'invention du mythe aristocratique. L'image de soi du patriciat vénitien au temps de la Sérénissime* (Venezia, 2006) などがある。

三浦　徹（みうら・とおる）
お茶の水女子大学文教育学部教授。専門はアラブ・イスラム史、都市研究。著書に『イスラームの都市世界』（山川出版社、一九九七年）、『比較史のアジア：所有・契約・市場・公正』（編著、東京大学出版会、二〇〇四年）などがある。

翻訳者

菅原未宇（すがはら・みう）
国際基督教大学アジア文化研究所研究員。専門はイギリス近世史、都市史。論文に「ロンドン大火後の市参事会の活動」（『歴史評論』七六〇、二〇一三年）などがある。

加太康孝（かぶと・やすたか）
ロンドン大学ロイヤル・ホロウェイ英文学部博士課程在籍。専門は二〇世紀アイルランド・イギリス文学、文化史。論文に "Chugging to the Sea: Trains in Seán O'Faoláin's *A Purse of Coppers*," *Journal of Irish Studies* 26 (2011) などがある。

舟橋倫子（ふなはし・みちこ）
慶應義塾大学非常勤講師。専門は中世ベルギー社会・経済史。
著書に「中世ブリュッセルの都市と宗教——ミッシュル・ヴィシュマールの遺言書を素材として」（中央大学人文科学研究所編『アフロ・ユーラシア大陸の都市と国家』中央大学出版部、二〇一四年）などがある。

坂野正則（さかの・まさのり）
武蔵大学人文学部准教授。専門はフランス近世史。
著書に『ヨーロッパ中近世の兄弟会』（共著、東京大学出版会、二〇一四年）などがある。

田中俊光（たなか・としみつ）
亜細亜大学アジア研究所嘱託研究員。専門は朝鮮法制史。
論文に「朝鮮後期の刑事事件審理における問刑条例の援用について」（『朝鮮史研究会論文集』四六、朝鮮史研究会、二〇〇八年）などがある。

木村晶子（きむら・あきこ）
首都大学東京非常勤講師。専門は西洋中世史。
論文に「『アダムナーン法』の公布目的の再検討」（『人文研紀要』（中央大学人文科学研究所）第七五号、二〇一三年）などがある。

高田良太（たかだ・りょうた）
駒澤大学文学部歴史学科講師。専門は中世のエーゲ海の歴史と文化。
著書に『ビザンツ——交流と共生の千年帝国』（共著、昭和堂、二〇一三年）などがある。

Part II: Memory

CONTENTS

KŌICHI WATANABE AND VANESSA HARDING (EDS),
COMPARATIVE URBAN HISTORY OF EGO-DOCUMENTS AND MEMORY

編者略歴

渡 辺 浩 一（わたなべ・こういち）

人間文化研究機構国文学研究資料館・総合研究大学院大学文化科学研究科教授。専門は日本近世史。

著書に『日本近世都市の文書と記憶』（勉誠出版、2014年）などがある。

ヴァネッサ・ハーディング（Vanessa Harding）

ロンドン大学バークベック校ロンドン史教授。専門は近世ロンドン史（とくに人口・死・家族）。

近刊としては“Family and Household in Early Modern London,” in *The Age of Shakespeare, ed. Malcolm Smuts* (Oxford, forthcoming 2016)がある。

自《じ》己《こ》語《がた》りと記《き》憶《おく》の比《ひ》較《かく》都《と》市《し》史《し》

編　者　渡辺浩一
　　　　ヴァネッサ・ハーディング

発行者　池嶋洋次

発行所　勉誠出版㈱
〒101-0051 東京都千代田区神田神保町三一一〇一二
電話　〇三一五二一五一九〇二一㈹

二〇一五年十一月二十四日　初版発行

印刷
製本　太平印刷社

ISBN978-4-585-22131-9　C3020

日本近世都市の文書と記憶

情報の伝達・蓄積媒体である文書。その文書の保管と記憶の創生という観点より、近世都市の歴史叙述のありかたを考察する。

渡辺浩一 著・本体九〇〇〇円（＋税）

「近世化」論と日本

「東アジア」の捉え方をめぐって

諸学問領域から「日本」そして「近世化」を論究することで、従来の世界史の枠組みや歴史叙述のあり方を捉えなおし、東アジア世界の様態や変容を描き出す画期的論集。

清水光明 編・本体二八〇〇円（＋税）

戊辰戦争の史料学

明治政府が編纂した史料集「復古記」やその編纂材料を精査し、様々な史料にも着目。戊辰戦争を多角的に解明するための方法を模索する。

箱石大 編・本体三五〇〇円（＋税）

国葬の成立

明治国家と「功臣」の死

個人の死が「公」の儀式へと変わっていく様相を体系的に検証し、近代国家形成の装置として導入された「国葬」の歴史的展開を明らかにする。

宮間純一 著・本体三五〇〇円（＋税）